图解

世界通史

文森◎编

中国华侨出版社

·北京·

图书在版编目（CIP）数据

图解世界通史 / 文森编.—北京：中国华侨出版社，2018.3（2025.5重印）
ISBN 978-7-5113-7487-5

Ⅰ. ①图… Ⅱ. ①文… Ⅲ. ①世界史—通俗读物 Ⅳ. ①K109

中国版本图书馆CIP数据核字（2018）第023297号

图解世界通史

编　　者：文　森
责任编辑：张亚娟
封面设计：阳春白雪
经　　销：新华书店
开　　本：720毫米×1040毫米　　1/16　　印张：18　　字数：270千字
印　　刷：唐山玺鸣印务有限公司
版　　次：2018年5月第1版
印　　次：2025年5月第2次印刷
书　　号：ISBN 978-7-5113-7487-5
定　　价：65.00 元

中国华侨出版社　北京市朝阳区西坝河东里 77 号楼底商 5 号　　邮编：100028
发 行 部：（010）88866779　　传　真：（010）88877396

[前言 PREFACE]

古人记述历史的范围受限于他们当时所能认识的世界，这可以说明为什么具有悠久历史的美洲直到15世纪末被欧洲人"发现"时被称为"新大陆"。然而在科技发达的今天，世界越来越像一个大村庄，任何一个国家和地区都是世界历史体系中的一部分。对每一个读者来说，只有了解整个世界历史的进程，掌握人类社会整体发展的各个阶段，树立全球史观，才能正确看待现代人类面临的各种社会现象和社会问题。

然而世界历史漫长悠远，其间发生的历史事件、出现的历史人物错综复杂、头绪繁多，要从总体上把握人类历史的发展进程并不是一件容易的事情。人类从来都是分为不同的群体，在漫长的过去，他们生活在世界的不同地区，创造了有各自特色的文明，这就是人类历史多样化的特点。相应地，对于世界历史，研究者出版了各种典籍，有的写专门化、不同主题的历史，有的写不同国家和地区的历史，出现了当代历史研究中的细化和碎片化现象，使得普通读者很难找到入门之捷径。针对这种情况，有学者创建了"通史"这种体例，即在一定的历史观的指导下，通过精练的文字连贯地记叙各个时代的史实，涉及重大历史事件、杰出历史人物和多领域的文化等，内容广泛，对世界历史进行现代诠释，给人一种整体的认识。

为了帮助读者在较短时间内了解世界历史进程，丰富知识储备，我们精心编撰了这部《图解世界通史》，以时间为序，选取了世界历史上的重大事件、风云人物、辉煌成就、灿烂文化等内容，选取世界历史长河中最典型的代表，让每一位读者通读全书后对世界历史有一个明晰的概念，通过科学的体例，全方位、新视角、多层面地阐释世界历史。全书分为世界古代史、世界近

代史、世界现代史、世界当代史四大篇章，精彩扼要地勾勒出世界历史演进的基本脉络和世界各大文明的发展历程，为读者提供想知道的、需要知道的、应该知道的历史知识，帮助读者从宏观上把握世界历史，进而掌握人类历史发展的内在规律。

本书还精心选配了上百幅内容涵盖面广、表现形式丰富的图片，包括出土文物、历史遗迹、名人画像等，与文字内容互为补充与诠释。简洁精要的文字，配以多元化的图片，打造出一个立体直观的阅读空间，使读者获得图与文赋予的双重享受。

历史蕴含着经验与真知。在这里，我们用通俗流畅的语言来解读重大的历史事件、鲜活的历史人物、丰富的多元文化，把厚重的史实通过简洁明了的形式表达出来。阅读本书，读者可以在轻松愉悦中了解人类历史发展进程，增长知识和胆略，提高历史修养，进而用世界胸怀和历史眼光更好地把握现在，展望未来。

[目录CONTENTS]

世界近代史

世界现代史

世界古代史

世界古代史从人类社会的形成开始，一直到1640年英国资产阶级革命爆发前夕，叙述了人类社会发展的最初三个阶段，即无阶级的原始社会、奴隶与奴隶主两个阶级对立斗争的奴隶社会及以农奴或农民阶级为主的被统治阶级与统治阶级不断斗争的封建社会。

～尼罗河文明～

非洲北部很早便有居民居住。当时，北非气候温和湿润，雨水充足，渔猎和采集成为居民的主要生活来源。大约在1万年前，最后一次冰河期过去，北非逐渐变为干旱地区，随着环境、气候的变迁，居民陆续迁移到尼罗河两岸。后来他们在这里创造了铜石并用文化，尼罗河文明由此发端。

埃及的铜石并用文化时代可分为3个阶段：巴达里文化、涅伽达文化一期和涅伽达文化二期。这三种前后承接的文化，一般被称为"前王朝文明"。"前王朝文明"表明了埃及从原始社会过渡到奴隶制社会的基本情况。

巴达里文化约从公元前4500年开始。当时的居民已有固定的居所，从事农业耕种，兼营畜牧和渔猎。他们种植小麦、大麦、亚麻等农作物，驯养绵羊等家畜，除使用石锄、石刀、石铲外，在这一文化晚期还使用少量的铜制工具，这表明埃及已开始进入铜石并用时代。在手工业方面，埃及居民已经能够烧制出一种质地良好的薄壁陶及独具特色的黑顶陶；同时，织布、缝衣、编篮等也达到相当水平。这一时期的居民在埋葬尸体时，开始供奉食品和用具以供死者之用，可见他们已有了灵魂的观念。但墓葬的规模和殉葬物品的差别不太明显，表明当时人们过着原始公社制的生活。从遗址中发现的女性小雕像来推断，这时妇女在氏族中仍居于重要地位。

公元前4000年的象牙女性立像

约公元前3600~公元前3500年是涅伽达文化一期（也称为阿姆拉文化）。这一时期除在生产技术上较巴达里文化有新的发展外，还有一个很重要的成就，即出现了城市，居住地已有城堡建筑。涅伽达附近的南城就是一个重要的遗址。这一时期的墓地在规模上有了区别，反映出贫富的分化和社会地位的高低。随着商业的发展，私有制出现

·古埃及名城·

孟斐斯：位于尼罗河三角洲之西南岸，开罗南25千米。公元前2925年兴建，是埃及古王国时代首都。现仅有拉美西斯三世巨石像、阿庇斯圣牛庙和卜塔神庙废墟。

底比斯：位于尼罗河两岸（东岸为主）。约建于公元前2134年左右（古王国末期），是埃及中王国和新王国时代的首都，有"百门之都"之称。卡纳克神庙遗址和图坦卡蒙法老墓所在地。

开罗：位于尼罗河三角洲入口处。公元前643年建立，是埃及第一大城兼首都。吉萨金字塔和狮身人面像所在地。

亚历山大：位于尼罗河三角洲西北边缘，地中海沿岸。公元前332年建立，是埃及第二大城市，托勒密王朝时期首都。是世界七大奇迹之一的法罗斯灯塔所在地。

了，原始公社制处于瓦解阶段，结合城堡建筑较具规模并有雉堞墙等情况来看，此时已处于军事民主制时期，文明已经萌芽了。

公元前3500~公元前3100年为涅伽达文化二期（也称为格尔赛文化），埃及进入阶级社会。这一时期的社会生产力进步明显，在生产技术上发明了冶金术，出现了刀、匕首、斧等冶炼铸造的铜器工具和武器。居民在尼罗河谷地挖渠筑坝，改进耕作技术，发展农业生产。在此时的陶器上

公元前3500年的彩纹土器

经常可看到河上通行舟楫和水渠纵横、阡陌连绵的图画，说明当时人们已很重视水上交通和农业生产了。此时，贸易不仅在国内进行，而且与巴勒斯坦、叙利亚等地区也有商业往来。墓葬的规模和殉葬物品与前期有了明显的差别，有些物品还标有私人印记。在希拉康玻里发现"蝎王权标头"图刻，刻有头戴象征王权的白冠的蝎王，其身后有执扇的侍者，还刻有从事劳动的奴隶和以田凫为代表的平民。这幅画深刻地反映了当时埃及的阶级关系：已有贵族与平民、奴隶主与奴隶之间的阶级差别。同时，文明的显著标志——文字，也在这一时期出现。这一切都说明氏族制度已经走到了尽头，国家已经发展起来了。

古埃及文字和文学

大约在公元前3500年，古埃及人就发明了文字，称为"象形文字"，意为

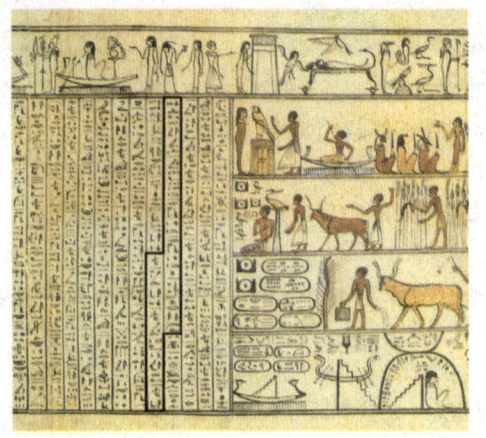

用象形文字写就的祭祀纸草——《亡灵书》中的一章

《亡灵书》用莎草纸、皮革或亚麻布制成，并饰以各色漂亮的花边。在葬礼上，僧侣须诵读此书，然后将书随死者入墓。

"神圣的雕刻"。后来，在公元前后的几个世纪里，希腊人、罗马人相继统治埃及，希腊语逐渐取代古埃及语。这样，在整个中世纪和近代，象形文字成了一种不再被人们应用的文字。直到公元1799年，法国的拿破仑率军侵略埃及，他的士兵在尼罗河口的罗塞塔上看到一块石碑。这块石碑是用古埃及象形文字及其草书体、希腊文3种文字对照写成的，文中歌颂了国王托勒密五世的功绩。

古埃及象形文字约有700个。一个词要用音符、意符和部首3种字符组成。古埃及语中表音符有24个，实际上是24个辅音字母。这套音符后来传入腓尼基，成为腓尼基字母的一个重要来源。

随着文字的发明和使用，古埃及人又用植物的浆液制成墨水，用削尖了的芦苇管做笔，用尼罗河口三角洲一带生产的芦草制成纸。中王国时期开始普遍使用这种纸作为书写材料。

古代埃及的文学作品大多使用这种纸草文卷。从保存下来的文卷中可以看到，古代埃及文学作品的内容十分丰富。作为最早的文学作品之一的神话，由于受埃及人思想观念变化的影响，埃及神话呈现出变异的趋势，其故事情节经常发生变化。

古王国时期和中王国时期是埃及文学发展史上的重要阶段。这一时期以教谕文学作品最多，大都是些"预言""箴言""训诫"之类的文献，如《对美里卡拉王的教谕》《聂菲尔列胡预言》《伊蒲味陈辞》等。这些作品都具有实用性、启发性和娱乐性，旨在规定和引导人们的道德观念，以达到巩固社会秩序的目的。

古王国时期出现了大量文学作品，其中散文和诗歌很丰富。如《辛努哈特历险记》讲述大臣辛努哈特因受叛乱事件的牵连而逃到国外，后来得到法老的宽容才得以回到故乡的故事。作者刻画了辛努哈特的思乡之情和落叶归根的喜悦。又如《一个能说会道的农夫》叙述了一个农民向法老申诉凄惨境遇的故事，带有歌功颂德的意味，标榜法老伸张正义。

新王国时期，古埃及文学又得到新发展，散文的故事情节更加离奇、曲折，艺术性很强，思想深刻，已具有现实主义的韵味。

古埃及经济与法老制度

人类文明的发源地之一——古代埃及，在涅伽达文化一期和二期时，已出现象征王权的红冠和白冠及象征王衔符号的荷鲁斯鹰神的形象。据记载，古代埃及国王美尼斯创建了第一王朝，此后，埃及经历了31个王朝。

通常将埃及法老几千年的统治称为中央集权的专制主义的君主政治。"法老"一词的原意为"宫殿"，最早出现于埃及古王国时期，中王国时期出现在对国王的颂词中，新王国时期正式成为国王的尊称。根据君主专制王权开始于古王国的史实，史学界把古王国及以后的埃及国王都称为法老。法老作为古埃及的专制主义统治君主，具有法律、行政、财政、军事、宗教等一切方面的无限权力，实行以个人意志为主导的独裁统治。

在涅伽达文化二期，生产力的发展已进入铜石并用的时代，渔猎经济在生产生活中占有很重要的地位。

古王国时期，铜器的使用已比较普遍，手工业有了较细的分工，陶器的形式多种多样，而且采用彩釉绘画。

中王国时期，已经普遍使用青铜器、桔槔及装有把手的耕犁，并且出现了一个新兴的手工业部门——玻璃制造业。

新王国时期是古代埃及奴隶制经济发展的巅峰时期。首先是生产工具的

·法老·

直到埃及的新王国时期，"法老"这个名称才被用来特指国王。在此之前，它表示国王的宫殿朝廷。法老是全国的最高统治者，也是最大的奴隶主，代表整个奴隶主阶级掌握着政治、经济、军事和司法等大权。他把自己称为神的化身、太阳的儿子，所以他的话就是法律，对其臣民拥有至高无上的权力。从图特摩斯三世开始，法老把自己视为神圣不可侵犯的。从此以后，大臣见法老时都要说一番颂词，必须匍匐前进，上胸贴地，吻着法老脚前的尘土，不能随便抬头。

改进。在青铜器广泛使用的同时，铁器也出现了。冶炼金属已使用脚踏鼓风机给氧，用皮革制成风箱，效率大为提高；出现了立式织布机，织工可同时照看两枚悬式纺锭。农业生产中已使用长柄锤、直柄犁、梯形犁，尤其是多层桔槔连续提水，可把河水输送到更高的地方，进一步扩大了耕地面积。

另外，手工业技术明显提高，能够炼出2米长的金属板并能冶炼六合金的青铜。陶器施釉新工艺已发明。埃及人从希克索斯人那里学会了马拉战车的技术，制造战车的水平也已相当高。

后埃及时期，铁器得到普遍应用，工农业生产和商业贸易繁荣，埃及的纺织品、陶器、金银工艺品畅销到地中海和西亚各地。公元前305~公元前30年是托勒密王朝统治时期。这一时期的社会经济发展也很迅猛，农业上出现了用畜力牵动并拴有吊斗的扬水器；传统手工业保持兴旺的势头；对外贸易的范围进一步扩大到非洲北部、小亚细亚沿岸和黑海沿岸等地。另外，还出现了铸造的金币、银币和铜币。亚历山大里亚城成为当时著名的国际贸易和文化交流的中心。

金字塔的兴建

埃及金字塔是法老们的陵墓。法老们死后，尸体被制成木乃伊，存放在金字塔里。

埃及金字塔的建筑群散布在尼罗河下游西岸的基萨和萨卡拉一带，位于开罗以南10多千米处。金字塔的底座呈四方形，每面均以三角形的形状向上砌筑，建成后则成为一个角锥体式的石塔。因为它的四面都形似汉字的"金"字，所以汉语译作"金字塔"。

金字塔的兴建，代表了古代埃及在建筑方面取得的辉煌成就。金字塔既是埃及文化的最高成就，又标志着埃及文化日臻成熟。金字塔、神庙、宫殿等雄伟的建筑物，历经数千年，至今仍闪烁着艺术的光芒。

金字塔作为法老的陵墓，是由早王国时期的马斯塔巴形陵墓发展演变而来的，它体现了王权神化的思想。著名的胡夫金字塔，高137米，被称为世界古代七大奇观之一。

胡夫金字塔，也称大金字塔，位于埃及首都开罗西南约10千米的吉萨高地，它是世界上规模最为宏大，也是较为古老的金字塔，始建于埃及第四王朝第二个法老胡夫统治时期。根据古埃及对人死后必须妥善保存遗体的宗教信仰，古埃及的每位法老从登基之日起，便着手为自己修建陵墓，以求死后超度为神，胡夫统治时期正逢古埃及盛世，因此他的陵墓规模也空前绝后。

金字塔及狮身人面像

胡夫金字塔因顶端受到侵蚀，现在的高度为137米，大致相当于40层楼房那么高。在1889年法国巴黎的埃菲尔铁塔建成前，它一直是世界最高的建筑。整个塔身呈正四棱锥形，底面为正方形，占地5公顷，4个斜面分别对着东、西、南、北4个方位，误差不超过圆弧的3′。底边由于年深月久的侵蚀，塔身外层石灰石存在一定程度上的脱落，目前底边缩短为227米，倾斜角度为51°52′。胡夫金字塔通身由近230万块巨石砌成，每块石头的重量平均为2.5吨重，石块的接合面经过认真打磨，表面光滑，角度异常准确，以至于石块间都不用任何粘合物，全部依靠自然拼接，在没有被风蚀、破坏的地方，石缝中连薄薄的刀片也难以插入，可以想见其工艺之精湛。

胡夫金字塔的入口在其北侧面，从入口通过甬道可以深入神秘的地下宫殿，该甬道与地平线呈30°夹角，与北极星相对。由此可见，北极星在古埃及人的心目中有着某种特殊的意义。沿甬道上行则能到达国王殡室，墓室中仅存一具红色花岗岩石棺，别无他物，这也正是后来某些考古学家怀疑金字塔不是

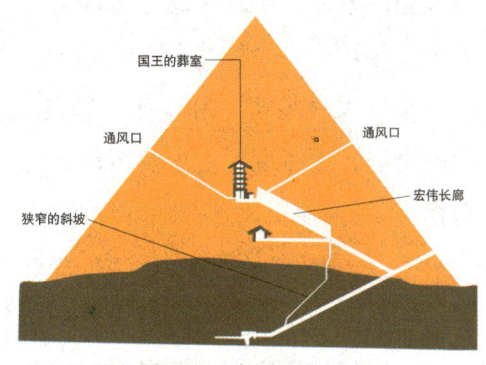

大金字塔内部结构示意图

国王的葬室 通风口 通风口 狭窄的斜坡 宏伟长廊

·奇妙的金字塔·

何为"金字塔能"？它是金字塔形的构造物内部产生的一种特殊的能量，人们借助这种能量可以收到意想不到的奇妙效果。

其一，金字塔能具有保鲜的功能，如将一杯新鲜奶酪放进金字塔，两天以后依然鲜美如初；若将一把锈迹斑斑的钥匙放进金字塔，时隔不久，就会亮光闪烁。

其二，金字塔拥有使尸体不腐烂的功能，法国人安乐尼·博维于1930年前往埃及进入"国王墓室"，不经意间发现误入金字塔的猫和老鼠的尸体，潮湿的墓室环境并未使这些尸体腐烂——它们已然干透。

其三，金字塔的空间形态可以使该空间内的自然、化学、生物进程发生变化，捷克斯洛伐克放射专家卡尔·德鲍尔经过实验得出这一结论。一次，他将一把刮胡刀放在金字塔模型中，满以为它将变钝，结果却相反，刀片反而变得更锋利。之后他又用了这把刀片好长时间。

法老陵墓的一个重要论据。

古希腊历史学家希罗多德等人估计，法老胡夫至少动用了10万奴隶，耗时20~30年时间建造完成了大金字塔。但最新的权威考古学家发现：金字塔应由劳工建造而非奴隶，其主体部分为贫民和工匠，而且采用轮流工作制，工期约为3个月。因为考古人员在金字塔附近地区发现了建造者们的集体宿舍等生活设施的遗迹和墓地，以及大量用于测算、加工石料的工具（作为随葬品），而奴隶是不会享受此种待遇的。

胡夫金字塔、哈夫拉金字塔和门卡乌拉金字塔在吉萨高地一字排开，组成灰黄色的金字塔群。这些单纯、高大、厚重的巨大四棱锥体高傲地屹立在浩瀚的沙海中，向世人夸耀着古埃及人的智慧和伟大。其旁边更有气势磅礴的狮身人面像（高约21米、长约74米）相伴。狮子在古埃及人眼中是力量与神圣不可侵犯的象征，所以法老才选择它为自己守陵，它也确实忠于职守，一守就是4000多年。

集巨大、精密、和谐于一体的古埃及金字塔留给人们的不仅仅是建筑史上的奇迹，更体现了古埃及劳动人民在天文星象学、数学、力学等领域的极高造诣。

印度河流域城市文明

20世纪20年代初，经考古工作者数十年的发掘，在印度河流域陆续发现了

200余处城市和村落的遗址，其中最大的城市遗址是摩亨佐·达罗（在今巴基斯坦信德省境内）和哈拉帕（在今巴基斯坦旁遮普省内）。由于哈拉帕遗址发现的时间早些，学者们便把印度河流域的古代文明称为"哈拉帕文化"。印度河流域文明的范围很广，从南到北相距约1100千米，从东至西约1550千米。一般认为印度河流域文明的创造者是达罗毗荼人。

印度河流域出土的文物

印度河流域文明体现为城市文明，但其基础是建立在农业经济之上的。居民主要的生产活动是务农。这一时期的粮食作物有大麦、小麦，经济作物有棉花、胡麻，另外还有瓜果、椰枣等园艺作物。在畜牧业方面，已驯养的牲畜有水牛、黄牛、象、狗、鸡、骆驼、山羊、绵羊等。这些驯养的动物，既是耕耘、运输的工具，又是人们肉食的来源。在手工业方面，有粮食加工，棉、毛纺织，制陶业，冶金业和珠宝业等。这些行业都促进了商业贸易的发展，当时的商业贸易不仅在印度本土进行，而且与西亚也有贸易联系。

印度河流域文明已有了城市建筑规划和极为完善的下水道疏通导引系统。哈拉帕和摩亨佐·达罗两城相距650千米，城市建筑非常相似。它们的周长都在5千米以上，都分为卫城和下城两部分。哈拉帕的卫城是用高达15米、基底厚达12米的砖墙围成的，这里可能是统治者的居住区；下城则为普通居民区。摩亨佐·达罗的建筑规模较哈拉帕更为宏大。卫城的四周设有防御的塔楼，西部可见一处规模宏大的谷仓；南部一组公共建筑物的中心为会议厅，面积约25米见方；东北部的建筑群中有一座很大的长厅。卫城中央有一个公共浴池，长12米、宽7米、深2.4米，南北两端的阶梯延至底部。浴池的北面又有多间小浴室，室内垒砌的高台上置放着水罐，应该是用来提供热水的。联系到普通住宅也大多备有水井及洗浴设施的情况，给人以古城居民特别爱清洁、讲卫生的突出印象。

摩亨佐·达罗城遗址

由于被弃已久，摩亨佐·达罗古城的某些部位显示出岁月侵蚀的痕迹。值得一提的是，古城具有完备的排水系统：一条阴槽以平缓的弧度转弯，以保持排水畅通。

城内的房屋大都用烧砖砌成，其规模和设施差别很大。穷家小户只有一两间简陋逼仄的小屋，与另一些广宅大厦形成鲜明对比。大户人家有中央庭院，四周环绕许多间房屋，还有大厅。有一幢巨大建筑物内甚至含多间大厅，外带一个储藏库。另有不少引人注目的二层楼房。

人们更讶异于古城的排水系统，其完善程度令人瞠目：二楼冲洗式厕所的水可经由墙壁中的土管排至下水道，有的人家还有经高楼倾倒垃圾的垃圾管道。从各家流出的污水在屋外蓄水槽内沉淀污物，再流入有如暗渠的地下水道。这两座城市，一个在印度河的上游，一个在印度河的下游，表明这两个城市是两个互不相属的国家的都城。

印度河流域文明也创造了自己的文字，这些文字主要保存在各种陶、石、象牙制的印章上。迄今所知属于印度河流域文明的字符约有500个。

从遗迹中可以看出，当时印度河流域文明已有了国家，哈拉帕、摩亨佐·达罗等大城市便是早期的奴隶制国家。

自公元前20世纪中叶起，属于印欧语系的雅利安人部落，带着他们的战车、人马、畜群、食物和供奉的神龛，一批接一批地从中亚经由印度西北方的

· 哈拉帕印章 ·

发掘显示，属于哈拉帕文明成熟时期的遗址，北起喜马拉雅山南麓，南至濒临阿拉伯海的坎贝尔海湾，东达印度首都新德里附近的阿拉姆吉普尔，西抵今巴基斯坦与伊朗交界，覆盖地域50万平方千米以上，文明遗址有250多处，比同时期的美索不达米亚文明还要可观。 在哈拉帕文化中发现的石制印章，迄今已有2500多枚。它们由天青石、陶土、象牙、铜等各种材质制成。这些印章文字是目前世界上已知最早的文字体系之一，阅读方法也颇为有趣：上一行由左往右读，下一行由右往左读，但是印章文字的内容至今也得不到解读。

山口涌入次大陆。雅利安人最初的故乡在南俄草原，后来驮着帐篷出外漂泊，寻找新的家园。其中进入伊朗高原的一支成为后来的米底人和波斯人，向南的一支进入印度河流域。

"雅利安"意为"高贵的"。这些以"高贵者"自居的白种人，把被他们征服的皮肤黝黑的达罗毗荼人说成没有鼻子或只有扁平鼻子的、说邪恶语言的人，称其为"达萨"或"达休"（意为"敌人"）。在漫长的征服过程中，雅利安诸部落同"达萨"之间展开了激烈的战斗。《梨俱吠陀》的《因陀罗（雷雨神或战神）赞歌》这样唱道：

他使万物变化无常；

他使达萨瓦尔那屈服、消灭；

他像赢得赌金的赌博者，拿走敌人的财产。

噢，人们哟！他是因陀罗。

摩亨佐·达罗最终被彻底摧毁了。

两河流域的早期文明

西亚的底格里斯河和幼发拉底河中下游地区（今伊拉克境内及叙利亚北部一带）是人类最早的文化摇篮之一。希腊语称这块地方为"美索不达米亚"，意即两河之间。与尼罗河相似，两河也是每年定期泛滥，为经营农业提供了便利条件。美索不达米亚平原从西北向东南延伸，形似一弯新月。从公元前5000年开始的锄耕农业，至公元前3500年，这里已开垦成河渠纵横、盛产大麦和椰枣的良田沃野，因而有"肥沃的新月地带"之称。在古代，两河流域北部称亚西里亚，亦称亚述；南部称巴比伦尼亚，亦称示拿。巴比伦尼亚又分两部分，南部称苏美尔，北部称阿卡德。

苏美尔楔形文字的泥板

这块插在泥封中的泥板文书记录的是一桩诉讼案：一名叫阿般的人和他的妹妹白塔提分割财产。这桩诉讼案由公元前18世纪的国王尼克美帕判决。

两河流域自古以来就是西亚的通道和走廊，各民族交会之地。早在公元前5000年，已有苏美尔人居住在两河流域南部。公元前3000年左右，苏美尔

开始出现城市国家。后来的阿卡德人、巴比伦人、亚述人及迦勒底人等，先后在这里建国。多个民族的纷争和占领，无不留下他们各自充满异彩的文化。各种风格互相掺杂，多种渊源汇集，使文化艺术呈现出绚丽多彩的面貌。

早在5500年前，苏美尔人已经发明了文字。他们把字铭刻在石头上；或用斜尖的木棍儿、芦苇秆、骨头等压刻在黏土做成的软泥板上，再经晒干、烘烤，制成泥板书。这种别致的书写方法，落笔时力度大，速度缓，印痕宽而深；提笔时力量小，速度快，印痕窄而浅，因而形成一头粗一头细的笔画，好像楔子或钉子的形状，故称楔形字或钉头字。一部泥板书包括若干块刻有楔形字的泥板，按顺序放在木架上，供人使用。这种泥板书至公元1世纪才为羊皮书所取代。

楔形文字在不同时代、不同地区书写不同的语言。楔形文字泥板图书默然埋藏地下1500年，直到19世纪才被释读成功。

古代两河流域的自然科学中，最发达的是天文学和数学。早在苏美尔时代，苏美尔人就发明了太阴历。他们以一昼夜为一天，以月亮的圆缺、周而复始为一个月。他们还把一年分为12个月，其中6个月每月为30天，另外6个月每月为29天，共354天，并设闰月来补足。古巴比伦时代，人们已能将恒星和五大行星区分开，还观察出太阳在恒星之间所走的路径——黄道。后来他们又划分出黄道十二宫。

亚述帝国和新巴比伦时代，人们又把一个月分为4周，每周7天，分别以7个星的神名作为星期日至星期六7天的名称。这就是目前通行世界的以星期分割月份的由来。

苏美尔人和巴比伦人在数学方面采用两种计算方法：一种是十进位计算法；另一种是六十进位计算法。古巴比伦时代的数学家已经掌握了四则运算，能求出平方根和立方根，能解出3个未知数的方程式。他们会把不规则形状的田地划分为长方形、三角形和梯形来计算，然后得出面积总和。他们还会计算

《吉尔伽美什》雕刻印章

国王吉尔伽美什将要砍下芬巴巴头的情景，在一旁帮忙的是蓄着胡子的恩奇都。

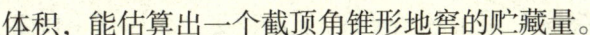

体积，能估算出一个截顶角锥形地窖的贮藏量。

世界上已知的最早的英雄叙事诗是《吉尔伽美什》史诗。它是古代两河流域最具有代表性的文学作品。这部史诗反映了古代两河流域人民同各种暴力进行斗争的场景，歌颂了为人民建立功勋的英雄和英雄的壮举，同时表达了人们认识自然法则和探索人生奥秘的愿望。

古代两河流域的建筑和雕刻水平也是很高的。公元前22世纪，乌尔大寺塔建成，该塔分4层，自下往上各层面积逐渐缩小。据说当年各层颜色不一样，并各有其象征意义：一层为黑色，象征地下世界；二层为红色，象征人间世界；三层为青色，象征天堂世界；四层为白色，象征日月光明。现在，上三层已化为土丘，每层的颜色已经脱落。亚述帝国时代，最著名的建筑是萨尔贡二世的王宫。该王宫有高大的台基。王宫的大门宏伟壮丽，门的两边各有一高塔，门和塔都饰有玻璃和壁画，前面还屹立着人面牛身雕像。

古代两河流域在雕刻艺术方面有很多代表作。如乌尔王陵出土的金盔、金牛头木琴和乌尔军旗上的浮雕都很有代表性。

古巴比伦王国时期的雕刻代表作是汉谟拉比法典碑上的浮雕。浮雕上的太阳神兼司法神沙马什头戴多层宝冠，威武地端坐在宝座上，神情肃穆，在他面前站立的汉谟拉比恭顺地接受权杖。

苏美尔人城邦争霸

底格里斯河和幼发拉底河流域是人类文明的发祥地之一。古希腊人称这一地区为"美索不达米亚"，意即两河之间的土地。这一地区的文明被称为美索不达米亚文明。

两河发源于土耳其境内，流经伊拉克后进入波斯湾。两河流域大致以今日的巴格达城为界线，分为南北两部分。它的北部为亚述，南部为巴比伦。巴比伦也划分为阿卡德和苏美尔两部分。苏美尔人是两河流域南部的主要居民，公元前5000年左右，他们结成氏族公社，主要从事农业，还饲养绵羊、猪、牛、驴等牲畜。公元前3000年左右起，苏美尔人先后建立起一些奴隶制城邦国家，著名的有乌尔、拉尔萨、乌玛等。

苏美尔城邦在两河流域南部星罗棋布，各城邦都由一个位于中心位置的

手持战斧的苏美尔战士

城市和围绕这个城市的若干个村镇构成，都具有小国寡民的特点。

苏美尔城邦宗教氛围浓厚。每个城市都有几个神庙，其中的主神庙在城邦中的地位最高。神庙是当时城邦的经济中心，拥有很多可耕地。神庙土地属于城邦公有地，不能买卖。到了早王国后期，城邦首领渐起私心，逐渐将神庙土地据为己有。

苏美尔神庙不仅是城邦的经济中心，而且是城邦的政治中心。城邦首领住在主神庙内，是该邦主神最高祭司。他主持祭祀活动，管理神庙经济，监督神庙工作人员。同时，他还主管修筑灌溉运河、城市防卫、战时统率军队、领导城邦会议等世俗事务。

苏美尔城邦的社会结构犹如苏美尔塔庙：高踞塔顶的是城邦首领；其下是由王室高级官员和神庙高级祭司所组成的贵族阶层；贵族以下是拥有小块土地的平民；平民以下是显贵家庭、神庙和宫廷的依附民，他们没有土地，只能临时租种神庙或贵族的土地；社会最底层的是归显贵家庭、神庙和宫廷所有的奴隶，他们一般来源于战俘，也有因极端贫困而被家长卖为奴隶的孩子及卖身为奴的整个家庭。奴隶的处境非常悲惨，他们只是作为主人的财产和牲畜，并且身上烙有印记，可以被买卖。

苏美尔诸城邦虽然有着语言和文化的一致性，但是邦际之间的关系并不友善。为了扩大领土、控制水利灌溉权及争夺霸权，各邦之间频繁发生战争。早王国中期，基什取得了霸国的地位后，其国王麦西里姆曾以霸主的身份调解拉伽什与乌玛两邦之间的边界冲突，并为两邦划了分界线。后来，拉伽什逐渐

·《吉尔伽美什》·

　　《吉尔伽美什》是迄今所知人类历史上最早的史诗，它是两河流域的人民创造出的许多优美的文学作品中最出色的一部。该诗描写了苏美尔人乌鲁克城的国王吉尔伽美什神话式的传奇故事，颂扬了为民建立功勋的英雄，反映了古代两河流域人民征服自然、探索人生奥秘的朴素愿望。这部作品产生于苏美尔城邦时代，以后经过历代人民口头相传、加工锤炼，至古巴比伦时期被编定成书。全诗共3000多行，用楔形文字分别刻在12块泥板上。

显示王室军威的军旗

旗中图案详细描绘了公元前2500年强大的乌尔军队的一次大捷。从中可以看到驴拉的四轮战车、战车上的驭手和战士，以及手持短矛与敌搏斗的场面、押送俘虏凯旋的情形。

强大起来，其第三代国王安那吐姆征服了巴比伦尼亚许多城邦，号称"苏美尔诸邦之霸主"。

苏美尔的每个城邦都由一群贵族来治理，在战争时期，他们会选出一位首领来统治，直到战争结束。

早王国后期，苏美尔各邦之间的争霸战争更加频繁激烈。经过长期混战，两河流域逐渐形成了以乌尔和乌鲁克为霸主的南方同盟与以基什为霸主的北方同盟。南北两大军事同盟的形成，标志着两河流域南部小邦林立、独立自治局面的结束与地域性统一王国的出现。

在城邦争霸战争中，统治者为了支付繁重的战争经费，不断向人民征收苛捐杂税，从而加剧了城邦内部的社会矛盾。约公元前2384~公元前2378年，拉伽什的国王卢伽尔安达横征暴敛，在全国各地派驻监督和税吏，向牧民和渔民收税，甚至夺取了他们赖以为生的驴羊、船只和渔场；手工业者因不堪重税而破产；靠剪羊毛为生的人须向城邦首领交纳银子，甚至主持祭典的神庙大祭司也被迫向城邦首领交纳贡税。在卢伽尔安达的残暴统治下，广大平民无法生存下去，纷纷起来反抗，终于罢黜了卢伽尔安达的王位，推举贵族出身的乌鲁卡基那执政。

乌鲁卡基那执政后，实行了目前所知世界历史上最早的一次社会改革。其主要内容是除弊兴利，即废除前国王的种种弊政，大兴有利于平民的改革。

新政禁止以人身保障作为借贷条件、禁止欺凌孤寡及减轻人民殡葬费用之类的措施，受到民众的欢迎。因为改革的目的是缓和拉伽什极为紧张的社会矛盾，以城邦主神的名义恢复正义，扶助贫困，抑制享有政治经济特权的贵族，所以乌鲁卡基那的改革具有进步意义。乌鲁卡基那改革后8年，拉伽什遭强敌乌玛与乌鲁克联军入侵，被兼并而亡。

乌玛国王卢伽尔扎吉西后来又先后征服了乌鲁克、乌尔和拉尔萨等城邦，成为"乌鲁克和乌尔之王"。然而，就在卢伽尔扎吉西大有统一苏美尔之势时，北方塞姆人建立的阿卡德王国兴起了。

克里特文明

克里特文明是由地中海东部克里特岛的古代克里特人（或称米诺斯人）创造出来的。早在公元前3000年以前，克里特岛就出现了新石器文化。公元前3000年中期进入金石并用时代，原始社会开始分化解体。到公元前2000年左右，克里特岛进入青铜器时代，出现了早期的奴隶制国家。克里特文明分为早王宫时代和后王宫时代。

早王宫时代（约公元前2000~公元前1700年）是克里特文明的初级阶段。

黑皂石公牛奠酒器

该器皿用来盛圣液，对米诺斯人来说，公牛有特殊的宗教意义，他们将巨大的石雕牛角放置在神庙和宫殿周围，以表明该地是神域圣地。

当时奴隶制城邦刚刚兴起，在岛屿中部的米诺斯、法埃斯特、马里亚等地先后出现了王宫建筑，宫殿都用石料砌成，有宽敞的大厅、宫室、仓库、作坊等。青铜器制造技术已相当先进，手工业和农业也已分离。这一时期制造的青铜双面斧、短剑、矛头、长剑及金质和银质的碗等工艺品，都十分精美。这一时期也出现了文字，并由图画文字发展为象形文字。

后王宫时代（约公元前1700~公元前1400年）是克里特文明的繁荣阶段。原来被毁的王宫又重新修建起来，而且比以前更加壮观。农业、手工业和海外贸易都很发达。农业上使用犁耕，农作物有大麦、小麦和大豆等；园艺作物有橄榄、葡萄等；手工业方面已经能够制造出一种高头低舷的远航船只。克里特岛同爱琴海诸岛、希腊半岛、小亚细亚、腓尼基、埃及及西部地中海地区，都有密切的贸易联系。海外贸易成了克里特岛的经济命脉。另外，此时还出现了书写古代克里特语的音节文字——"线形文字甲种"（或"线文A"）。

米诺斯王朝的王宫遗址壁画

湿壁画是一种绘于泥灰墙上的绘画艺术，这种创作手段是米诺斯文明的主要艺术形式。

后王宫时代，克里特岛上的城邦比以前大大增加，此时的克里特岛有"百城"之称。"百城"之中米诺斯的势力最为强大，称霸于克里特岛，并控制了爱琴海中的一些岛屿。已被完整发掘出来的米诺斯王宫，占地2.2万平方米，一般多是三层建筑，并有供水、排水设备；宫中设有"宝殿"、寝宫、神坛、粮仓、地窖、牢房、作坊、武器库等，结构复杂，曲折通达，有"迷宫"之称。

王宫坐落在爱琴海南端的克里特岛的一座小山的缓坡上，占地面积22000平方米，是一组围绕着中央庭院的庞大而复杂的建筑群。王宫内大小房间约有1500间，宫内楼阁密接，楼道走廊迂回曲折多变，加之许多厅堂馆室在设计上的不对称性，外人很难知道这座错综复杂的王宫的布局。

整个王宫以中央庭院为中心，中央庭院长约60米，宽约30米，是宫内最大的庭院。中央庭院靠西边的楼房是国王办公、祭祀的场所。这里神龛神坛排列整齐，办公集会的厅堂和祭祀大金碧辉煌、富丽豪华。此外还有贮藏油、酒，收藏财物的陶罐、库房；中央庭院

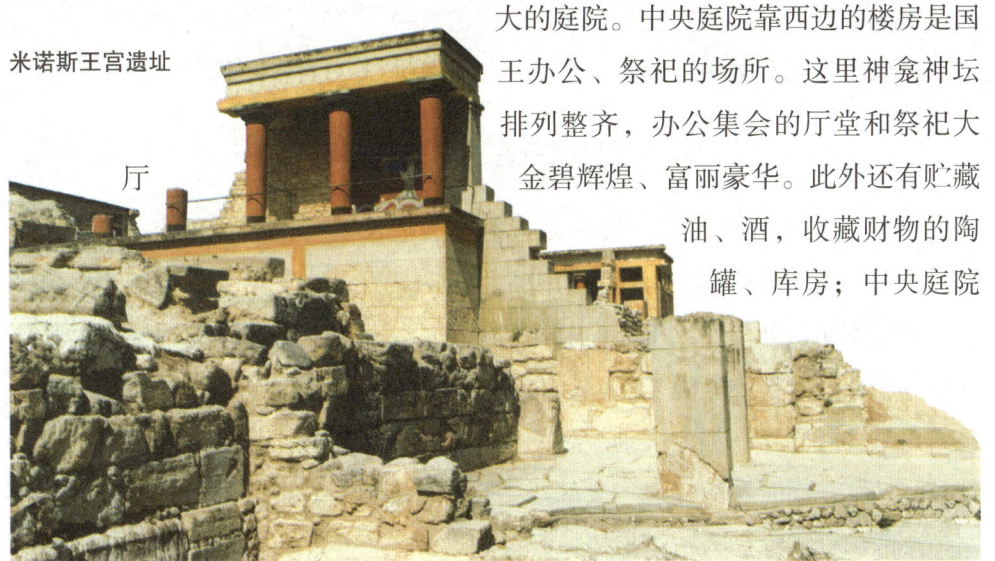

米诺斯王宫遗址

厅

远古的时候，有个名叫米诺斯的国王，他建造了迷宫一般的克诺索斯王宫。为了报复杀死他儿子的雅典人，他强迫雅典人每年送九对童男童女作为王宫的贡赋。那些儿童一送到米诺斯王宫，不是因为迷路后饥渴而死，就是被宫内的一头怪兽吃掉。雅典国王爱琴的儿子特修斯不忍，便主动随进贡的童男童女一起到米诺斯王宫，立志要为雅典人民除害。他临别前与父亲约定：如果事情成功了，船只返航时，将黑帆换成白帆。特修斯一行到达克里特岛之后，得到了该国公主的爱情与帮助。聪明而勇敢的特修斯最终杀死怪兽并带上公主，登上了回国的船只。特修斯沉浸在胜利与爱情的喜悦之中，竟然忘了换白帆。当国王爱琴看到驶近的船仍然挂着黑帆时，绝望之中，便跳海自杀。从此，人们就把爱琴国王投海的那片水域称为"爱琴海"。

东边的楼房是国王及王后的寝宫、接待厅及学堂、作坊等生活机构和设施。那上粗下细的圆柱形结构和冬日保暖、夏天通风的折叠门扇，宽敞的浴室内精巧的陶制浴盆及冲水设备，以及从宫外10千米远的山上把泉水引入宫内的陶制管道和抛物线形的引水沟槽等，无不闪耀着古代科学技术的光辉。

在王宫的墙上，发现了许多壁画。虽然历经几千年，但是它的色泽还很鲜艳，就像艺术家刚刚完工一样。在长廊中，有庆典游行的画卷。在国王宝殿和王后寝室里，有表现国王、贵族的活动和集会及自然景物的壁画。壁画中的男子们捧着金银器皿，妇女们则穿着镶宽边的长袍。在造型方面，人物一律都呈侧面像，个个体态轻盈，神态逼真；在用色方面，男人被饰以红色，而女人则被绘成白色。

克里特文明衰落后，爱琴文明转入以迈锡尼文明为主的阶段。

迈锡尼文明

阿卡亚人（希腊人的一支）创造的迈锡尼文明（约公元前1500~公元前1100年），是指以迈锡尼为代表的南希腊的迈锡尼、太林斯、派罗斯等早期奴隶制城邦文明。阿卡亚人于公元前1650年前后，从巴尔干半岛北部侵入中希腊和南希腊。此时他们正处于氏族社会的解体时期，从当时的竖井式的坟墓中可以看出来，随葬品有很大区别。到了公元前1500年左右，规模宏大的圆顶墓代替了竖井墓，同时在迈锡尼、太林斯、派罗斯等地有宫殿和城堡出现。因此，圆顶墓的出现，标志着迈锡尼等地奴隶制城邦的产生和迈锡尼文明的开始。

迈锡尼文明时期，生产力迅速发展，金属冶炼和手工业品的制造技术超过了克里特文明时期的水平。迈锡尼社会是奴隶制社会，城邦的统治阶级包括国王、将军、贵族、官吏、祭司；政治机构有贵族会议和民众大会；社会的基层组织是公社，首领是长老。土地基本上分为私有和公有两种形式。奴隶多属于国王所有，但也有私人奴隶，他们从事手工业、农业等生产性或非生产性劳动。

迈锡尼文明时期出现了文字——"线形文字乙种"（或"线文B"）。迈锡尼文明时期的建筑艺术有了长足的发展。太林斯城墙厚度达20米，非常坚固。迈锡尼也有高大的城墙和塔楼，其石头城门——"狮子门"以宏伟坚固著称。

公元前12世纪初，以掠夺为目的的迈锡尼率南希腊诸国攻打小亚细亚的特洛伊城。

希腊人率领自己的联合舰队从位于尤卑亚海峡的奥里斯出发，在小亚细亚海岸登陆后，在特洛伊平原上建立了一个巩固的大本营，然后迅速包围了特洛伊城。

特洛伊城地势险要，易守难攻。阿伽门农每次攻打都遭到特洛伊盟军的反击。战争持续了9年，双方损兵折将，死伤无数。

转眼进入第十个年头，希腊联军中最勇敢的战将阿喀琉斯因和主帅阿伽门农争夺女俘而退出了战斗。其好友借用他的盔甲、盾牌和武器去攻城，结果被特洛伊人的统帅、太子赫克托尔杀死。阿喀琉斯知道后怒火冲天，重返战场，要为好友报仇。赫克托尔出城应战，与阿喀琉斯杀得难分难解，最终因体力不支而战死沙场。

特洛伊人见统帅被杀，发起了猛烈的反攻。海伦知道阿喀琉斯的弱点在脚后跟，便帮助小王子帕里斯寻找机会，用毒箭射中了阿喀琉斯的脚后跟。阿喀琉

公元前1300年左右的迈锡尼圆形墓

·迈锡尼墓园·

迈锡尼城堡内外有两座墓园。园内有众多王族墓葬，内藏丰富的金银陪葬品，其数量之多为世所罕见（仅其中一墓穴即有870件之多）。工艺水平也很高，其中大多数为克里特产品，也有来自埃及和小亚细亚、叙利亚等地的。圆顶墓不像竖井墓那样只在地下构筑简单的竖穴墓室，而是在地面凿岩和砌石筑成圆形墓室，前有墓道，上覆高冢，室内以叠涩法砌成圆锥状屋顶，形如蜂巢，故又称蜂巢墓。构筑这类陵墓需要较高的石砌工程技术，它的形制虽源自克里特，在迈锡尼规模却日趋宏大。现存最大的一座圆顶墓内高13.2米，墓门高10米，门内过道以一块重达120吨的巨石为盖，可见其工程的艰巨。

斯中毒身亡，帕里斯也在这场战役中被希腊将士用乱箭射死，战争陷入僵局。

特洛伊城久攻不下，阿伽门农只好采取了奥德修斯的计策。

一连数日，希腊人不再攻城，战场上出现了少有的平静。特洛伊人很奇怪。更奇怪的事发生了，一天早晨，特洛伊人突然发现一向躁动的希腊军营空荡荡的，海面上高挂着希腊联军旗帜的战舰向远处驶去。饱受战争之苦的特洛伊将士和老百姓欢腾起来，纷纷走出城门，庆祝希腊人的撤走。

突然，人们发现希腊军营中有一个巨大的木马。特洛伊人好奇地围着它转来转去。他们猜测：希腊人攻打特洛伊，激怒了天神，天神派木马降临赶跑了他们。于是，特洛伊将士和百姓纷纷跪祭木马，感谢天神的保佑。特洛伊国王还吩咐手下将这宝物拉到城里。木马太大，城门进不去。国王下令推倒一段城墙，这才把木马拉进城里。

整个特洛伊城沸腾了，为庆祝胜利，一桶桶的美酒被喝得精光，守城将士都昏醉在岗位上。

黎明时分，茫茫的海面上突然闪现灯光，一艘艘战舰向特洛伊疾驶而来。这时，木马的肚子里冲出数十位全副武装的希腊勇士。守城的特洛伊士兵还未反应过来就被杀死了。希腊勇士打开城门，10万希腊大军如潮水般涌进特洛伊城。10年未被攻破的特

迈锡尼建筑中的"狮子门"，以宏伟坚固著称。

洛伊城瞬间被希腊人占领了。

迈锡尼等希腊城邦虽然获胜，但为时10年的战争也大大地削弱了它们的力量，使它们的防御能力大减。约公元前1125年，多利亚人从希腊半岛北部趁机入侵，征服迈锡尼诸城邦，迈锡尼文明至此结束。

古巴比伦王国

乌尔第三王朝灭亡后，阿摩利人在两河流域定居下来，并在那里建立了许多小国。这些国家长期混战，使这一地区尤其是两河南部重新陷入分裂的局面。

重新统一巴比伦尼亚并最后基本统一两河流域的是古巴比伦王国。大约在公元前1894年，另一支阿摩利人在其首领苏穆阿布姆的率领下，占据了巴比伦城并建立了国家。古巴比伦王国开始仅仅是一个弱小的并时常向他国称臣的小邦。但到了第六代国王汉谟拉比统治时期（约公元前1792~公元前1750年），古巴比伦逐渐强大起来。

公元前18世纪，汉谟拉比在统一两河流域南部的过程中，建立起强大的中央集权的奴隶主专制国家机器。他总揽全国的立法、司法、行政、军事和宗教大权，并对自己加以神化，自称为伟大天神的后裔。他任命中央各部大臣，委派地方各级官吏。汉谟拉比大力兴修水利发展农业，建立常备军巩固政权，并实行份地与军事义务相关联的兵役制度，同时保护士兵的份地。古巴比伦国家的军事力量因此得以强大。

汉谟拉比在治国方面最突出的政绩就是制定了《汉谟拉比法典》，这是世界历史上第一部比较完备的成文法典。

石碑上的《汉谟拉比法典》原文镌刻在51栏内，没有段落划分，各条法律之间也没

《汉谟拉比法典》石柱的顶部浮雕

此为汉谟拉比向坐在御座上的最高法官、太阳神沙马什祷告的情景。这位虔诚的国王在他的49个法柱序言中宣称自己是"诸王之神""明慧的智者""无敌的战士"。站着的汉谟拉比表现得很谦卑。

刻有《汉谟拉比法典》的石柱

《汉谟拉比法典》刻在一个2米高的石柱上。

有空格。后来的研究者将其划分为引言、法律条文和结尾咒语三部分。

汉谟拉比在序言里列举了自己的一系列功绩。正文共282条，分为道德、国家和私人社会3部分。道德部分地位最高，是神的领域，涉及某些不可饶恕的罪行；国家部分代表王室利益，集中反映维护王室土地、履行兵役、杂役等义务；私人社会部分最为复杂，规定了诉讼手续、盗窃处理、军人份地、租佃、雇佣、商业高利贷、债务奴隶、继承权、伤害、赔偿和奴隶地位等领域。结语则夸耀了汉谟拉比统一全国，建立公正与和平的历史功绩。

《汉谟拉比法典》也存在许多不完善的地方。一方面，法典规定了许多残忍的惩罚手段，光死刑就分为溺死、烧死、刺死和绞死。另一方面，法典还保留了许多原始的习惯法，例如两个自由民打架，如果一个人被打瞎了一只眼睛，对方就要同样被打瞎一只眼睛作为赔偿；被人打掉牙齿，就要敲掉对方的牙齿。依照这种原则，如果房屋倒塌，压死了房主的儿子，建造这所房屋的人就得拿自己的儿子抵命。

此外，《汉谟拉比法典》对奴隶主、自由民和奴隶的规定也不同。尽管对于自由民的处理原则是"以牙抵牙，以眼还眼"，但是如果奴隶主把自由民的眼睛弄瞎，只要拿出一定数量的银子就可了事。如果被弄瞎眼睛的是奴隶，就连赔偿都可以免了。奴隶如果打了自由民的嘴巴，就要被割去双耳。属于自由民的医生给奴隶主治病，也是胆战心惊的。因为，如果奴隶主在开刀的时候死了，医生就要被剁掉双手。

为了巩固奴隶主的统治，法典还规定了一些更严厉的条款：逃避兵役的人一律处死；帮助奴隶逃跑或藏匿逃亡奴隶者，都要处死；如果违法的人在酒店进行密谋时，店主不把这些人捉起来，也要被处死。正是依靠这部残酷的法典，汉谟拉比时代的巴比伦社会成为古代东方奴隶制国家中统治最严密的国家。

1901年12月的一天，在伊朗西南部苏萨古城遗址上，由法国人和伊朗人组成的一支考古队正在紧张地进行发掘工作。突然，泥土中浮现出一段经过打磨的黑色玄武石柱残部，石柱上面刻画着浮雕和字迹优美的楔形文字。这种文字在古代是王室专用字体，考古学家由此推测，这块石柱一定记载着相当重要的内容。

石柱的另外两块残部在几天后也被发现。人们将3块断裂的石柱拼合起来，正好拼成一个完整的椭圆柱形黑色石碑。经过解读后发现，石碑上的内容正是赫赫有名的古巴比伦国王汉谟拉比制定的法典，即《汉谟拉比法典》。

汉谟拉比统治时代是古巴比伦王国的鼎盛时期。他死后不久，王国便迅速衰落。

大约在公元前1595年，北方的赫梯人南侵，消灭了古巴比伦王国（又称巴比伦第一王朝）。之后，南方伊新城的统治者伊路买鲁在苏美尔地区的南端建立了一个新的王国，史称"海国王朝"或"巴比伦第二王朝"（约公元前1595~公元前1518年）。后来，加喜特人再一次发动军事进攻，从两河东北部侵入两河平原地区，占领了巴比伦并建立了加喜特王朝，即巴比伦第三王朝（约公元前1530~公元前1157年）。而后，加喜特王朝又消灭了南方的海国王朝。

加喜特王朝统治两河流域南部近400年后，在埃兰和亚述两个强敌的夹击下，加喜特王朝灭亡。之后，两河流域南部又陷入了分裂割据的局面，先后出现了许多为时短暂的地方小王朝。

亚述国家的产生与扩张

亚述地处河岸凸起、多山、富有矿产和木材资源的两河流域北部（今伊拉克北部的摩苏尔地区）。这里的居民大多是讲塞姆语的亚述人，也包括一些逐渐同亚述人融合的胡里特人。古代亚述的文明史可分为早期亚述、中期亚述和亚述帝国（新亚述）三个阶段。

早期的城市国家亚述（约公元前30世纪末至公元前20世纪中叶）是在亚述城基础上形成和发展起来的。它实行的是贵族寡头政治，与苏美尔的城邦首领相似，权力有限。另外还有名年官和乌库伦。名年官是每年从长老会议成员中选出来的，以其名命名该年。乌库伦是长老会议指派的一个管理司法和土地的

这是一幅刻在亚述宫墙上的浮雕，再没有什么比与雄狮竞斗这种血腥的体育运动更令亚述国王兴奋的了。

官员。

大约在公元前19世纪末，沙马什阿达德（约公元前1815~公元前1783年）以暴力手段夺取了政权。他积极向外扩张，吞并了玛里，让其子担任那里的统治者。他还把扩张推进到地中海东岸，逼迫周围许多国家纳贡。他是亚述第一位名副其实的、有别于伊沙库的国王。他曾为亚述城制定物价，将全国领土划为地区或省。沙马什阿达德死后，亚述曾遭到古巴比伦王国汉谟拉比的沉重打击。到公元前15世纪，亚述又处于小亚细亚东南部和两河西北部的米坦尼王国的控制之下，沦为藩属达一百余年。早期亚述也就此结束了。

公元前15世纪初，米坦尼由于受到赫梯的沉重打击而日渐衰落。亚述趁机独立并得以复兴，从此进入了中期亚述时期（约公元前15~公元前9世纪）。在此时期，亚述不断发动对外扩张的战争。公元前13世纪，中期亚述灭亡了米坦尼。中期亚述到提格拉—帕拉萨一世（约公元前1115~公元前1077年）统治时期强盛一时，提格拉—帕拉萨率军向南攻陷和劫掠了巴比伦城，向北血腥征

缀有象牙图案的亚述厚绒布

伐了小亚细亚与亚述之间的安那托利亚部落。但是，从公元前11世纪开始，游牧的阿拉米人开始大批侵入亚述地区，将亚述领土弄得四分五裂，中期亚述再度衰落了。

中期亚述时期，在王权加强、君主制统治形式确立和经济发展的条件下，出现了一部成文法典——《中亚述法典》。从法典的有关条文来看，土地私有制已经出现了，土地可以买卖。破坏田界和侵占他人土地者会受到严重的经济处罚和身体惩罚。债务奴隶制在这一时期也成为一种普遍的社会现象。与汉谟拉比时代关于负债的人质在债权人家只服役3年的规定不一样，中期亚述时期负债的人质在债权人家里服役是无限期的。中期亚述时期的奴隶境况极为悲惨。法典规定，如果奴隶从某自由民之妻手中得到任何一件东西，都应受割鼻耳之刑，并追回原物。

公元前10世纪末，亚述在西亚、北非的一些强国先后衰落的国际环境下，具备了再度崛起的条件。此外，公元前9世纪铁器的广泛使用，也促进亚述经济的迅速发展和亚述军队武器装备的更新，从而为亚述侵略扩张和建立帝国奠定了雄厚的物质基础。

亚述文化博采西亚各国之长，而且具有自己的特点。在尼姆鲁德、尼尼微、豪尔萨巴德等地均发现亚述时期的宏伟的宫殿、神庙和其他建筑。建筑物饰有大量浮雕，有很高的艺术水平。亚述巴尼拔所建尼尼微王家图书馆，藏有

·亚述贵族的狩猎·

休闲娱乐并不是现代人的专利，大量出土的泥板和雕刻艺术显示，几千年前的人们也懂得打发休闲时光。美索不达米亚人的休闲生活十分丰富，包括聚会、听音乐、舞蹈、嬉戏玩耍等娱乐性活动及狩猎、体育、拳击等竞技性活动。亚述贵族最喜欢的娱乐活动是狩猎。亚述本来就是一个尚武的民族，具有黩武主义特征。亚述贵族喜欢狩猎与之有密切联系。几乎所有亚述时期的浮雕、雕像、铭文都记载过亚述人的狩猎活动。对亚述国王来说，狩猎也是一场战争，猎杀动物可以展示国王的军事素质，炫耀自身强大的实力，达到让人们拜服的目的。这样，贵族就将娱乐和统治很好地结合在一起，是一项一举两得的活动。另外，亚述贵族的狩猎活动还带有浓厚的宗教色彩。射杀狮子等凶猛的野兽被视为神灵赋予国王的神圣职责。亚述人还建有面积巨大的"动物公园"，里面圈养着许许多多动物，如狮子、瞪羊等。国王、大臣等贵族会将这些野兽驱赶到某个地方集中猎杀，有时候也会采用网猎的形式。目前这项运动在世界上已经绝迹了。

大量泥板文书，包括宗教神话、艺术作品、天文、医学等，是研究亚述历史的重要资料。亚述位于底格里斯河西岸，在伊拉克摩苏尔之南150千米。它为古亚述王国的第一个都城，也是古亚述人的主神的神庙所在。20世纪初期，德国考古队来此发掘，发现其内城有圆墙围护，城东滨底格里斯河，在此建有大型码头。城西和城南则有一系列坚固的防御工事。已发现宫殿遗址3座，最老的宫殿为沙姆什·阿达得一世所居。

印度的吠陀时代

　　印度的"吠陀时代"，大约是公元前1500~公元前600年的这段时间。"吠陀"的原意为"知识"或"神圣的知识"。它实际上是印度世代口头流传下来的古老的宗教、文学典籍，也是婆罗门教的经典。吠陀共有4部，全称为《吠陀本集》。其中最古老、最重要并具有文学价值的是《梨俱吠陀本集》，它所反映的社会时代被称为"早期吠陀时代"，是指约公元前1500~公元前900年的这段时间；其他3部吠陀——《娑摩吠陀》《夜柔吠陀》和《阿达婆吠陀》及解释这些吠陀的作品，反映的社会时代较晚，因此称之为"后期吠陀时代"，是指大约公元前900~公元前600年的这段时间。

　　早期吠陀时代的历史主要是指印欧语系的游牧部落——雅利安人从伊朗

森严的种姓制度

　　印度的种姓制度沿袭了许多世代，而且越来越复杂，演变出了数以千计的亚种姓。"萨蒂制"产生于种姓制度。

高原逐渐入侵印度河上、中游和恒河上游的历史，也是雅利安人与当地居民进行暴力冲突和生息共处的历史。

早期吠陀时代的雅利安人尚未进入文明社会和国家阶段，他们仍过着氏族部落生活。当时，他们的社会组织有部落（噶那）、氏族（维什）和村（哥罗摩）。每个部落包括若干个村，每个村由许多家族组成。有些部落已组成部落联盟。大约在公元前1000年，少数先进的部落开始过渡到奴隶制国家，原来的部落军事首领"罗阇"转化为世袭国王。有梵书记载的神话说，当初诸神和魔鬼们发生战争，而诸神屡受挫败。经过总结分析，认识到失败的原因在于缺少一个王。于是，他们选出了王，从而打败了魔鬼。又有一说是，在国家产生以前，人民生命得不到保障。于是，大家选出王来保护自己的生命财产，百姓则奉献贡赋给王做报酬。"罗阇"（王）实际上是军事首领，其权力受长老会议（萨巴）和部落成员会议（萨米提）的限制。这表明，当时的雅利安人已进入军事民主制时代。

后期吠陀时代是一部分的雅利安部落进入文明和国家的时代，也是种姓制度与婆罗门教形成的时代。后期的吠陀时代，有些早先的部落或部落联盟的军事首领罗阇已变为国王了。国王加冕时须举行盛大的祭典仪式，以示王权得

· 种姓制度 ·

种姓一词在梵文中叫"瓦尔那"，意为"颜色、品质"，故而种姓制度又叫瓦尔那制度。这种制度起源于入侵的雅利安人实行种族隔离的企图。之所以这样做，是因为当地人在数量上和文明程度上都远远超过他们。

婆罗门种姓为祭司贵族，属于第一等级，掌握神权，传授圣书，地位最高。刹帝利种姓为军事贵族，或称武士阶级，包括国王和各级官吏，属于第二等级。刹帝利意为"权力"，把持国家的军事和行政大权。吠舍种姓为一般平民大众，包括农民、牧民、手工业者和商人等，属于第三等级。他们是没有任何特权的普通公民，必须按规定缴纳赋税。首陀罗种姓属于第四等级，包括被征服的土著居民和雅利安人中的贫穷破产者，地位最低下。他们从事各种繁重、卑贱的劳动，其中许多人沦为雇工或奴隶。

在种姓制度下，人的社会地位是由其家庭出身决定的，职业世袭不变，种姓之间严禁通婚。不同种姓的男女结合，所生子女被排斥于种姓之外，称为"旃陀罗"，即"贱民"。他们被认为是"不可接触者"，最受鄙视，其社会地位比首陀罗还要低。

印度的种姓制度自形成后，沿袭了许多世代，而且越来越复杂，在四种姓之外，又演变出了数以千计的亚种姓。

自神授。有实力和雄心的国王，还要举行盛大的"马祭"活动。他选定一匹骏马，让这匹马任意奔驰，后面跟随士兵，所到之处，如果当地国王敢于阻挡，就对之开战。满一年后，将此马带回，用作牺牲，向神献祭。能举行马祭的国王可以称为大王，处于霸主地位。

在后期吠陀时代，随着雅利安人国家和婆罗门教的形成，种姓正式成为一种严格的等级制度，共分为4个等级，分别是婆罗门、刹帝利、吠舍及首陀罗。

作为维护高级种姓和统治阶级利益工具的婆罗门教，是一种相当复杂和烦琐的宗教。后来它遭到新兴宗教（如佛教、耆那教等）的反对。大约8世纪以后，婆罗门教演变为印度教。

意大利半岛文明

远在旧石器时代，意大利半岛就有人类居住。当时人们在洞穴中居住，使用石刀、石斧等粗陋的石器工具。大约从公元前5000年开始，意大利的远古居民进入了新石器时代，已经能够建筑房屋、制造陶器，开始驯养家畜，主要以渔猎为生。公元前2000年初期，意大利人的祖先从北方越过阿尔卑斯山进入意大利半岛，并创造了以特拉马尔文化为代表的意大利青铜文化。"特拉马尔"意大利语意思为"沃土"，指居民住宅废墟上的肥沃土地。特拉马尔文化遗址遍布于意大利北部的波河中游和下游，年代为公元前1600年左右。特拉马尔文化的村落都有一定格局，有严密的社会组织。有的考古学家认为，它的村落方阵布局也曾影响日后罗马的城市和兵营设计。特拉马尔文化除使用石器和骨器外，已经广泛地用青铜制造的镰刀、箭头、斧子和宝剑等。在渔猎经济存在的同时，已知居民从事畜牧和农业，考古发现有麻、豆、麦种，牲畜有马、牛、羊、猪、狗等。出土器物包括黑色光滑的轮制陶器，青铜武器有矛头、短剑和两面刃的长剑。

在马尔扎博托出土的这两个雕像是公元前5世纪青铜枝状大烛台的一部分。

大约在公元前10世纪末期，意大利进入铁器时代，出现了著名的微兰诺瓦文化。此时，农业和畜牧业又有了很大的发展，并产生了原始交换，出现了某种设有围墙的城寨。农业是他们主要的生活来源，有专营生产工具、武器及青铜器物的公社，这些都表明原始社会即将结束。

在公元前8世纪左右，伊达拉里亚人进入意大利半岛，建立了一些城邦。伊达拉里亚文化受希腊文化影响但又别具特色。他们所建立的城市都有坚固的石造城墙和整齐的街道，沿海设有港口，内陆建有灌溉系统，农业为重要的经济命脉，制陶和冶金技术也比较发达，雕刻、绘画技艺非常精湛，生产和生活中已使用奴隶。其全盛时期的势力范围，北达波河流域，南至坎巴尼亚，罗马王政时代的后期便处于他们的统治之下。

公元前8~公元前6世纪，爱琴海地区的希腊人侵入南意大利和西西里岛，在那里建立了许多殖民城市。希腊人的殖民统治，不但将希腊的社会政治制度带到意大利，而且在这一地区广泛传播希腊的工艺、建筑及文化的许多成就，促进并丰富了意大利半岛的文明。

希腊的“荷马时代”

公元前11~公元前9世纪的希腊历史通常被称作“荷马时代”，它因荷马史诗而得名。

荷马时代的社会较迈锡尼时代来说，确实是一种倒退，遍及希腊的氏族部落完全淹没了迈锡尼文明。但生产力水平却有很大提高，突出表现在希腊已从青铜时代进入铁器时代。考古学家在这一时代发现了用铁制成的斧、锄、刀、剑等生产工具和武器，还发现了铁匠作坊。《伊利亚特》中提到给射鸽运动员的奖品就是铁斧。铁器的发明，极大地促进了农业生产的发展，人们学会用双牛拉犁，在平原、盆地种植大麦、豆类等作物，在山坡丘陵栽培橄榄、葡萄。农业的发展既提供了较多的生产资料，也刺激了分工的发展。手工业已脱离农业，成为独立的生产部门，出现了金属制造、纺织、皮革、造船等行业。生产的发展使商品交换应运而生。不过当时是以物易物，用于交换的主要物品是金

荷马与诸神 浅浮雕

·荷马史诗·

　　荷马，相传是古希腊两大史诗《伊利亚特》和《奥德赛》的作者。他是公元前9~公元前8世纪时一位朗诵史诗的盲艺人，他根据口头流传的篇章，整理了这两部史诗。《伊利亚特》写的是由于特洛伊王子帕里斯骗走了斯巴达王后海伦，引发希腊联军讨伐特洛伊的十年战争。史诗集中描写第十年希腊英雄阿喀琉斯和伊利昂城主将赫克托尔之间的决战，以赫克托尔的死告终。其中阿喀琉斯是一个理想的部落英雄形象。《奥德赛》则写战争结束后，希腊主将奥德修斯返乡途中的海上冒险和机智地维护自己的财产、与妻儿团聚的故事，它的形成比《伊利亚特》稍晚，反映了奴隶制度萌芽时期的生活场景，体现了对私人财产的捍卫，并通过奥德修斯之妻佩涅洛佩的贞洁勇敢提倡新的家庭道德规范。两部史诗的结构巧妙，布局完整，塑造了众多英雄人物，被称为"英雄史诗"。史诗基本主题是热爱现实，肯定人的奋斗精神，强调对人生采取积极进取的态度。

　　属和牲畜，特别是牛，既是交换媒介，也是主要的财产形态。据《伊利亚特》介绍，此时的物物交换有两种类型：一是以牛易物，一是以牛易人（奴隶）。此外还有馈赠等其他形式。

　　当时的阶级分化已初露端倪，动产的私有制已显而易见，不动产（土地）的私有制似乎也已产生。氏族贵族占有较多较好的土地和大量牲畜，村社农民只能耕种小块份地，失去份地的农民有的充当雇工，有的沦为乞丐。奴隶制已经产生，奴隶主要来源于战俘和被拐卖的人。男奴多用于放牧，女奴多用于家务和纺织，直接参与农业和手工业生产的奴隶还很少见。

希腊城邦制国家

　　在荷马时代末期，铁器得到普遍推广，希腊社会的经济也加快了发展速度，农、工、商业均有突出发展。与此同时，希腊在同东方频繁交往的过程中，大量汲取并利用了东方文明的丰硕成果，从而使希腊人站在较高的历史起点上，建构了不同于东方的国家体制。

　　由于社会经济的发展，两极分化进一步加剧，围绕土地、债务等问题，贵族与平民之间展开了激烈的斗争。在斗争中，原始公社制渐趋崩溃，代之而起的是阶级压迫的工具——国家。在希腊，国家的普遍形式便是城邦。希腊城邦的形成方式和途径大致分为三类：一类是在早期移民和后来大殖民运动中建立的城邦；一类是在氏族制度解体并征服其他居民的过程中建立的城邦；另一类是在自身氏族的制度解体和阶级分化的基础上通过"改革"产生的城邦。

城邦形成初期，贵族政治得到普遍实行，一切权力集中于由军事民主制时代的长老议事会转化而来的贵族会议手中。稍后，由于经济的发展，加之以平民为主的步兵逐渐取代了贵族骑兵，平民地位日益提高，他们向贵族政治提出挑战，要求打破贵族在政治上一统天下的局面。在对立双方势均力敌的城邦，一度出现了僭主政治。但随着对立双方力量的消长，有

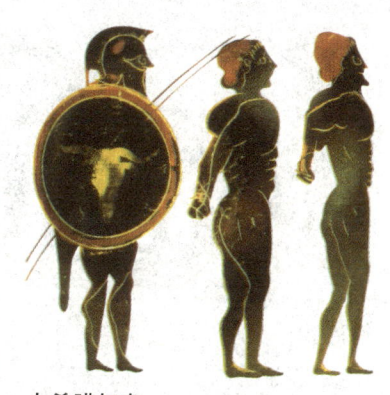

古希腊奴隶

奴隶的社会地位最为低下，低于希洛人、受契约束缚的农奴和被有条件正式解放的奴隶及自由民。

的城邦经过平民反对贵族的斗争而建立了民主政治，雅典就是一个例子；有的因贵族力量强大，建立起贵族寡头政治，如科林斯。长期维持贵族寡头统治的城邦只有斯巴达。

希腊半岛平原狭小，耕地较少，而且土地贫瘠，粮食产量不能满足日益增长的人口所需，爱琴海上的岛屿更是如此。倘若遇上自然灾害，粮食更是短缺，一部分人在故土无以为生，被迫背井离乡，去海外谋生，开拓殖民地。如公元前7世纪后期，铁拉岛上大旱，因而不得不采取抽签的方法，从两兄弟中选出一个外出殖民。由于土地私有制和商品经济的发展，也促使无地或少地的平民成群结队地前往遥远的海外寻求土地，谋求生路，从而形成了一次希腊历史上空前的大殖民运动浪潮，因之，古风时代又称"大殖民时代"。

最初的殖民运动是自发进行的，除上述主因外，还有多种情况：有的城邦为了缓和国内矛盾，把异己的"危险分子"遣往海外。如公元前8世纪末，斯巴达无公民权的人因为没有分得土地，而与希洛人（国有奴隶）结盟，密谋起义，败露后便被强令外出殖民。有一些在国内政治斗争中失势的个人或集团，为逃避迫害，往往也选择离开故地，漂泊异域，建立新居。有的则因家乡被外族占领，不甘于受奴役而远走他乡。也有人出于不愿甘居人下的念头，而到新地方另立门户。更有一些人为某地富庶美好的传说所诱惑，出海寻找自己的乐土。这些人往往具有冒险和进取精神，富有追求自由、独立、平等的理想。

自发组成的殖民团体一般都不大，到新地方后即修筑城堡，聚居在一

希腊犁车

古希腊人实行家庭制农业系统，各户独自种植粮食，经常采用的农具是这种人力牛犁车。随着缓慢的农业发展与日益增长的人口之间的矛盾产生，向外扩展殖民地便成了一种途径。

起，以防止土著居民攻击或海盗劫掠，同时选出元老院掌理政务，这些同舟共济的殖民者就成为新城邦的平等公民。公民享有分配的土地，并通过公民大会参与政事。公民中也有平民和贵族之分，那些最早的开拓者无疑便以其"立国"的功勋而享有更多的利益和荣耀。后来，随着人口增长和社会经济发展，许多城邦开始有计划地组织公民外出殖民，以掠夺土地、奴隶、原料和市场。

当时，黑海沿岸地区尚处于原始社会阶段。在小亚细亚，赫梯帝国已经崩溃，吕底亚尚未兴起；在西方，除腓尼基人的一些殖民地外，没有什么强国。所以，希腊大殖民运动得以顺利进行，范围不断扩大。在意大利半岛南部、西西里的东部和南部、今法国的马赛等地及西班牙沿岸、小亚细亚沿岸、马其顿和色雷斯沿岸、达达尼尔海峡和博斯普鲁斯海峡两岸、黑海四周等广大地域内，逾百个殖民地城邦先后建立起来。其中较著名的有科林斯人建立的叙拉古、斯巴达人建立的塔兰托、迈加拉人建立的拜占廷、米利都人建立的奥尔比亚等。这些子邦往往采用母邦的政制、文字、历法、宗教、习俗等，在城市内建有母邦所信奉的神祇的庙宇。也有些最初建立的殖民地后来再去建立殖民地，如阿哈伊亚人在意大利建立了锡巴里斯，锡巴里斯又建立了波塞多尼亚。

对于希腊人来说，殖民不啻一次地理大发现，它极大地拓展了希腊世界

·城 邦·

城邦是早期国家的一种类型，以古希腊国家为代表。词源可追溯至古希腊文"波利斯"，原有城堡、国家、公民集体、城市之意，中文意译名"城邦"。希腊城邦约二三百个，形成时间、途径和背景不同，但有如下几个基本的共同特点：小国寡民；多数以一个设防城市为中心，结合周围农区组成；均有一个小范围的、极端封闭的公民集体；与公民集体的存在相适应，希腊城邦在政体中均包含民主制成分，共和政体居多；城邦军事制度的主体是公民兵制；城邦无独立的祭司阶层，公职人员兼祭司职能。除古希腊外，意大利、腓尼基等地中海沿岸地区也曾出现过与古希腊城邦相同的早期国家形态，比如早期罗马的公民公社。这类国家有时也被称作城邦。

的范围，开阔了希腊人的眼界。通过殖民，希腊本土与地中海、黑海地区成为一个有密切经济文化联系的整体，这既有利于希腊吸收东方文明成果，也推动了落后地区的文明进程。殖民运动促进了工商业和海上贸易的发展，使工商业奴隶主的政治经济实力进一步壮大，也加强了平民阵营的力量，有助于平民反贵族的斗争和民主政治的建立。殖民运动的进一步发展巩固了希腊的小国寡民的城邦制度，使其始终未像东方国家一样建立统一的专制帝国。

腓尼基

腓尼基位于地中海东岸北部的狭长沿海地带。

公元前30世纪末~公元前20世纪初，腓尼基境内出现了许多独立的城市国家。其中著名的有西顿、推罗、乌加里特、比布鲁斯等，由于这些独立的、面积狭小的城市国家之间彼此对立和互相攻伐，加之又地处周围一些强国向外扩张势力的碰撞点上，所以它们经常遭到强国的侵略和操纵，成为强国的附属品。

公元前20世纪中叶以后，腓尼基诸城市国家处于埃及和赫梯的统治之下，后来又遭到海上民族的入侵。虽然他们在公元前10世纪左右一度独立和复兴，但公元前8世纪以后，又遭亚述帝国和新巴比伦王国的侵略。到公元前6世纪，波斯帝国兼并了腓尼基。

由于腓尼基的手工业、商业和航海业都很发达，它在许多领域影响着地中海一带地区。手工业中享有盛名的是染织和造船。腓尼基人能从海生贝壳动物身上提取紫红色颜料，经这种颜料染过的毛、麻织品，鲜艳夺目而不褪色。腓尼基人还是优秀的造船者，他们用黎巴嫩山上的雪松制造出来的船只，远近闻名。腓尼基的商业更为著名，腓尼基人有"商业民族"之称。早在公元前30世纪，腓尼基各城市国家就与埃及、两河流域及叙利亚的埃勃拉国有着贸易往来。从公元前20世纪起，腓尼基商人就在小亚细亚沿岸、爱琴海诸岛、塞浦

这是在公元前8世纪时腓尼基人象牙雕刻上的图案：一只母狮撕咬着一个少年。腓尼基工匠经常从非洲沿海地区的商站进口大象长牙，并因制作这样的雕刻而出名。

·玻璃的发现·

相传，玻璃是由古代腓尼基商人偶然发现的。一次，一支腓尼基船队在运输天然碱途中遇大风浪，只得靠岸。这些商人便从船上搬下一些碱块在沙滩上砌灶做饭。第二天，海上已经是风平浪静。正当他们收拾好锅灶上船起锚之时，忽然发现岸上有许多珍珠一样闪闪发光的东西，这便是世界上最早的玻璃。

路斯和黑海沿岸建立了不少商业区。公元前10世纪前期，腓尼基人又向西部地中海发展。公元前10世纪~公元前6世纪400年间，腓尼基人垄断了地中海贸易。在经商的过程中，他们建立了许多商业据点和殖民城市，其中最著名的是在公元前9世纪末建于北非沿岸的迦太基。腓尼基人还是古代勇敢而又智慧超群的航海家。公元前600年左右，埃及法老尼科曾委托腓尼基人乘船围绕非洲航行，历时3年获得成功。

腓尼基人在公元前13世纪创造了腓尼基字母文字。据说，一个名叫卡德穆斯的腓尼基工匠，一次在别人家干活忘记了带一件工具，便拿起块木板，用刀在上面刻画些什么，吩咐奴隶送给家中的妻子。卡德穆斯妻子看完木片，二话

黎巴嫩提尔城的列柱大街

提尔城是腓尼基文化的中心，据史料记载，该城始建于公元前2750年，在公元前969年前后达到鼎盛。

没说就交给奴隶一件工具。原来卡德穆斯在木片上刻下的便是第一个腓尼基字母。久而久之，腓尼基文字便逐步传播开来。

腓尼基字母比当时的象形文字、楔形文字更实用，因为它在象形文字和楔形文字外形基础上抽象出一系列简单的符号，组成22个字母，表示辅音，腓尼基字母因通俗易懂和书写简便，后来便传播到了东西各地：向东传入阿拉米人居住区，形成了阿拉米字母，而阿拉米字母又演变出印度、阿拉伯、亚美尼亚、维吾尔等字母；向西传入希腊，希腊人在此基础上加入元音，创造了希腊字母，而希腊字母派生出的拉丁字母和斯拉夫字母后来发展成为西东欧各国字母的基础。

新巴比伦王国的崛起

亚洲西部的幼发拉底河和底格里斯河，自西北向东南流经今天的伊拉克境内，注入波斯湾。古希腊人把两河流域称作"美索不达米亚"。两河文明最著名的代表是巴比伦，所以人们又把西亚文明统称为巴比伦文明。西亚古文明与埃及文明同时在公元前3500年开始，但西亚历史几经曲折兴衰后，又有波斯、安息与萨珊的1000多年发展，这时埃及则因丧失独立而使文明中断，所以西亚文明的演变也较埃及复杂而长久，它最后由中世纪的阿拉伯文明继承为东方文明的一大支系。

汉谟拉比建立的统一国家并不稳固。公元前1750年汉谟拉比死后，其国势由盛转衰。国内阶级矛盾尖锐，奴隶逃亡斗争和租税债务问题突出。阿比舒统治时期颁布的诏令反映了这一社会矛盾。在阿比舒王给另一些地方官的诏令中，多次提及催交租税的问题：有催促地方官员贡纳牲畜的，有催促商人交纳税银的，也有催促商人向神庙交纳贡税的，还有兄弟之间因债务纠纷请求国王予以裁决的……可见，社会经济的紊乱

伊什塔尔城门复原图

和王权的衰落，导致了社会阶级矛盾的激化和社会秩序的混乱。外族的不断入侵和骚扰，更加速了王国的衰落过程。在萨姆苏伊鲁纳统治时期，东北部山区的加喜特人日益强大，不时侵袭巴比伦，逐渐成为巴比伦的严重威胁。以后又有乌鲁克、伊新等地的暴动。约公元前1595年，古巴比伦王国终于被北方入侵的赫梯人所灭。

公元前630年，居住在两河流域南部的加勒底人趁亚述帝国内乱之际，逐渐取得对巴比伦尼亚地区的控制权。公元前626年，亚述人任命迦勒底人领袖那波帕拉萨为巴比伦尼亚总督，率军驻守巴比伦。他到巴比伦后，却发动了反对亚述统治的起义，建立了新巴比伦王国（公元前626~公元前539年）。新巴比伦王国又称迦勒底王国，与曾被亚述灭掉的那个古巴比伦王国没有什么关系，故而人们在其前面加上个"新"字，予以区分。

伊什塔尔女神门

公元前605年，尼布甲尼撒率军出征亚述。画面再现了大军出城途经伊什塔尔女神门的情景。

新巴比伦国王那波帕拉萨有个能干的儿子，就是尼布甲尼撒二世。他从少年时代起跟随父王南征北战，勇敢机敏，身先士卒，深得全军将士的爱戴。公元前607~公元前605年，新巴比伦王国与埃及第26王朝为争夺势力范围不断发生冲突，新巴比伦军队处于下风，被迫放弃了一些重要据点。公元前605年，老国王任命尼布甲尼撒担任统帅，指挥新巴比伦与米底联军进攻亚述。联军与埃及法老尼科二世增援亚述的军队遭遇，双方在幼发拉底河西岸的卡尔赫米什展开激战。联军士兵如同潮水般涌向敌阵，埃军遭到惨败。一位新巴比伦诗人形容失败后狼狈逃跑的埃及人"好像圈里的肥牛犊，他们转身后退，一齐逃跑"。尼布甲尼撒对溃败的埃军穷追不舍，终于在哈马什地方将其全歼。

这年8月，那波帕拉萨去世。其时尼布甲尼撒正在叙利亚和巴勒斯坦一带作战。得到消息后，他立即马不停蹄，星夜赶回巴比伦。但因路途遥远，回到巴比伦城时，已是老国王死去20多天以后了。一路上尼布甲尼撒还担心国内会发生不测，结果什么事情也没有发生。他当天就登上王位，并很快得到王国所属各城的拥戴。尼布甲尼撒二世在位期间（约公元前604~公元前562年），是新巴比伦王国最强盛的时期。

在尼布甲尼撒二世统治期间，王国政治稳定，奴隶制经济有较大发展，手工业和商业达到两河流域历史上的最高水平。为显示文治武功，尼布甲尼撒大兴土木，扩建巴比伦城，使这个西亚最繁荣的商业中心同时成为西亚最壮观的城市。全城占地41平方千米，由护城壕、外城墙、内城墙三重环绕。外墙长16千米，内墙长8千米，均以砖砌成。据说犹太俘虏就被囚禁在内外城墙之间。当100多年后希罗多德来此考察时，还惊叹于该城的宏伟。

巴比伦城唯一较完整保存下来的建筑物是高达12米的伊什塔尔女神城门，门两旁有突出的塔楼，墙面用藏青色琉璃砖砌成，上面饰有金色的公牛等各种动物形象，在阳光照耀下闪闪发光，鲜艳夺目。19世纪末20世纪初，德国人发掘巴比伦城遗址后将该门修复，并在柏林国立博物馆复制重建。

巴比伦城内最宏伟的建筑，当数名列古代世界七大奇观的“空中花园”。

为巩固与米底的联盟，尼布甲尼撒二世曾与米底联姻，娶了该国的一位公主做王后。但从小生活在美丽山区的公主来到巴比伦后，每日映入眼帘的尽是平原和黄土，便十分想念自己的家乡，因而终日闷闷不乐，茶饭不思，人也显得憔悴了许多。她说：“我的家乡山峦叠翠，花草丛生，而这里是一望无际

古巴比伦空中花园

这是后来人们根据文献记载而描绘出的巴比伦空中花园的大致模样。“空中花园”也叫“架空花园”或“悬空花园”，这些称呼都是希腊语“库列马斯图斯”一词的意译，可直译为“梯形高台”。

·空中花园·

　　巴比伦城中最杰出的建筑当属空中花园，世人称之为世界七大奇观之一。

　　相传，在公元前604~公元前562年间，巴比伦国王尼布甲尼撒二世在位之初娶了米底公主赛米拉斯。但是美索不达米亚平原黄土遍地、沙尘满天，天气酷热难耐。而赛米拉斯的家乡却是山清水秀，气候宜人。久而久之，王后思乡成病，很快憔悴不堪。为治愈王后的这块"心病"，尼布甲尼撒下令建造空中花园。园中的景致均仿照公主的故乡而建。今天的空中花园遗址位于伊拉克首都巴格达西南90千米处，由一层一层的平台组成，从台基到顶部逐渐变小。上面种满各种鲜花和林木，其间点缀有亭台、楼阁，最难得的是在20多米高的梯形结构的平台上还有溪流和瀑布，来此参观的人们无不啧啧称奇。

　　人们百思不得其解的是空中花园的供水系统和防渗漏系统，因为园中的植物和泉流飞瀑都需要水，而且用量还很大。就算让奴隶们不停地推动抽水装置，把水抽到花园最高处类似水塔的装置中，再顺人工河流流淌，那将需要多少奴隶呢？又得需要多大的抽水装置呢？即便这些条件都满足了，水流下后势必危及花园的地基，那时的尼布甲尼撒陛下又是如何应对的呢？这真是一个千古之谜。

的巴比伦平原，我多么渴望能再见到家乡的山岭和盘山小道啊！"为了取悦于米底籍王后，尼布甲尼撒在巴比伦城内高110米的土山上筑起一座"空中花园"（又称"悬苑"）。花园以巨大石柱群支撑，搭建起用石板和铅板铺就的多层园圃结构，在上面敷置泥土栽植各类树木和花卉，并设有精巧的灌溉抽水系统。据狄奥多拉斯记载，花园呈正方形，每边长120米左右。远远望去，犹如高悬于空中的仙境一般。上面栽满了奇花异草，并在园中开辟了幽静的山间小道，小道旁是潺潺流水。工匠们还在花园中央修建了一座城楼，矗立在空中。由于花园比宫墙还要高，让人感觉这座花园像是悬挂在空中，因此被称为"悬园"，而更广为人知的名字则是"空中花园"。据说，自打有了这座空中花园，米底公主的思乡症还真的不治而愈了。当年到巴比伦朝拜、经商或旅游的人们老远就可以看到这座美丽的花园。

　　尼布甲尼撒新建和修复了许多宗教建筑，其中最著名的是马尔杜克神庙的塔庙，就是《圣经·旧约》中提到的那座使上帝惊怒的"巴别通天塔"。通天塔高90米，共7级，每级色彩各不相同，代表七星神，顶层一座蓝色四角镀金的神殿内供奉着马尔杜克金像。按照惯例，每年的元旦日，国王要在马尔杜克神庙举行登位典礼，从高级祭司手里接受象征王权的宝器。

　　新巴比伦王国时期的经济较以前有很大发展，其中发展最显著的是商业经济，商品买卖活动非常活跃。人们不仅买卖粮食、牲畜、羊毛等农牧产品，农田、果园、房舍等各种不动产的交易也十分活跃。买卖奴隶也成为经常性的商品活动。在频繁的商业活动中，新巴比伦王国出现了两个最著名的商家：巴比伦的埃吉贝和尼普尔城的穆拉树。首都巴比伦城不仅是巴比伦尼亚的工商业中心，也是当时世界上最大的商业中心。巴比伦城的人口达到20万，西亚、北非等地的商贾都会集此地。

巴别通天塔

传说当巴比伦国王尼布甲尼撒修建这座通天塔时触怒了上帝并引发了一场战争。上帝派70个天使来到人间，变乱这些修建者的语言。有人据此认为这就是为什么世界上不同种类的人讲着相异的语言。

尼布甲尼撒二世死后，新巴比伦开始败落。到了后来，国王的废立和操纵都被掌握在势力一直很强大的神庙祭司和工商业奴隶主集团手里。

末代帝王那波尼德（公元前555~公元前539年）即位后，企图削弱神庙祭司和工商业奴隶主集团的势力，但祭司们极力反对，没有收到成效。加之外部形势紧张，也使他无暇顾及这些。

·巴别塔·

今天的伊拉克首都巴格达的所在地5000年前是一马平川，那里曾耸屹立着一座无比壮观的巨塔——巴别塔。据《圣经》记载，大洪水退去后，挪亚的子孙在巴比伦一带建国。他们渐渐变得骄傲自大，想造一座通天塔来传扬自己的名声。神怕人类从此不再敬神，于是变乱了人们的语言，使人们无法交流，从而再也不能齐心合力建塔。"变乱"一词在希伯来文中是"巴别"，因此这座塔又被称为巴别塔。

几千年来，人们一直都没有发现巴别塔的遗迹，有人认为它不过是个神话。后来，考古学家在古巴比伦遗址上发现了一个由石块、泥砖砌成的拱形建筑废墟，中间有口正方形的大井。开始，考古学家以为这是空中花园的遗址，直到后来在附近出土了一块记载了巴别塔的方位和式样的石碑，才知道这就是巴别塔的塔基。

巴别塔建于公元前17世纪，高近90米，分成7层，底层边长也近90米，顶层是供奉马尔杜克神的神庙。用深蓝色釉砖砌成的塔身外有条螺旋形的阶梯盘旋而上，直通金色的神庙。公元前1234年，巴别塔被攻占巴比伦的亚述人摧毁。后来，新巴比伦的尼布甲尼撒二世曾重建该塔，但他去世后，巴比伦又渐渐衰落。公元前484年，巴别塔再次毁于战火。虽然人们如今已基本复原了它的外观，然而其整体的设计和结构仍是一个谜。

与此同时，东方的波斯崛起，在灭掉当时的两大强国米底和吕底亚后，波斯帝国于公元前539年开始进攻两河流域，击溃了新巴比伦的军队。公元前538年，波斯军队兵临巴比伦城下。那些不满那波尼德统治，希望波斯能为他们开拓更大市场的巴比伦神庙祭司和工商业贵族们，打开城门欢迎波斯军队进入巴比伦城。这样，新巴比伦不战而降，落入波斯之手。从此，两河流域就在波斯帝国控制之下。

斯巴达城邦

斯巴达城邦位于伯罗奔尼撒半岛南部的拉科尼亚，三面环山，中间有一块小平原。斯巴达的名称可能出自古希腊语"斯巴台"（意为播种地）。由于地处"凹陷的拉凯达伊蒙"河谷地段，故斯巴达又称"拉凯达伊蒙"。

公元前1100年左右，南侵的多利亚人进入拉哥尼亚。约公元前10世纪，由4个多利亚人村庄联合组成了斯巴达城。居住在这一带的多利亚人，便称为斯巴达人。斯巴达城虽名之为城，实际上直到公元前4世纪末也完全没有城墙。有句谚语说："斯巴达没有城墙，男人的胸膛就是斯巴达的城墙。" 斯巴达城周围分散居住着被征服的原本地居民，称"皮里阿西人"，即边民。边民为没有公民权的自由民。而占人口绝大多数的国有奴隶被唤作希洛人（一译黑劳士）。

在战斗中负伤的战士在包扎伤口

为了对付、镇压希洛人不断的暴动起义，全体斯巴达人无一例外地被编入军队，全民皆兵，整个社会就像一个大军营。从20岁起正式成为军人，30岁结婚，但白天仍回兵营，直到60岁才可退伍。

大约在公元前800~公元前730年，斯巴达人逐渐征服了整个拉哥尼亚地区。此后又经过两次美塞尼亚战争（公元前740~公元前720年、公元前640~公元前620年），斯巴达人征服了拉哥尼亚西部的美塞尼亚居民。据希腊神话传说，美塞尼亚最初之王与斯巴达二王之祖原是亲兄弟。当初多利亚人南下，是为了帮助著名英雄赫拉克利斯的后裔三兄弟夺回原属于赫氏的伯罗奔尼撒王位，后来便分立为3个国家：长兄铁美努斯分得亚尔果斯；二弟阿里斯托德穆斯阵亡，由他的两个孪生儿子攸利斯尼斯和普罗克勒斯共同分得斯巴达；幼弟克列斯封提斯分得美塞尼亚。美塞尼亚位于斯巴达以西，土地肥沃，堪称富庶之乡。当斯巴达国家的发展需要大量土地和奴隶时，这个兄弟邻邦便成了它的猎获物。结果，美塞尼亚居民全部被变成了希洛人。

严阵以待的斯巴达士兵

为了镇压希洛人的暴动起义，斯巴达人全民皆兵，婴儿从出生就要接受严格的训练，直到将其训练成有强健体魄的武士。如上图所示，他们紧握手中的盾牌，时刻准备为保卫国家英勇献身。

希洛人被禁锢在斯巴达公民的份地上，当牛做马，辛苦劳作，每年向主人交纳82麦斗大麦及一定数量的油和酒，大约等于收获量的一半。在征服过程中，斯巴达人的氏族制度更趋瓦解，征服者与被征服者之间也产生了尖锐的矛盾。为此，斯巴达推行了一系列政治改革与社会改造活动，形成了层次分明的阶级结构和一整套暴力机器。至公元前7世纪中叶，斯巴达国家最终形成。

斯巴达城邦建立后，其居民的地位分化为3个阶层，即斯巴达人、皮里阿西人和希洛人。斯巴达人是征服者，其成年男子均享有公民权。他们集体占有全国的土地和奴隶。皮里阿西人散居于山区和沿海的村镇之中，这些人没有公民权，不能与斯巴达人通婚，但享有人身自由。希洛人是斯巴达人集体占有的奴隶（一说农奴），他们没有政治权利和人身自由。受到的虐待和迫害异常残酷。斯巴达政府对他们严加监视，操有生杀予夺之权。不论是否有过错，他们每年必须被鞭打一次，以使其不忘自己的奴隶身份。他们穿着国家为他们做的带有特殊标志的服装，随时供斯巴达人取笑、驱打、作践。主人常强迫他们饮过量的烈酒，然后拖至公共场所，以其醉态警诫年轻人；他们还被强迫表演卑鄙可笑的歌舞，不许有任何高尚的表现。斯巴达人经常对外发动战争，战时希洛人必须为主人充当驮运行李、辎重的"牛马"，在军中从事运输、修筑工事等苦役。

为了防范和镇压人数众多的被征服者的反抗，斯巴达人大力强化国家机器，形成了贵族寡头政体。

在经济上，斯巴达以农业为主，工商业比较落后，甚至一度禁止金银作

·斯巴达重装步兵·

古希腊军事力量最强的城邦是斯巴达。在斯巴达，每个男人从小就要接受严格的近似野蛮的训练，以使他们长大后成为一个合格的战士。斯巴达重装步兵是全希腊公认的素质最高的士兵。他们头戴铁制的头盔，身穿金属胸甲和皮革护胫，手持带铁头的长矛和镶铜圆盾，腰悬双刃短剑。在战斗时，斯巴达人和着笛声的节奏稳步前进，斗志高昂，毫无惧色。在出征前，母亲会送给儿子一面大盾，说："要么拿着它凯旋，要么躺在上面让人抬着你的尸体回来。"希波战争中，斯巴达人显示出了顽强的战斗作风。温泉关之战，300名斯巴达士兵凭借地利，抗击10万波斯军队，虽最后全部阵亡，但为希腊军队的部署赢得了宝贵的时间。在普拉蒂亚会战中，以斯巴达重装步兵为主力的希腊联军击败了约2倍于己的波斯陆军，将波斯军队彻底赶出了希腊。在长达几十年的伯罗奔尼撒战争中，斯巴达凭借强大的重装步兵，最终战胜雅典，成为希腊的霸主。

为货币流通，想以此阻抑商品经济的发展来防止两极分化，借以维护公民集体的团结，对付希洛人的反抗。

斯巴达国家实行的是极为严格的军事制度和教育制度，其全民皆兵、重武轻文的程度在世界历史上可以说是空前绝后的。公民从出生之日起就被置于国家的监督和管束之下，人们只有一条出路，就是成为遵纪守法、勇敢坚毅、忠诚谦恭的好公民和优秀军人。斯巴达的青年男子从20岁开始就必须投身于军营生活，除了行军作战就是反复操练，精神上也以培养绝对服从、视死如归的军人气质为首要。由于斯巴达人实行严格的军事训练，所以其陆军成为全希腊实力最强、纪律最严的军队，而文化建树则完全被忽视了。

在对外关系上，斯巴达统治者始终奉行霸权政策。他们采取武力威胁与外交逼迫等手段，逐步制服了南希腊的多数城邦，结成了斯巴达领导下的军事同盟。各盟邦名义上地位一律平等，实际上斯巴达以其强大的军事实力凌驾于其他盟邦之上，斯巴达依靠同盟经常干预他国内政，支持各邦的贵族寡头派。在提洛同盟组成后，斯巴达借伯罗奔尼撒同盟同雅典争夺希腊霸权。

王政时代的罗马

大约在公元前2000年初，来自北方的某些印欧语系部落通过阿尔卑斯山的隘口进入意大利，向南推进，"直至他们建立的村庄和他们的羊群布满这只意大利长筒靴的后跟和鞋尖"。其中在半岛中部台伯河流域拉丁姆地区定居下来的一些部落，称作"拉丁人"。在拉丁人居住的地方曾出现一些有围墙的城寨，位于台伯河畔的罗马城便是其中之一。它以帕拉丁等7个山头村落结合而成，故罗马城又称为"七丘之城"。

关于罗马城的来历，在古罗马民间流传着一个家喻户晓的传说故事。相传，当年希腊联军用"木马计"攻破特洛伊城之后，特洛伊勇士伊尼亚等人逃离了火光冲天的特洛伊城。他们分乘几条船，历经艰险，最后在意大利西海岸登陆。当地的国王把自己的女儿嫁给伊尼亚，难民们也得到安置。以后伊尼亚的儿子继承王位，迁移到台伯河下游，在那里建立了一座亚尔巴龙伽城。

不知又过了多少年多少代，传到依米多尔做亚尔巴龙伽城国王的时候，王位被他的弟弟阿穆留斯篡夺了。阿穆留斯为确保僭取的王位，便强迫依米多尔的女儿西里维亚做了不能结婚的女祭司。事有凑巧，一日，美丽的西里维亚来到一条小河边休憩，路过的战神玛尔斯对其一见钟情，竟使她怀孕，后来她生下一对孪生儿子。阿穆留斯闻知大怒，立即处死了西里维亚，并下令将孩子扔进台伯河淹死。然而，装孩子的篮子却在河口附近被岸边茂密的灌木丛挂住了。兄弟俩的哭声引来一只找水的母狼，于是母狼把他们衔走，给他们喂奶，从而保住了两条小命。再后来，他们被一个牧人发现，抱回家抚养，取名罗慕洛和勒莫。兄弟俩长大后，成为远近闻名的勇士。当他们得知自己的身世后，便率领当地的牧羊人去攻打亚尔巴龙伽城，杀死阿穆留斯，把王位交还给了外公依米多尔。

之后，两兄弟回到牧人发现他们的台伯河畔，在帕拉丁山冈兴建新城。新城奠基之时，兄弟二人却因城市的命名问题发生争执，结果罗慕洛杀害了勒

·古罗马名城·

庞贝：位于意大利那不勒斯东南维苏威火山脚下。兴建于公元前8世纪，公元前88年成为罗马的一个行政省（公元79年被维苏威火山湮没）。城内有罗马最大的露天竞技场、公共浴室。

君士坦丁堡：位于欧亚两洲之间的一个三角形半岛上。建于公元前7世纪，公元330年被定为东罗马都城，是古代世界中最伟大的首都之一、西方世界首屈一指的名城。

迦太基：位于突尼斯首都突尼斯东北处。兴建于公元前814年，公元前29年成为罗马行省的省会。它是罗马的经济、文化、宗教、政治中心，3世纪中叶开始衰落。目前遗留有露天剧场和安东尼浴室等著名建筑。

莫，以自己的名字称呼这座城市，后来慢慢就演变成了现在的名称——罗马。
至今罗马城仍以一只母狼哺乳两个婴儿的图案作为城徽。

罗马从传说中的罗慕洛建城到公元前509年罗马共和国的建立，这一段历史习惯上被称为"王政"时代。王政时代是罗马从氏族社会（父系）向阶级社会过渡的时代。

王政时代的罗马是一个大的部落联盟，也就是罗马人公社。它由3个特里布组成，每个特里布包括10个库里亚，每个库里亚包括10个氏族，共计300个氏族。

王政时代前期，罗马实行"军事民主制"的管理制度。它的主要管理机构有库里亚大会、元老院和勒克斯。库里亚大会即罗马的民众大会，由各氏族的成年男子参加。它有权通过或否决一切法律，选举包括勒克斯在内的高级公职人员，决定战争和审判重大案件。元老院，即长老议事会，由300个氏族族长组成，有权预先讨论向库里亚大会提交的议案，还直接掌握收税、征兵、媾和等重要职权。勒克斯由库里亚大会选举产生，是罗马的军事首长、最高法官和祭司长。王政时代后期，由于铁器工具的普遍使用和受伊达拉里亚文化、希腊文化的影响，社会经济发展显著，财富积累明显，古老的氏族制度面临着瓦解，家长制家庭逐渐从氏族中分化出来，成为社会的基本经济单位，贫富进一步分化，私有制和阶级关系逐渐萌芽。社会上出现了贵族和平民、保护人和被保护人的对立。军事民主制中的民众意志逐渐淡化，王权意志日益增强，罗马社会正在急剧地向阶级社会过渡，塞尔维乌斯的改革，又加

抢夺萨宾女子 17世纪 彼得罗·科尔托纳

相传，罗马城建好后，罗慕洛曾邀请邻近各部落前往参加庆典活动。萨宾人最喜热闹和竞赛，所以来的人特别多，还携带着妻子儿女共同来看新建的罗马城。那一天，他们尽兴地玩乐，拼力地参加各项竞赛，整个罗马城沉浸在一片欢腾之中。可是，突然间罗慕洛发出了预定的行动信号，罗马的男人们顿时倾巢出动，冲向狂欢的人群，把各自看中的萨宾姑娘抢到手，用用棍棒把他们毫无准备的父兄赶出城去。

速了这一历史进程。

公元前6世纪后期，罗马的阶级分化逐渐加剧，平民和氏族贵族之间的矛盾日趋白热化。第六王塞尔维乌斯（约公元前578~公元前534年在位）为了顺应历史潮流，也为了有利于伊达拉里亚人的统治，依靠平民的支持，对罗马社会进行了改革。改革的主要内容有：

重新登记罗马居民，并按财产数量划分为5个等级，这些等级提供数目不等的百人队（森杜里亚）。无产者不入级，他们只象征性地组织一个百人队，共193个百人队。创设百人队大会（森杜里亚大会），取代库里亚大会并代行其职权。百人队的成员都可参加，每个百人队有一票表决权，这样第一等级可以凭借其百人队数量上的优势（98个），操纵表决。把罗马公社按城区划分为4个地域性部落，以取代原来的3个血缘部落。新成立的地域性部落也叫特里布，每一个特里布有自己的首领和统一的宗教信仰。

塞尔维乌斯的改革在巩固了罗马在拉丁姆地区地位的同时，也进一步摧毁了罗马的氏族血缘关系，加速了氏族社会的解体，基本上完成了由氏族制度到国家的过渡。

公元前509年，罗马推翻了伊达拉里亚人"高傲者"塔克文的统治，推举布鲁图和柯来提努为执政官。罗马从此结束了王政时代，进入了共和国时代。

雅典的民主

在当时的雅典，除了奴隶和奴隶主之间的矛盾以外，还有奴隶主内部的贵族派（贵族奴隶主）与民主派（工商业奴隶主）和自由民之间的矛盾。贵族派极力限制民主派和自由民的权力，维护自己的既得利益，而民主派和自由民则千方百计要扩大自己的权力，削弱贵族派的权力。当时雅典当政的是著名的政治家伯里克利，他虽然出身贵族，却站在民主派一边，经过几个回合的较量，在广大雅典公民的支持下，由贵族派把持的掌握雅典大权的元老院不得不将权力移交给民主派控制的公民大会。

伯里克利为了了解民意，经常深入广大民众之中，和他们交谈，倾听他们的意见。遇到和他意见不同的人当众辱骂他，他也不生气，也不逮捕对方。一天下午，一个贵族跟在他后面，指着他大骂："你这个疯子！你这个混蛋！

你出身贵族，却忘掉了自己的阶级，反倒去向那些下等的百姓献媚！"这个贵族一直跟着伯里克利，边走边骂，直到伯里克利的家门口。这时天已经黑了，伯里克利让仆人举着火把把那个贵族送回家。在伯里克利时期，雅典达到了全盛，所以这一段时期又称为"伯里克利时代"。

公民大会是雅典的最高权力机关，凡是年满20岁的雅典男性公民都有权参加，但妇女、奴隶和外邦人则无权参加。每10天公民大会就要举行一次会议，讨论关于内政、外交、战争、和平等重大问题，每一个公民都可以上台发表自己的意见。由会议主持人登台宣读提案，再由支持或反对提案的人轮番上台发表演讲。台下的听众则用欢呼和嘘声来表示赞成和反对，但绝不能打断发言者的演讲，否则将会被驱逐出会场，甚至罚款。上台演讲的人也要尊重别人，否则会被禁止发言和剥夺荣誉。如果几个人同时要求发言，则按年龄大小排序。它的常设机构是500人会议，成员由贵族奴隶主、工商业奴隶主和自由民组成。

公民大会最重要的会议是选举大会。到了这天，会场上座无虚席。以前雅典的法官、军人、议员和公职人员都没有薪俸，连当兵都要自己购买盔甲、武器和马匹，所以这些职位都被有钱人把持着。伯里克利执政后，宣布军人和公职人员由国家发给薪俸，这样一来，普通公民就可以担任法官、军人、议员和其他公职人员了，这就扩大了普通公民的民主权利。选举大会主要选举10名将军、10名步兵统帅、2名骑兵统帅和1名司库员。这些职位涉及军队和国库，非常

·《希腊波斯战争史》·

《希腊波斯战争史》常称为《历史》，它的作者是古希腊第一个著名史学家——希罗多德（约公元前484~公元前425年）。全书共9卷，按内容基本上可以分为两大部分，第一部分是序文，叙述了黑海北岸的西徐亚人、希腊城邦及波斯帝国的历史、地理、民族和风俗习惯，导引出东西双方冲突的起源，并记述了希波战争爆发的历史背景。第二部分是主要部分，集中叙述了希波战争的经过和结果，从公元前549年小亚细亚的爱奥尼亚人反波斯统治的起义写到公元前478年希腊人占领色雷斯的赛司托斯城。

《希腊波斯战争史》一书内容丰富，非常生动地叙述了西亚、北非及希腊等地区的地理环境、民族分布、经济生活、政治制度、历史往事、风土人情、宗教信仰、名胜古迹等，宛如古代社会的一部小型"百科全书"。该书是人类历史上第一部具有世界性的通史著作，是第一部用历史叙述体写成的历史著作。希罗多德创立的以史实为中心的记叙体成为后来欧洲历史著作的正规体裁。

重要，当大会主持人念到候选人名字时，公民举手表决，得票最多的人当选。

其他的官员如执政官、法官、监狱官等，用抽签的方式决定。抽签在神庙中进行。一个箱子里放着候选人的名字，另一个箱子里放着黑豆和白豆。抽签时，主持人先抽出一个候选人的名单，在另一个箱子里拿一个豆子。如果拿到的是白豆，那么这个候选人就当选了，反之就是落选。

在选举大会两个月后，原来的公职人员开始向新当选的公职人员移交权力。

雅典的民主制度在当时属于一种非常进步的制度，但仍是奴隶制下的民主，归根结底是为统治阶级服务的，具有很大的局限性。

罗马的征服与扩张

罗马共和国刚刚建立之时，只是台伯河左岸拉丁姆地区的一个小城邦。周边不仅有伊达拉里亚人、萨莫奈人、埃魁人等强邻，还不时受到来自半岛南部的希腊人、波河流域的高卢人的军事威胁。面对这种局面，刚刚建立的罗马国家对外发动了统一意大利的征伐。

罗马征服意大利的第一步是征服伊达拉里亚人。这场"维爱"战争从公元前477年开始，先后进行了3次，直到公元前396年最后攻占了维爱城，既解除了北邻的威胁，又使罗马的领土扩大了一倍。公元前4世纪初，罗马城一度被高卢人占领，但占领者在索得1000磅黄金后撤走。公元前343~公元前290年，又发生了3次萨姆尼乌姆战争，其间罗马人曾惨败于考地安峡谷之战。

公元前321年，罗马军主力在林木丛生的考地安峡谷遭受萨姆尼乌姆人伏击。两名罗马执政官为了保住他们被围困的5万青年士兵的生命，被迫缴械投降，并接受"轭门下通过"之辱。具体做法是：把两支长矛插入土中，再

萨宾妇女 油画

罗马建城之初经常与其邻近的萨宾部落发生激烈冲突，这幅画表现的是萨宾妇女调停罗马人与萨宾人争斗的情景。

把另外一支长矛横在顶上做成门状，让战俘一个个从下面走过。据说这是罗马人常用以屈辱别人的方法。萨姆尼乌姆人正是"以其人之道，还治其人之身"。在萨姆尼乌姆将军蓬提阿斯面前，5万罗马士兵身着短装，排成单行，在两名执政官带领下从轭门下屈辱地走过。罗马人认为将这种办法加在他们头上，"比死亡更坏"。当这些被俘者返回罗马时，罗马城笼罩在一片悲哀的气氛之中，两名执政官的权力当即被剥夺。因此，"考地安轭门"成为罗马国耻的象征。

布匿战争的受害者

这是拜占廷壁画中的局部，描绘了罗马大军攻破叙拉古城时，古希腊物理学家阿基米德仍沉醉于数学的研究之中，他双手保护着正在使用的计算工具，两眼惊慌失措。

罗马人重组军队，卧薪尝胆，积极备战。5年后，撕毁"绝不再跟萨姆尼乌姆人作战"的和约，卷土重来。经长期苦战后，终于战胜萨姆尼乌姆人，将半岛中部地区纳入自己的版图。

接着，罗马开始蚕食意大利南部。那里的希腊殖民城邦他林敦向伊庇鲁斯国王皮洛士求援。皮洛士率远征军突入意大利，连战连捷，却付出了巨大伤亡代价。战后他无比懊丧地说："再有一次这样的胜利，我就要变成光杆司令了。"因而，人们以"皮洛士的胜利"作为得不偿失的代名词。后来罗马与迦太基结盟，迫使皮洛士于公元前275年退出意大利。3年后，孤立无援的他林敦向罗马投降。

罗马在征服意大利之后，没有派人直接管理被征服地区，也不是采取同

·布匿战争·

罗马在经过200多年的征战，统一了意大利半岛之后，为争夺地中海的霸权，于公元前3世纪至公元前2世纪，与迦太基发生了几场战争。罗马人称迦太基为布匿，因此这场战争又被称为布匿战争。第一次布匿战争(公元前264年~公元前241年)是为争夺西西里而引起的，此战争以迦太基的失败而结束。第二次布匿战争(公元前218年~公元前201年)是因为罗马势力扩张到迦太基控制的西班牙城市萨干坦而引起的，迦太基先胜后败。第二次布匿战争后，迦太基在经济上仍有复兴之势。罗马为了防止迦太基人重新崛起，又于公元前149年发起第三次布匿战争。但罗马军围攻迦太基城两年都没有成功。公元前146年春，迦太基发生饥荒，疫病流行，罗马军终于破城而入。迦太基城沦陷后，迦太基人被卖为奴隶，罗马在原迦太基国土上设立了阿非利加省。从此，作为独立国家的迦太基不复存在。

一政策，而是按照各地、各部族在被征服过程中的表现和对罗马的态度及它们各自在经济上、战略上的地位等综合因素，将其划分为5种类型，分而治之。

罗马在争夺地中海霸权的过程中，首当其冲的便是征服西部地中海区域另一强国迦太基。迦太基是公元前9世纪腓尼基人在北非建立的商业殖民城市，到公元前7世纪时，它已成为囊括北非西部沿岸、西班牙南部、巴利阿里群岛、撒丁岛、科西嘉岛和西西里岛的强国。一个迦太基海军将领曾扬言："不经我们的许可，罗马人不能在海中洗手。"这样，当罗马兵锋指向西部地中海时，一场两强争霸的战争遂不可免。因罗马人称腓尼基人为"布匿"，所以两国之间的战争被称为"布匿战争"。

从公元前264~公元前146年，布匿战争先后进行了3次。罗马最终消灭了迦太基。

在布匿战争进行的同时，罗马还通过西班牙战争、马其顿战争和叙利亚战争完成了对西班牙、希腊、马其顿和小亚细亚的征服。

罗马的对外扩张和掠夺极大地促进了奴隶制经济的发展和阶级关系的变化。罗马奴隶主在战争中掠夺了大量财富，侵占了大片土地，俘获了数以万计的战俘。这就为奴隶制的进一步发展奠定了基础，而同一时期罗马社会经济的普遍高涨，也为大规模地经营和使用奴隶提供了可能。

公元前3~公元前2世纪，罗马奴隶制发展的一个重要特征就是奴隶劳动带有明显的商品生产的性质。

罗马对地中海世界的征服和奴役，加速了它的手工业，特别是商业和高利贷业的发展。而伴随而来的是罗马社会又兴起了一个新兴的富有阶层——骑士。骑士的生活目标是发财致富，而不看重门第和权力，不关心国家和公共福利。

亚历山大大帝

亚历山大帝国是在马其顿王国的基础上建立起来的。古马其顿位于希腊半岛北部，大体上相当于今天的南斯拉夫、保加利亚和希腊相互毗连的部分。公元前5世纪后期至公元前4世纪初期，马其顿王国初步形成。随后的科林斯会议，标志着希腊城邦独立时代的结束和马其顿在希腊霸权的确立。

公元前336年夏，正当马其顿与希腊联军准备进军波斯之际，马其顿发生

亚历山大骑马雕像

　　在一次突围中，亚历山大骑着布斯法鲁斯率军粉碎了波斯军队的进攻。该图见于他的下属西顿王的石棺。

了宫廷政变。在这个突如其来的政变后，腓力二世在其女儿的婚宴上被刺身亡，年仅20岁的儿子亚历山大随之继位。从儿童时代起，亚历山大就有了称霸世界的志向，梦想着建立丰功伟业。据说，每当他获悉父亲胜利的消息时就会发愁，唯恐自己会因此而不能享受到征服世界的光荣。从16岁起，他就随父征战，在著名的喀罗尼亚战役中，他指挥马其顿的骑兵，锐不可当地击破了敌人的右翼，为战役的胜利立下了功劳。亚历山大少年时曾师从希腊著名学者亚里士多德，深受希腊文化的熏陶，并一度随父参加喀罗尼亚战役。因此，他即位时已是一位具有相当政治、军事才能的人物了。当时，国内形势非常紧张，腓力二世创造的希腊联盟及先后征服的北方属地都纷纷叛变。亚历山大以他卓越的军事才能，击败各种反叛势力，巩固了马其顿在希腊的霸主地位。

　　平定内乱后，亚历山大立即开始了对东方的远征。

　　公元前334年春，亚历山大率步兵3万、骑兵5000和战舰160艘，向波斯大

这是一幅表现不戴头盔的亚历山大大帝追击大流士战马的图画。

举进攻。这时，波斯帝国已趋衰弱，大流士三世又昏庸无能，根本无力同强大的亚历山大军队相抗衡。马其顿、希腊联军渡过赫勒斯滂海峡后，占领了小亚细亚半岛。第二年，亚历山大又挥师南下，攻打叙利亚，与波斯皇帝大流士三世的60万兵马展开了著名的"伊苏之战"。战役开始后，他率领精锐的右翼重装骑兵，突然以凌厉的攻势攻击敌方左翼，然后直取大流士，使波斯军队全线溃败，还俘虏了大流士三世的母亲、妻子和两个女儿。亚历山大拒绝了大流士三世的求和，接着又打败了波斯海军的主力推罗海军，控制了地中海，进而兵不血刃地占领了埃及，最后在公元前331年春天挥师两河流域，开始进攻波斯本土，同年9月，在古亚述首都尼尼微附近的高加米拉与波斯军队展开了决战。波斯兵力号称百万，并有200多辆刀轮战车，但还是遭到惨败。大流士三世东逃，为巴克特里亚总督所杀，后者在不久又被亚历山大擒获并处死，盛极一时的波斯帝国最终覆灭在亚历山大的铁骑之下。

后来，亚历山大还进兵中亚细亚，遭到游牧部落的强烈抵抗。公元前327年，他率军南下入侵印度，又遭到印度人民的反抗，加之士兵水土不服，厌战情绪空前高涨，亚历山大才不得不停止远征，于公元前325年返回新都巴比伦，历时10年之久的东征到此结束。

亚历山大出征时，是马其顿、希腊联军的统帅，充其量是个巴尔干半岛的小霸主。经过长达10年的征战，建立了地跨欧、亚、非3洲的奴隶制大帝

·马其顿方阵·

马其顿方阵是马其顿国王腓力二世在希腊方阵的基础上创立的阵形，亚历山大大帝常将它与骑兵配合，称为钻锤战术。

马其顿方阵中共有256名士兵，分为16排，每排16人。士兵们全身披挂青铜头盔、胸铠和胫甲，手持盾牌、利剑和长矛。矛长达6米，后排的矛更长，前5排的枪尖都搭到第一排士兵的肩膀上。这样后几排长矛与前几排长矛就能保持同等长度，能一起刺击敌人。作战时，整个方阵常常以密集队形跑步向前推进，正面攻击力非常强，势不可当。亚历山大大帝就曾靠马其顿方阵击败了希腊、波斯。但这种方阵也有很大缺点。一旦敌人突破侧翼和后方，方阵中的长矛兵就无法抵挡手持短兵器的敌人的近身厮杀，而且只要驱散两翼骑兵，长矛手就会遭到敌人弓箭手的射杀。另外，马其顿方阵对地形的要求很高，在山地和丘陵地带难以保持阵形。公元前168年，古罗马军团大破马其顿方阵，马其顿方阵随之退出了历史舞台。

国，其疆域西起希腊半岛和马其顿，东到印度河上游流域，南达尼罗河第一瀑布，北至中亚的药杀水（今锡尔河）。其领土之广阔，可谓空前。随着他的远征，不少希腊学者来到东方，研习当地的科学与文化，直接促进了东西方科学文化的互补和交流；为了鼓励马其顿人和东方人的融合，他竭力鼓励马其顿人和东方人通婚，自己首先带头娶了大流士三世的女儿。采取各种积极措施，亚历山大把希腊推向了鼎盛。

公元前323年6月13日，亚历山大在准备再次远征时，患病逝世，终年33岁。

秦统一中国

秦国以秋风扫落叶之势，先后消灭了韩、赵、魏、楚、燕、齐六国。公元前221年，秦统一了全国。

秦王嬴政自己从"三皇"和"五帝"两个称号中各取一个字，合起来称为"皇帝"，并且因为他是历史上第一代皇帝，就称"始皇帝"。从此，中国历史上就有了"皇帝"这个称号。

秦始皇设置郡县，把天下划分为36个郡，郡以下设县。每个郡都由中央政府直接任命3个长官去治理，他们分别是郡守、郡尉和郡监。郡守是一郡最高的行政长官，统管一郡所有的重大事务。郡尉管理治安，全郡的军队由他统领。郡监是负责执行监察方面的事情的官员。中央政府的组织机构也慢慢成型，秦始皇规定中央朝廷里应设置丞相、御史大夫、太尉、廷尉、治粟内史等几个重要的职务，协助皇帝治理国家。所有这些官员都由皇帝一人任免和调动，薪俸从国库里领取，一概不得世袭。

·驰道·

驰道是中国历史上最早的"国道"，始于秦朝。公元前221年，秦始皇统一六国，秦始皇统一全国后第二年（公元前220年），就下令修筑以咸阳为中心的、通往全国各地的驰道。

著名的驰道有9条，有出今高陵通上郡（陕北）的上郡道，过黄河通山西的临晋道，出函谷关通河南、河北、山东的东方道，出今商洛通东南的武关道，出秦岭通四川的栈道，出今陇县通宁夏、甘肃的西方道，出今淳化通九原的直道等。秦驰道在平坦之处，道宽五十步（约今69米），隔三丈(约今7米)栽一棵树，道两旁用金属锥夯筑厚实，路中间为专供皇帝出巡车行的部分。可以说，这是中国历史上最早的正式"国道"。

秦始皇还统一货币，规定以后一律使用圆形方孔、每个重半两的铜钱，以前各国的旧货币全都作废，不许再在市面上流通。

秦始皇还统一了度量衡。秦始皇又下令，一要"车同轨"；二要"修驰道"。车同轨就是规定车轴上两个轮子间的距离，所有车辆两轮子间的距离都定为6尺（约合1.5米）。修驰道就是修筑从京城咸阳到全国各个重要地方的大路。大路路面一律宽50步（每步6尺）。

秦始皇又下令统一全国的文字，规定将小篆作为全国统一使用的标准文字。后来秦始皇又命人根据民间流行的字体，整理成一种比小篆更便于书写的字体，叫作隶书，全国通用。

廷尉李斯认为儒生利用历史诋毁秦始皇的政策，并认为他们蛊惑民心。因此他进言秦始皇实行"焚书坑儒"，结果只剩下农书、医书及求神问卜之类的实用性书籍，其他书籍均被付之一炬。顽抗的儒生遭到镇压。秦始皇统一中国以后所实行的废分封、设郡县，统一货币、度量衡、文字等政策，有利于加强国家的统一，有利于推动社会经济文化的进一步发展。这是秦始皇的巨大功绩。

亚历山大帝国的衰亡

一个政权无论曾经多么强大，都有它走向衰老、死亡的那一天，庞大的亚历山大帝国同样也不能例外。

亚历山大的东征，给东方人民带来了极为深重的灾难，使他们饱受战乱之苦。但是在客观上，亚历山大的东征又使得希腊文明与埃及、巴比伦和印度的文明得以接触、交流、融汇，增加了各民族间互相整合的机会，加快了人类历史由分散走向整体的进程。

亚历山大征服巴比伦

高加米拉大捷后，曾盛极一时的波斯帝国土崩瓦解，亚历山大大帝乘着战车，抬着从波斯缴获的战利品，回到了巴比伦城。

公元前333年，亚历山大的远征军在叙利亚的伊苏斯战役中打败了大流士三世率领的波斯军。这次战役使古希腊和古代东方的关系告一段落。

　　为了让帝国这台庞大的机器更为有效地运转，亚历山大采取了一系列措施：定都巴比伦城，把统治中心放在东方，保留波斯帝国的行政制度，实行分省统治；鼓励东西方种族间的通婚，借此缓和民族矛盾；以马其顿和希腊人充当骨干力量，借此保证征服者的统治地位；袭用东方专制政体，并利用宗教进行统治，鼓吹君权神授，从而使帝国的统治呈现出东方、马其顿、希腊城邦3种体制的混合的特色。

　　亚历山大虽然以武力建立了庞大的军事帝国，但这个帝国既没有统一的经济基础，也没有共同的语言，所以其解体几乎是不可避免的。

　　公元前323年6月，亚历山大病逝。他的部将为争夺对帝国的控制权而长期彼此征战，帝国迅速瓦解。到公元前3世纪初，庞大的帝国一分为三，形成3个较大的王国：一个是马其顿王国，它恢复原状，成为一个疆域不大的民族王国，虽然未能直接统治其南面的希腊诸城邦，但基本上控制了这些地区；另一个是托勒密王朝统治下的埃及王国，埃及王国的特点是自然资源丰富，又有大海和沙漠做坚固的屏障，因此后来也成为3个王国中维持最久的一个；最后一个塞琉古王国，它由帝国的亚洲诸行省组成，是3个王国中疆域最为辽阔的一个。三足鼎立格局的形成，似乎预示着一个新的历史时期的来临，但这些国家奴隶制度的本质并没有发生根本性的改变，只是城邦政治普遍为中央集权制所代替。希腊文化与东方文化之间的相互融合，展现出进一步发展的趋势。这些王国存在的时间长短不一，到公元前30年，便先后被罗马所灭。这标志着亚历山大帝国的神话至此已完全终结，同时也预示着一个新的时代的来临。

罗马共和国的灭亡

　　苏拉出身于没落的贵族世家，他为人刚愎自用，机敏狡猾，而且野心勃勃。公元前88年，苏拉当选为执政官后，通过联姻与贵族结盟，成为贵族派的领袖。随后，苏拉因争夺米特拉达梯战争的指挥权和以马略为代表的民主派展开了激烈的斗争。

　　公元前83年，苏拉在结束了第一次米特拉达梯战争后返回意大利，不久即战胜了以马略为代表的民主派，并于次年冬以胜利者的姿态进入罗马，重掌政权，发布《公敌宣告》。随后，他血腥屠杀马略的追随者，建立起罗马历史上第一个独裁统治。

苏拉被元老院宣布为终身独裁官。为加强和巩固其独裁统治，苏拉恢复并加强了对元老院的严密控制，取消部落表决制，恢复百人队表决制，剥夺了保民官的权力，并将其同党充实到元老院。但是，苏拉的独裁并不巩固。公元前78年，苏拉一死，他的各项政策便逐渐被废除。苏拉独裁开创了毁灭共和制的先例，使罗马政权为之转变。

罗马人认为农业是最高贵的职业，但当自给自足无法实现时，人们发现奴隶和佃农耕种了大部分土地，城市地主就榨取他们的劳动成果。

公元前70年，克拉苏和庞培一起当选为执政官。克拉苏（约公元前115~公元前53年），就是那个镇压斯巴达克起义的刽子手，早年曾追随苏拉，聚敛了大量财富。出于政治野心，他广疏钱财，以收买人心，扩大个人影响。据说，在向神献祭的某节日，他一次就从自己的私产中拨出1/10款项用来举办盛大宴会。宴请之余，还向全体罗马公民发放了3个月的谷物津贴。

庞培（公元前106~公元前48年）生性刚毅勇猛，长于谋略，曾因作战勇敢而被苏拉授予"伟大的庞培"称号。他在清剿海盗等内外战争中屡建军功，后来居上，成为罗马最有权势的人物。庞培曾是苏拉的部将，还做了苏拉的女婿，后来却见风使舵，倒向民主派。他的一句名言是：崇拜朝阳的人自然多于崇拜落日的人。

恺撒（公元前100~公元前44年）全名为盖约·儒略·恺撒。盖约是本人名，儒略（一译朱里亚）是氏族名，恺撒是家系名。他少怀大志，勤奋好学，具有渊博的学识和出色的演说及写作才能，还在很年轻的时候就积极参加了反对苏拉派的活动，揭露过前马其顿行省总督贪污案。虽然论权势他不如庞培，论资财不及克拉苏，却在平民中具有较高的声望。

公元前45年，恺撒在击败了庞培之后，成为罗马唯一的最高统治者。其后，他通过各种途径先后拥有了执政官、终身保民官、大元帅、大祭司长等各种头衔。恺撒当政后，并没有对其政敌进行迫害和屠杀，而是采取温厚宽容的

在这块罗马浮雕上，一个不戴帽子的凯尔特人正在抵抗罗马士兵，保卫家园。对此，恺撒做出了野蛮的反应，在他占领了凯尔特的关隘之后，砍掉了所有拿武器的人的双手。

政策，赦免了很多上层人物。同时实行一系列改革，如扩大公民权授予范围；给受迫害的犹太教徒以宗教信仰自由；在各行省划出份地安置了约10万名老兵和贫民；减轻负债者的债务；向3.2万公民无偿分发粮食；严惩贪污勒索的总督等。他颁行了新历法，定1年为365日，4年一闰。这项名为"儒略历"（朱里亚历）的罗马太阳历，自公元前45年元旦起实行，一直被西方世界沿用到1582年。此外，他还关心并下令建筑广场、剧院和庙宇，使罗马城市更加美轮美奂，雄伟壮观。

这时，却有有关恺撒要登位称帝的传言在罗马四处传播开来。据说，他使用了象征王权的象牙王笏和黄金宝座，并将自己的画像同古罗马君王像悬挂在一起，还在罗马的庙宇中塑造自己的雕像。因恺撒把埃及女王克里奥帕特拉接到罗马，于是又有流言说，恺撒称帝后将册封克里奥帕特拉为罗马皇后，立其子恺撒·瑞恩为皇位继承人云云。

实际上，城邦共和政制已不再适应当时庞大罗马国家发展的需要，走向帝制乃大势所趋。恺撒曾公然宣称："共和国——这是空洞的话，没有意义，没有内容。"然而，罗马近500年的共和传统早已深入人心，自高傲者塔克文被逐以后，罗马就没再出现过帝王，因而从苏拉到恺撒，尽管都建立了独裁统治，但谁也不敢贸然称孤道寡。恺撒改组元老院，热衷于共和制的演说家西塞罗（公元前106~公元前43年）就哀叹元老们都成了"恺撒的奴隶"。相传，在一个公共场合，执政官安东尼突然走到恺撒身旁，把一顶王冠戴到他头上。可是，只响起稀稀拉拉的掌声，多数人显出了惊愕的表情。恺撒愣怔片刻，讪笑着将王冠取下，扔落地上。安东尼赶忙拾起来，又一次给他戴上，这次被他迅速摘下扔掉了。顿时，人群中爆发出热烈的欢呼声，人们纷纷起立向他致敬。

与此同时，一场反对恺撒的阴谋也在暗中酝酿。阴谋的首要策划者为布鲁图和喀西约。布鲁图（约公元前85~公元前42年）是深受恺撒信任和器重的人物，相传系恺撒与其情人塞尔维利娅的私生子。他在内战期间追随庞培，据说恺撒曾晓谕其下属不要伤害他：如果他投降，就俘虏他；如果他拒不投降，则随其自便。战后，布鲁图不仅没受到追究，还被任命为山南高卢总督和城市法官，甚至被写进恺撒的遗嘱，确定其为第二继承人（第一继承人是屋大维）。意大利思想家马基雅维利说过这样的话："如果布鲁图装成一个傻瓜，他就会成为恺撒（意为皇帝）。"喀西约也是内战结束后获得赦免的贵族共和派人物。史载，共有60名元老贵族参与了阴谋。

不过，他们的保密工作却没有做好，关于有人要暗杀恺撒的流言，很快便在罗马的街头巷尾传播开来。有位巫师为恺撒卜卦时，警告他3月15日那天不要出门，但他不以为意。阴谋者恰好将谋杀日期定在公元前44年的3月15日，并由布鲁图出面，邀请恺撒届时到元老院参加一次临时会议。恺撒不顾种种凶险迹象，如期前往，他甚至拒绝卫队的护送。走在路上时，又有人向他手中塞了一张字条，上面写着："小心反叛行为！"然而，这些努力都未能阻止他迈向死亡的脚步。

恺撒刚进入元老院议事厅，便被几十名一拥而上的凶手围住，每个人都向他刺了一刀。他突然在行刺者中看到了布鲁图，惊诧地说了句："你也这样，我的儿子！"当即放弃抵抗，颓然倒地，伏卧在其旧日政敌庞培雕像底座旁的血泊中。

恺撒去世后不久，执政官安东尼、骑兵长官雷必达和恺撒的养子屋大维密谋磋商，公开结成政治同盟，即"后三头同盟"。三头共同执掌罗马政权，并三分行省。三人的地位和权力还获得了公民大会的承认，披上了合法的外衣，成为名副其实的三人独裁统治。

然而，盟约并未永久阻止内部争夺。屋大维首先于公元前40年剥夺了雷

·古罗马建筑·

主要建筑材料： 凝灰岩用作碎石建筑核心外层、基台的贴面、列柱的基座和柱头；石灰岩用于建筑的装饰贴画和地板上；大理石板用作豪华的地板和内墙表面装修或切割成各种图形；马赛克（镶嵌砖）用作地板材料或皇宫建筑的墙面和圆顶天花板；赤陶用作屋瓦和建筑上的雕塑装饰；罗马砖用作铺面材料（大型混凝土建筑）。

建筑风格： 拱形结构及半圆形结构，圆柱屏风，最著名的为凯旋门。

建筑类型： 住宅建筑，最著名的是哈德良别墅；公共建筑，最著名的是哈德良的万神殿、大竞技场、罗马广场和圆形剧场。

这是一幅表现恺撒被刺死的绘画。尽管事先受到警告，恺撒还是没带武器便来到元老院，在凶手中，他认出布鲁图——他之前非常信任的人，死前他说道："你也这样，我的儿子！"

必达的军权，又于公元前31年6月在阿克兴海角一战中战胜安东尼。安东尼在亚历山大城陷落时自杀。次年，屋大维返回罗马，建立并巩固了个人独裁统治，罗马帝制最终取代了共和制度。

罗马共和国的灭亡是罗马经济、政治发展的必然结果。一方面，罗马共和国中期以后，奴隶制经济发展迅速，土地兼并日益严重，大地主的形成和小农的破产瓦解了小农经济，城邦赖以存在的经济基础逐渐崩溃，这就使得城邦灭亡成了历史的必然。另一方面，罗马征服了地中海世界后，事实上已经成了一个地域辽阔的帝国，阶级关系和社会矛盾都发生了深刻的变化，原来建立在城邦基础之上的共和政体已不能与这一变化相适应，只有代表更广泛利益的奴隶主阶级专制政权，才能够胜任对广大奴隶等被统治阶级的专政。

罗马帝国的崛起

在城邦制基础上建立起来的罗马共和政体从地处意大利一隅的蕞尔小邦跃居为囊括地中海区域的奴隶制大帝国后，在阶级关系发生变化和阶级斗争日益加剧的形势下，其共和政体已不能适应当时罗马社会的发展，因而势必要建立军事独裁以加强和巩固整个帝国范围内的奴隶主阶级的统治。屋大维（公元前63~14年）出身于骑士家庭，但还在他4岁时父亲就去世了。他的外祖母是恺撒的姐姐。公元前48年，屋大维进入祭司学校学习。两年后，跟随恺撒前往西班牙，参加对庞培支持者作战。恺撒没有儿子，他十分喜爱这个年轻人，便把他收为养子,让其继承自己的大部分遗产。

当恺撒被暗杀的消息传出时,年仅19岁的屋大维正在希腊,他立即渡海回到意大利,并将自己的名字改作盖约·儒略·恺撒·屋大维安努斯。恺撒生前心的腹大将安东尼时任罗马执政官,他以傲慢的口吻对屋大维说:"青年人,除了恺撒的名字以外,你还想要得到什么呢?钱,我已经没有多少了。难道你还要恺撒的政权吗?"这预示着一场夺权的斗争已势不可免。

在后来的斗争中,元老院曾想利用屋大维来对抗安东尼和雷必达。不过,屋大维并非那样易于摆布,他有自己的主意。他在罗马广场拍卖了自己的财产,将拍卖所得全部用来招募原来恺撒的部下,很快组建起一支装备精良的军队。就是以此为起点,并以"恺撒"的名字相号召,屋大维迅速崛起,最终结束了罗马的长期内战,也结束了罗马共和国的历史,而成为罗马的唯一主宰。但他并未直

屋大维像

这个踌躇满志的青年,19岁时继承恺撒的伟业,31岁时统治罗马世界,治理帝国达半个世纪之久。这尊大理石雕像雕刻的屋大维显得平静而庄严,做凯旋胜利的姿势,其脚边的丘比特象征着他的伟大诞生。

接称帝,而称"普林斯"(意为第一公民),即"元首"。这种统治形式称作"元首制"。

公元前27年1月13日那天,一个戏剧性场面出现了。屋大维来到改组后的元老院,发表演说。他表示要把一切权力交还元老院,恢复共和制,同时宣布自己退休。这着实令那些元老们感到意外,震惊之余,一些人开始"抗议"元首这种不顾国家需要,只图个人轻闲的想法,随后便纷纷请求其留任国家元首之位。结果,经过一番装模作样的推让和再三挽留之后,又重新做过一整套安排:屋大维把手中一切大权交还元老院和人民,元老院则通过一系列法令委任他各种重任,手续完全符合共和制原则。屋大维非但没有隐退,反而合法地取得了帝国的军政大权。

16日,元老院又正式授予其"奥古斯都"(意为神圣、伟大)的尊号,要求全国像敬神一样敬奉他。同时,在元老院议事厅设置了一面金盾,上面镌刻

着对他的赞美词。后来，他的黄金雕像也在罗马广场上竖立起来，上面的铭文是："他恢复了陆地上和海上长期以来被破坏了的和平。"他甚至被许多城市奉为保护神，在各地建有供奉他的祭坛和神庙。公元前2年，元老院又授予他"祖国之父"的名誉。

在元首制下，屋大维一身兼任元首、执政官、保民官、首席元老、最高统帅、大祭司长等职，独揽行政、军事、司法、宗教大权。元老院和公民大会都成了他手中的工具。有人在街上呼喊他"恺撒"，他也不加制止。这时的罗马共和国实际上已经成为一个帝国，屋大维也成了这个帝国的第一个皇帝。

屋大维将原来70个左右的军团缩编为28个精锐军团。他继续推行扩张政策，发动了多次侵略战争。史载，9年，日耳曼人掀起大规模反抗起义，瓦鲁斯率领的3个罗马军团被日耳曼部落首领阿尔米尼乌斯诱入莱茵河东的条陀堡密林，遭到围击致全军覆没，瓦鲁斯自杀。消息传来，据说屋大维痛心疾首，竟至以头撞门，大声呼叫："瓦鲁斯，还我军团！"

在屋大维时代，罗马帝国的疆域进一步扩大，其北界推到莱茵河、多瑙河一线。到图拉真（53~117年）做皇帝时，罗马帝国版图扩展到最大规模：它在亚洲包括小亚细亚半岛、美索不达米亚北部，直到西奈半岛一带；在非洲直抵北非西部；在欧洲伸入不列颠和多瑙河以北的达西亚等地。地中海变成了它的"内湖"。连当年的亚历山大帝国也只是它的几个行省。罗马帝国成为名副其实的空前大帝国。

·亚克兴海战·

亚克兴海战是罗马内战中，屋大维战胜安东尼的决定性海战。

公元前31年，屋大维率军8万、战船400艘渡海东征，安东尼和埃及女王率军10万人、战船500艘来到希腊西海岸迎战。安东尼将舰队分为左、中、右3个编队成一线展开，并准备亲自率领右翼迂回攻击屋大维，女王率预备队尾随。屋大维也将舰队分成左、中、右3个编队，也成一线展开，迎战安东尼。

9月2日，战斗打响。屋大维充分发挥自己舰队船体轻、航速快、机动灵活的优势，避开安东尼战舰远程矢炮的轰击，运用撞击、火攻、接舷等战术进行攻击。安东尼船体庞大，机动性差，顿时陷入了被动挨打的境地。埃及女王见势不妙，率领预备队逃走。安东尼见大势已去，无心再战，下令撤退。不久屋大维攻入埃及，安东尼和埃及女王相继自杀。罗马内战结束。

屋大维在位期间，将罗马城修建得焕然一新。规模宏伟的万神殿就是那时开始兴建的，前后用了150余年方才建成。他不无自豪地说："我接受的是一座砖造的罗马城，却留下了一座大理石的城市。"继其之后，历代罗马皇帝都不断以新的建筑来装饰首都，最著名的有被称为罗马城永恒标志的大竞技场（弗拉维圆形剧场）、图拉真公共浴场和哈德良为纪念图拉真而建立的庙宇等。

屋大维卒于14年8月18日。罗马元老院为他举行了盛大的葬礼，并决定将其列入"神"的行列，称其为"奥古斯都"（意为神圣者）。屋大维开创了古罗马历史上的稳定发展时期，出现了经济、文化欣欣向荣的繁荣局面，这种局面在罗马帝国广大的疆域内延续近200年，史称"罗马和平"时期。

奥古斯都的妻子利维亚曾经对丈夫施加了巨大的影响。

为了维护自己的独裁统治，屋大维特别注意提高奴隶主阶级的地位，扩大他们的特权。他明确规定，元老必须出身贵族，服满规定年限的军役，拥有100万塞斯退斯的地产。元老可以担任军事长官、行省总督以及执政官之类的高级职位。仅次于元老地位的是骑士，其财产应为40万塞斯退斯。骑士有资格担任督察使等财务官员，还可以担任重要的军政职务，诸如舰队司令、供粮总监、埃及太守和近卫军长官等。骑士可以作为元老候选人，元老之子在进入元老院之前必须先做骑

失去了装饰性的库里亚（右前建筑）及国家档案馆（正面带拱门建筑）

库里亚大会是古罗马时期解决公社生活中那些最重要的问题的会议，如选举高级公职人员、宣布战争、通过或否决新法案、对判处死刑的案件做出最后定夺等，后来成为罗马城行政区划名称。库里亚是罗马共和国乃至帝制时期元老院的会场；国家档案馆存放着当时罗马所有的官方文件和一部分财富。

士。这样一来，共和制后期彼此争斗的这两个等级，都在帝国社会中享受着元首政治的恩宠，因而也都大力支持元首政治，成为元首政治的中坚力量。

无产平民由于具有自由公民身份，而且是雇佣兵的来源之一，所以屋大维对他们实行既镇压又笼络的两手政策：一方面，严格限制平民的政治活动，以避免暴动的发生；另一方面，又以所谓的"面包和竞技场"策略，即发放救济粮、举办娱乐活动和给予各种施舍等措施来收买他们。屋大维的这些手段的成功运用，使罗马城市的无产平民或耽于娱乐，或充当政客权贵的门客党羽，或充当雇佣兵，渐渐失去了早先的政治作用。对奴隶阶层，屋大维则实行严厉的统治和残酷镇压的政策。

屋大维在对外政策上采取了灵活多变的政策。在东方，他采取较为缓和的手段来处理罗马和安息之间的紧张关系；在西方，则继续推行侵略扩张政策。经过数年的侵略战争，罗马疆域扩张到东起幼发拉底河，西至大西洋，南到撒哈拉沙漠，北至多瑙河与莱茵河。

罗马帝国的黄金时代

96年，由元老院推举，旧贵族元老出身的涅尔瓦当上了皇帝，开始了安东尼王朝的统治时期。安东尼王朝是帝国皇权最为稳固的时期，被称为罗马帝国的"黄金时代"。在涅尔瓦统治期间，元老院的地位又得到恢复，并且实施了一些缓和社会矛盾的措施，但涅尔瓦遭到了军界，特别是边疆的统帅们的反对。涅尔瓦在位两年后死去，战功卓著的日耳曼总督图拉真被推举为皇帝。图拉真即位后，实行较为温和的政策，改善与元老院的关系，关心人民的疾苦，把帝国的疆土扩展到空前绝后的程度。从共和国末年起，罗马城内聚集了大量无产的自由民，大约不下数十万之众。历代皇帝为了笼络这些人支持自己的政权，便利用发放救济粮和金钱补贴、举办娱乐活动和提供各种施舍的手段来收买他们。政府在节日里为市民举办各种娱乐表演，演出奴隶角斗、斗兽、戏剧、海战和骑战等。106年，图拉真为庆祝他对达西亚人的胜利，在大角斗场举办了持续117天的恐怖角斗表演，包括达西亚战俘在内的近万名角斗士，在观众的欢呼声中进行血腥的殊死搏杀。这种娱乐节日的天数是逐年增加的。据统计，公元1世纪时罗马全年的节日为66天，2世纪时增加到123天，3世纪时增至175天。

奴隶主们的生活穷奢极欲，越来越腐化。他们把体力劳动和文化教育工作都交给奴隶去做，自己尽情享乐，竞尚豪华。富裕的罗马男子下午常把时光消磨在公共浴场里。到浴场沐浴在当时是一种时尚享受，自然也吸引着成千上万无所事事的游民。罗马的公共浴场有点像现代的大型俱乐部，内有体育厅、图书馆、休息室、花园等，不仅供人沐浴，享受舒适，还是市民社交活动的中心、朋友聚会的场所。里面常有乐队演奏乐曲，时或还有诗人、戏剧家朗诵作品，并有专职的管理人员和大批侍候人的奴隶。罗马人在建造浴场时是不惜工本的；每个浴室的大理石墙面上，都饰以精美的绘画和色彩斑斓的图案；穹形的玻璃屋顶；四面宽大明亮的窗子，在白天的任何时段阳光都能照射进去。沐浴方式也十分讲究：入浴前要先做健身运动，随后进入一个个相互连接、温度递次增高的暖气房。等汗出透了再用温水洗浴，最后用凉水冲净。为防受寒，浴毕还要涂上软膏香脂，然后躺在榻上闲谈消遣，直到晚餐时光方才回去。他们以美酒佳肴来显示阔绰，有时候甚至吃孔雀舌头。

　　奴隶主的宅院里，厅堂壁画，庭园池水，无不齐备。而在这些高楼大厦之间，却是大片的贫民区。那里的房子狭小、简陋，房内没有任何卫生设备，便壶都摆放到街面上。曲折狭窄的街巷，肮脏、嘈杂，终年不见阳光。图拉真的后继者哈德良却独断专行，激起人民反抗。132年，犹太人终于掀起大规模起义，他们占领罗马殖民地，杀死殖民者，坚持斗争达3年之久，但终遭残酷镇压。继哈德良之后的安东尼·庇阿统治时期，被认为是罗马最为安定并且繁荣昌盛的时期。他对外采取防御政策，对内与元老院和睦相处。但好景不长，到马可·奥勒留统治时期，罗马的"黄金时代"就结束了。

　　公元1世纪至2世纪，大规模的战争已经停止，罗马境内的广大地区出现了长期的和平局面，为社会经济的发展提供了极为有利的环境。

　　当时，生产工具和生产技术都有了较为明

罗马图拉真纪功柱

哈德良时代重建的万神殿内景图

显的进步。农业上出现了带轮犁、割谷器，工业上则开始使用水磨、滑车和排水器械等工具。手工业发展尤为显著，不仅门类增多，而且分工十分精细。传统的手工业，如阿列提乌姆的制陶业、阿普亚的青铜制造业、莫纳德的制灯业都兴盛一时，产品远销外地。商业贸易也十分活跃，水陆商道畅通无阻，来往商旅络绎不绝。对外贸易西达不列颠，东到印度、中国。这种规模广泛的海陆贸易，促进了罗马帝国各地城市的繁荣。这一时期，罗马兴起了一些著名的城市，如不列颠的伦丁尼姆（伦敦）、高卢的鲁格敦（里昂）等。罗马城已经成为全国的中枢，阿普亚、那不勒斯等城市也都成为手工业和商业的中心。迦太基等曾被摧毁的城市也开始复苏，亚历山大里亚城成为商品集散地和内外贸

·维吉尔·

古罗马杰出诗人。全名普布利乌斯·维吉利乌斯·马罗，生于高卢曼图亚附近的农村，家境比较富裕。他幼年在农村长大，熟悉农村和农业劳动，热爱大自然。后来去米兰、罗马等地接受了良好的教育。因体弱多病，从事律师失败后，回到农村家中，专心写诗。后加入了麦凯纳斯庇护下的文学集团，深受屋大维的尊敬。他的主要作品除代表作《埃涅阿斯纪》外，还有《牧歌》《农事诗》等。《牧歌》共有10章，是其成名作，通过一个牧人的独唱或一对牧羊男女的对唱，歌唱牧人的生活和爱情，还表达了对当时社会和政治的看法与感受。《农事诗》共4卷，描写罗马农民的工作与生活。这些作品将农业知识的介绍、农业政策的阐释和对自然景色、历史传说的描写结合起来，语言优美，生动有趣。维吉尔在中古时代一直享有特殊的声誉，但丁在《神曲》中就尊他为老师和带路人。史诗《埃涅阿斯纪》共12卷，叙述了罗马的建立和历史，歌颂了罗马祖先的丰功伟绩。根据当时罗马的神话传说，罗马最早的祖先是特洛伊的英雄埃涅阿斯，特洛伊被希腊联军攻陷后，他和父亲等人在天神护卫下逃了出来，辗转到了意大利，娶了当地的公主为妻，建立了王都。这成为史诗内容的主要依据。史诗以荷马史诗为范本，前半部分写埃涅阿斯的海上历险，主要写了他和女王狄多的爱情悲剧。后半部分写他依据神灵的指示到达意大利后，和当地拉丁部族的战斗。诗人通过主人公的经历歌颂了罗马的神圣传统和先王建国的艰辛，歌颂了恺撒和屋大维的功绩。

易的枢纽。

公元1~2世纪，罗马帝国经济的繁荣和发展是建立在落后的生产技术和残酷剥削奴隶的基础之上的，因此这种繁荣局面不可能持久。到公元2世纪末，奴隶制帝国的危机已经开始明显暴露出来，罗马帝国的黄金时代至此已经走到了穷途末路。

作为罗马文化的一个重要组成部分，建筑艺术也是古罗马留给后世的一份宝贵遗产。罗马的建筑在共和国末期开始发展，到帝国时代达到空前规模。罗马最著名的建筑物，是屋大维时代修建、哈德良时代重建的万神殿，这座神庙是古代神庙建筑艺术的最高成就之一。公元1世纪晚期修建的哥罗赛姆大剧场是罗马剧场建筑的典型，整个剧场可容纳观众5万人，其规模之宏大，让人惊叹。

罗马帝国的衰落

从公元2世纪末到3世纪末，罗马帝国爆发了全面的危机，史称"三世纪危机"。

"三世纪危机"的根本原因在于奴隶制社会基本矛盾的激化。在罗马帝国前期，社会生产力得到进一步提高，劳动工具有了很大改进，这是罗马帝国前期的"黄金时代"形成的主要原因。但到了公元2世纪以后，由于罗马长期的奴隶制统治，人们开始鄙视劳动。伴随着贫富分化的加剧，罗马出现了流氓无产者人数急剧增加的现象。他们逃避劳动，完全靠社会养活，成为寄生在罗马社会肌体上的赘瘤。更为严重的是，罗马奴隶主阶级及其统治机构日益腐朽，规模日趋庞大，各种开支浩繁，娱乐奢侈之风日盛。这种现象的出现，造成了财源枯竭，财政日益紧张，从而导致捐税不断增加，货币的含金量锐减，再加上国内混战不已，社会动荡不安，罗马帝国陷入了全面危机之中。

"三世纪危机"在经济上首先表现为农业的衰落，农业的衰落又导致了手工业的衰落和商业及城市的萧条。手

100英尺（约30米）高的宏伟的尼克拉堡巍然耸立，成为帝国时期罗马国力强盛的有力证明，但它的建筑初衷——由于恐惧而大量修建城堡与城墙——却是罗马衰败的征兆。

工业作坊是靠奴隶和隶农的劳动支撑的，由于奴隶劳动生产率的降低和行省手工业产品的竞争排挤，各城市在共和末期和帝国初期发展起来的手工业也逐渐衰落下来。农业的衰落减少了农产品对城市市场的供应，而社会动荡、蛮族入侵、海盗猖獗、商路阻塞及政府强令城市征收捐税，再加上新发行的劣质货币不受欢迎，高成色的货币又被大量收藏，这一切都严重地影响了商业的发展，加剧了经济的萧条。

"三世纪危机"在政治上表现为统治集团内部纷争不断，混战不休。军人干预政治，尤其是近卫军直接控制皇帝废立的现象，使中央政权处于严重瘫痪状态。192年，安东尼王朝的末帝康茂德被杀后，在短短6个月内近卫军就先后拥立了两个皇帝。行省驻军也浑水摸鱼，各自拥立自己的皇帝，罗马内部于是发生了一场四帝争夺王位的混战（193~197年）。

针对这种状况，在塞维鲁王朝（193~235年）的建立者塞维鲁统治时，采取了抑制元老院、优抚军队的政策，却又引发了"士兵派"与"元老派"的斗争，军人的权力反而更加膨胀。

临死前，他一再叮嘱他的儿子们说："要厚待士兵，让他们发财，其余的人可以不管。"然而具有讽刺意味的是，其后继者几乎皆为近卫军或哗变士兵所杀。骄纵的军队飞扬跋扈，如同匪徒，废立皇帝变得司空见惯，窃国者走马灯般轮番登台，他们以贿赂兵士谋杀皇帝为入宫手段，旋即又为后起者谋杀而被抬出皇宫。238年一年内，元老贵族推出4个皇帝，不久全被士兵所杀。此后15年间，罗马竟换了10个皇帝。其后还出现了一个军团和行省自行拥立皇帝的所谓"三十僭主"时期，政局一片混乱。

284年，在对波斯作战期间，罗马军中再次发生谋篡事件。近卫军长官阿培尔

放纵的罗马皇帝　油画

成堆的玫瑰花瓣，掩盖着放纵的狂欢。罗马帝国的衰败，并非源于早期的穷兵黩武，而是根源于后来的繁荣稳定导致的罪恶丛生、道德沦丧。

谋害了皇帝努米里安，不出一月又杀死了他刚继位的儿子。回师途中，至尼科美地方，同为近卫军长官的戴克里先在士兵集会上揭发了阿培尔的谋逆罪行，引起士兵公愤，纷纷要求让其偿命。恼羞成怒的阿培尔立时便与戴克里先厮杀起来，但见刀来剑往，寒光闪闪，两人腾跃扑击，招招凶狠。士兵们齐声呐喊，为戴克里先助威。失道寡助的阿培尔心慌意乱，稍一分神，顿成刀下之鬼。尔后，全军一致拥立戴克里先为罗马帝国新皇帝（284~305年）。

戴克里先正式取消元首制，采用"多米那特制"（"君主制"），完全抛弃了残存的共和外衣。他自称"多米那斯"（意为主人），身穿镶金的紫绸长袍，头戴缀满珍珠宝石的冕旒，并实行东方专制君主的朝仪，臣民觐见时须行跪拜礼，奉之若神明。他实行四帝制，即由正副"奥古斯都"和正副"恺撒"对帝国分块治理。但分而不割，最高权力仍掌握在他一人手中。

残酷的剥削和奴役，使罗马境内的广大奴隶陷入了苦难的深渊，在忍无可忍中，他们终于揭竿而起。时断时续、大大小小的起义，沉重地打击了奴隶主的统治，让本已处在崩溃边缘的罗马帝国更加迅速地走向灭亡。

罗马内部的危机和动荡，给外族入侵提供了可乘之机。在东方，萨珊波斯攻占了罗马的幼发拉底河流域，并继续向西扩张，进攻叙利亚。在东北，多瑙河以北的哥特人南下掠取拜占廷，袭扰小亚细亚和爱琴海地区。在北方，日耳曼人越过罗马边境，进入高卢的中部和东部，并在西班牙的东北部站稳了脚跟。阿尔曼尼人则乘机南下深入意大利中部。随着日耳曼人大量涌入罗马，罗马帝国已处于四面楚歌的境地。

维京人的航海旅行

早在793年，维京人就开始掠夺苏格兰和荷兰沿岸的海岛。到了850年，他们来到了爱尔兰，并且在那里定居。约860年，维京水手们发现了冰岛，并在此后定居于此。982年，埃里克·瑟凡森（或称作"红发埃里克"）发现了格陵兰岛冰层边缘海岸，并鼓励人们在岛上定居，986年，他带领400名殖民者定居在那里。约公元1000年，他的儿子对北美海岸进行了探索，他抵达了海鲁岛(今天的巴芬岛)和马克岛(拉布拉多)，此后，就在一个被他称作文兰的地方过冬。人们估计文兰确切的位置应该在南拉布拉多和新泽西州之间的某地。大

维京人长船底宽，排水量相对较小，非常适合在近海岸、河口及内陆河流中航行。

约在1年后，他带着一群人来到纽芬兰岛沿海地区，建立了雷安色奥克斯米都居住区。但是这些不速之客的到来遭到了被维京人称为"蛮夷"的当地土著的强烈排斥，他们赶走了这些入侵者。

维京人同样突袭了欧洲大陆。他们沿着欧洲的主要河道逆流而上，两次洗劫了法国巴黎——分别在845年和856年。他们建立了贸易路线和定居点，并于911年占领法国北部诺曼底直到约1000年。他们也同样在爱尔兰、英格兰、丹麦、德国及俄国定居。

维京人称霸海上的秘密是他们非凡的有开敞式船身的长船，这种船圆滑而快速，具有两头尖翘的船身和坚固的、装有巨大方形船帆的桅杆。船的两侧都有一整排的桨，可以在靠近海岸或者在河口等无法使用帆的地方控制船的航行。桨还可以在海战中加快船速。在船的右侧还有单支的掌桨。人们将长船中体形最大的称为"德里卡"或"龙船"，因为在这条船的两头都有雕刻的龙头像。制船者将直的橡木板叠放，再用铁钉固定，形成船身的侧面，而船体的内部结构则是按照船形，用仔细挑选的符合船形曲度的树枝锯成的坚硬的木板做成的。船帆是一张羊毛织物，这种帆在暴风雨中被浸透后就变得极难控制。长途远航时，船员们就蜷在兽皮做的睡袋里睡在开敞的甲板上。他们的食物是腌制晒干的鱼肉。除带上他们常喝的蜂蜜酒(一种用发酵蜂蜜制作的酒精饮料)外，他们必须带足淡水。

我们现在对维京人长船的了解基本上来自沉船残骸，譬如834年在挪威奥斯堡制造的一艘用于葬礼的长船。在葬礼中，多名船工将这条长21.6米的长船拖上岸，然后将船放入一个浅槽中。哀悼者将死者的尸身装进一个原木棺材中，然后把棺材两头随葬的家私炊具在船甲板上一字排好。最后用石土覆盖整条船，在船的最顶部种上草皮。这座奇特而又宏大的坟墓静静地沉睡了上千年。

法兰克王国

1世纪，法兰克人居住在莱茵河的下游。406年，法兰克人随同西哥特人、勃艮第人一起进入罗马帝国的高卢地区（今法国境内）。481年，克洛维成为法兰克人的军事首领，经过多年征战，法兰克开始走向强大。到511年克洛维去世时，法兰克王国已将罗马高卢的大部分地区征服。

在征服的过程中，占领罗马皇室领地的法兰克国王将其作为奖赏，赐予他的廷臣、将军、亲信、教会和修道院。这些新兴法兰克地主与被保留下来的高卢罗马大地主一起构成了法兰克国家的地主阶级。法兰克地主阶级的发展历程，同时也是自由农民丧失土地沦为依附农民的历程。代表地主阶级利益的封建统治者将封建化的成果以法律的形式肯定下来，这就构成了法兰克封建化的一条主线。这一过程可分如下三个阶段：

第一阶段是内战时期（511~714年）。这个时期的特征是王权衰弱，社会动荡不安。长期的战争破坏使较脆弱的自由农民只好投身于大地主的门下，法兰克的封建生产关系也由此产生，其结果是大土地所有制的成长和自由农民逐渐沦为依附农民。

第二阶段是宫相查理·马特的采邑制改革时期（714~741年）。他下令将土地作为"采邑"进行分封，但受封者必须以服骑兵役为条件，且不得世袭。这一改革取得了明显成效：加强了法兰克王国的军事力量，促进了法兰克封建生产关系的发展。

第三阶段是加洛林王朝时期（751~987年）。751年，宫相丕平发动政变并登上了王位，建立了加洛林王朝。这个王朝在查理曼统治时期（768~814年），通过开疆拓土，形成了一个版图广大、民族众多的帝国，史称查理曼帝国。

查理曼，又被称为查理，他从小在宗教环境下长大，对基督教极为虔诚，但没有受过良好的文化教育。他的父亲丕平在751年创建加洛林王国时，他才9岁。768年，他的父亲患水肿病死于巴黎，留下了查理曼和卡洛曼两个儿子，法兰克人召开民众大会，选举这两兄弟

800年圣诞日，教皇利奥三世在罗马圣彼得教堂为查理加冕称帝，宣称这个外族首领为"伟大的罗马人皇帝"，标志着西欧基督教化即罗马和日耳曼的融合基本完成。有人认为查理大帝的加冕标志着神圣罗马帝国的开端，然而大多数人还是认为那时的帝国应该叫作法兰克帝国。

为国王，平分全部国土。但卡洛曼放弃了对王国的监管，进修道院当了僧侣，3年后去世。771年，经全体法兰克人同意，查理曼被拥戴为唯一的国王。

查理曼统治法兰克王国时期，开始了大规模的领土扩张行动。他一生共发动了50多次远征，并亲自参加了30次远征。其中最长的一次战争，是对北方萨克逊人的征服。他以传播为借口，从772年起，先后发动8次进攻，时间长达33年，最终征服了萨克逊人，使他们成为法兰克王国的臣民。通过几十年的征战，法兰克王国扩大到了相当于今天的法国、瑞士、荷兰、比利时、奥地利以及德国、意大利的大部分地区，成为当时西欧空前强大的国家。800年，查理曼进军罗马，援救被罗马贵族驱逐的教皇利奥三世，并被教皇加冕为"罗马皇帝"。从此，法兰克王国成为"查理曼帝国"，查理曼则成为"查理大帝"。他把自己的帝国当作古代罗马帝国的继续，查理曼的加冕被一些历史学家认为它标志着神圣罗马帝国的诞生。

查理曼对基督教极为热诚和虔信，在他统治时期，下令教会和寺院办学，在宫中成立学院，广泛招聘僧侣学者前来讲学。他还从中等人家和低微门弟人家中挑选子弟，与富贵子弟共同接受教育。甚至任命出身贫穷，学习优异的青年教士为主教。在定都阿亨后，他大兴土木，修建了许多金碧辉煌的宫殿和教堂。随着建筑的兴盛，绘画、雕刻等艺术也有所发展。查理曼还派人搜集和抄写了许多拉丁文和希腊文手稿，虽然他对抄本内容一无所知，却为后代保留了许多古典作家的著作。814年，查理曼去世，终年70岁。其子路易继位后，力图继续维护统一。但是随着地方封建主独立地位的加强，王权逐渐

·采邑制·

采邑制是中世纪早期西欧的一种封建土地所有制。墨洛温王朝末期由于大土地所有制的发展，自由农大量破产，国家无可用之兵，中央的政治、经济、军事力量衰落。8世纪30年代，宫相查理·马特改变无条件分赠土地的办法，实行采邑制。没收叛乱贵族和部分教会土地封给官员和将领，受封者必须服兵役和履行封臣义务，而且只限本人，不得世袭。双方如有一方死亡，或封臣不履行义务，分封关系终止。如愿继续以前的关系，必须重新分封。通过采邑制，建立了以土地关系为纽带的国王与受封者之间的主从关系，加速了自由农民的农奴化进程，为形成阶梯式的封建等级制奠定了基础。骑兵逐渐代替步兵，兴起骑士阶层，中小地主力量加强，且提高了国家的政治与军事力量。9世纪以后，采邑逐渐变成世袭领地。

衰弱，中央政权已无力控制局面。817年，路易将帝国疆土分给自己的三个儿子：罗退尔、丕平、路易。后来在疆土分配问题上，父子反目，父子、兄弟之间展开了骨肉相残的斗争，法兰克王国陷入内乱之中。在战争中，国王路易和其次子相继死去，形成了罗退尔、路易、查理三人争夺疆土的局面。

当时，罗退尔的势力最强，统治着中部地区；东部日耳曼人地区被路易统治；查理统治着西部地区。他们之间相互攻击，战乱不断。843年，兄弟三人开始和谈，三方正式签订《凡尔登条约》，将帝国分为三部分：今日的德国西部分给路易，称日耳曼；今日的德国属查理，称法兰西；路易和查理之间加上意大利中、北部留给了罗退尔。条约还规定，罗退尔沿袭皇帝称号。至此，兄弟相残的局面才告结束。

罗退尔死后，他的三个儿子又瓜分了他的领土，长子统治意大利，次子统治洛林，小儿子得到普罗旺斯。870年，小儿子去世，日耳曼路易和法兰西查理在墨尔森签订条约，将其侄的领土瓜分。此后，三个王国在外邦势力的入侵下，疆域有所改变，但不大。查理曼帝国的三分，奠定了后来法兰西、德意志和意大利三国的基础，促进了西欧封建制度的发展。

英国的王权制度

英国的封建化进程是在日耳曼原始社会解体的基础上开始的。诺曼的征服加速了英国的封建化进程，也给英国的封建制度带来了有别于欧洲大陆的特色。

英国在5世纪前称"不列颠"。公元前1世纪初，不列颠遭到罗马人的入侵，至公元1世纪，不列颠成为罗马帝国的一个行省。不列颠又遭到日耳曼人的大举入侵，到公元7世纪初，不列颠大体上形成了由北到南7个主要国家，即诺森伯利亚、麦西亚、东盎格利亚、埃塞克斯、肯特、苏塞克斯和威塞克斯。这便是英国历史上著名的七国时代。

七国间的相互兼并，使英国先后形成了三大权力中心，即公元7世纪的诺森伯利亚、8世纪的麦西亚和公元9世纪的威塞克斯。当威塞克斯称雄之时，英国开始遭到丹麦人的入侵。国王阿尔弗烈德（871~899年）采取灵活的战略战术，取得了对丹麦人的绝对胜利，双方签订了《威德摩尔和约》，将英国一分为二，把从泰晤士河口到提兹河的盎格利亚的大部分地区割让给丹麦人，形

黑斯廷斯战役

威廉一世在这场战役中实现了"诺曼征服"，建立了诺曼王朝。

成丹麦法区。886年，阿尔弗烈德收复伦敦。到他去世时，威塞克斯已基本上统一了除丹麦法区之外的整个英格兰。他的后继者继续北进，收复了丹麦人所占领土，威塞克斯国王开始自称"全不列颠之王"。

10世纪末11世纪初，丹麦人再次入侵英格兰，但没有根本触动英格兰的政治制度，盎格鲁-撒克逊时期，英格兰建立起较为系统的王权体系。到10世纪，以国王的宫廷为核心，形成了中央机构。

1042年，属于威塞克斯血统的忏悔者爱德华取得了英格兰的王位。忏悔者爱德华将全国分成若干郡，并建立威斯敏斯特修道院教堂。1066年初，忏悔者爱德华死后无嗣，威塞克斯伯爵哈罗德二世被推选为国王。诺曼底威廉以爱德华曾面许继位为理由，要求获得王位。1066年9月末，威廉召集诺曼底、布列塔尼、皮卡迪等地封建主进行策划，率兵入侵英国。英王哈罗德迎战。10月14日，双方会战于黑斯廷斯。英军战败，哈罗德阵亡，伦敦城不战而降。1066年10月14日，威廉公爵在黑斯廷斯战役中将对手击败，争夺到继承权，他在伦敦被立为国王，称为威廉一世，建立起英国历史上的诺曼王朝。对英国的封建化进程产生了巨大影响。

其一，这一征服为英格兰王权的确立奠定了强大的物质基础。1086年，威廉完成了对全国土地赋役状况的调查、登记和造册工作。这一重大举措，确立了英国的封建领地均受自国王的观念。

其二，这一征服为英格兰王权的确立奠定了强大的阶级基础。威廉确立了不同于其他国家的封建原则：我的封臣的封臣也是我的封臣。这句话的意思是说，英国的大小封建主都要直接受命于国王，直接为国王服役，封建主之间的私战是不合法的。

　　其三，威廉一世通过王室法庭将王权的统治范围扩大到全国。威廉一世将教会的审判权严格控制在有关灵魂的案件之内，禁止教会插手其他事务。到亨利二世（1154~1189年在位）时，王室的司法权又进一步扩大到教会和领主的某些领地、辖区。王室法庭审理的范围不仅包括重大案件，一般的民事案件也被纳入王室法庭的权限。同时，亨利二世还广泛采用陪审制，使司法审判更趋合理。

　　威廉一世将法国的封建制度引进了这个"自由人"国家，并使之成为他进行统

866年，丹麦人踏上英格兰，处决了英王爱德蒙。

治的权力基础。诺曼封建主得到分散在整个王国的零星封地，这样分散的封地不能形成大的领地，永远置于王权的控制之下。管理各郡的郡长也是同样的情况，因为他们在郡内不占有任何私人领地。

　　在博学的教士兰弗朗克的帮助下，威廉重新组织了英国教会，他任命兰弗朗克为坎特伯雷大主教。他与罗马教皇格列高利七世就主教职权问题发生冲突，但还没有发展到决裂的地步。他还建立了许多修道院，引进了希腊和拉丁文学。

　　随着王权不断得到加强，到1200年，英格兰的封建化过程便宣告完成。

·中世纪·

　　"中世纪"一词，最早出现于文艺复兴时代，它是由16世纪意大利人文主义语言学家和历史学家首先提出来的。由于他们是希腊、罗马古典文化的崇拜者，所以就把从古典文化衰落至文艺复兴前的一段时间称为"中间的世纪"。中世纪是封建生产方式在世界范围内形成、发展和衰亡的时代，时间从公元5世纪后期罗马帝国崩溃起，至17世纪中期英国资产阶级革命止，前后共经历约12个世纪。中世纪时的经济主要是封建制的庄园式自然经济，出现了一批商业城市：巴黎、里昂、都尔奈、马赛、科隆、特里尔、斯特拉斯堡、汉堡、威尼斯、热那亚，等等，形成了一个以地中海为中心的贸易区。今天，世界地图上欧洲、亚洲和非洲的多数国家，都是在中世纪开始建立或登上世界历史舞台的，许多国家的历史特点是在这个时期奠定的，许多民族和语言也是在这一时期逐渐形成的。

拜占廷帝国

395年，罗马帝国一分为二，西罗马帝国急剧败落，走向灭亡，在其废墟上建立起许多新的欧洲国家。以君士坦丁堡为首都的被称之为"东罗马帝国"，因其都城地处古希腊商业殖民城市拜占廷的旧址上，所以又被称为"拜占廷帝国"。

拜占廷帝国的版图包括欧洲的巴尔干半岛、亚洲的小亚细亚、叙利亚、巴勒斯坦、两河流域以及非洲的埃及等地，横跨欧、亚、非三大洲。拜占廷帝国地处东西方交通要道，经济较为发达，社会环境比西部相对

拜占廷时期的象牙雕刻

安定，保持了国家机器的完整性，并逐步走向封建社会。

拜占廷的封建化的背景是频繁的对外战争。公元6世纪初，拜占廷在东西方几乎没有可以与其抗衡的竞争对手，从而导致其扩张野心的膨胀。查士丁尼当政时期（527~565年），拜占廷疯狂向西扩张，倾力举兵西进。533年，拜占廷帝国的铁蹄踏进汪达尔王国。535年，又移兵意大利，向东哥特王国进攻，受到东哥特人民的奋力抵抗。拜占廷军队在意大利艰难作战20年，终将东哥特王国消灭，但自己也损失惨重。东哥特的战事还没有结束，拜占廷大军又踏上远征西班牙的西哥特王国的征程，并将西班牙东南部及科西嘉岛、撒丁岛和巴利阿里群岛占领。至此，查士丁尼的西征才算结束。

为了提高军队的战斗力，610年建立的希拉克略王朝开始将其从前曾在局部地区实行过的军区制在整个帝国推行起来。帝国将土地作为军饷，按照军种和级别颁发给各级官兵。士兵定居在其部队驻守的地区，平时经营田产，以土地经营所得装备自己。军区制将本国公民作为军队的主要来源，在全国范围内建立起一整套军事化体制。

军区制的实行，有着深远的历史影响。首先，它使拜占廷国家拥有了充足而稳定的兵源。其次，在战争不断和自然灾害频繁的情况下，军区制为小

农的复兴创造了条件。军区制的成功推行，使拜占廷稳定了以巴尔干半岛为中心的疆域，同时使已经进入巴尔干半岛的斯拉夫人臣服，成为拜占廷的臣民。除此之外，拜占廷还因此打垮了阿瓦尔人，击败了波斯人，并将阿拉伯人的扩张势头阻止在小亚细亚和东地中海一带。可

查士丁尼大帝及廷臣

这是拜占廷时期最著名的镶嵌画之一，描绘的是查士丁尼大帝在大主教的陪伴下主持教堂奉献礼的情景。

以说，军区制的推行为拜占廷此后数百年的强盛奠定了坚实的基础。

另外，军区制的推行也为军事大地产阶层和贵族势力的崛起创造了条件，为拜占廷封建化开辟了道路。各军区的将军和中央政府的一些高级官职，由于各种原因，逐渐变成世袭，这样就形成了军事贵族阶层。军区的将军们握有对农民的管理、调动大权和征税权，极易将小农牢牢地控制在自己手中。他们的兴起对小农阶层构成了巨大的威胁，到公元11世纪末，拜占廷的小农几乎不复存在。科穆宁王朝（1081~1185年）时期，军区制被监领地制取代，按规定，自由农民成为了依附农，拜占廷的封建化自此宣告完成。

· 拜占廷战术 ·

在历史上，虽然拜占廷曾出现过几次中兴，但在四周的强敌压境的情况下长期处于守势。在军事上，拜占廷奉行防御战略，尽可能避免战争。整个国家划分为几个军区，一旦外敌来犯，他们会坚守，并不反击，然后等待附近军区的援军增援后将敌人赶走。拜占廷军队通常将敌人逼到坚固的山口和渡口，然后利用有利地形协调进攻，击败敌人。拜占廷陆军的骨干力量是名将贝利撒留创建的"铁甲骑兵"。这支骑兵博众家之长，既装备了西欧人的重甲和长矛，又使用波斯人的弓箭。在战场上，这支骑兵和步兵联合作战，能够进行复杂的队形变换。另外，富裕的拜占廷人还花费大量的金钱组建雇佣军来保卫他们的国土。拜占廷的海军不仅数量众多，而且拥有一种神秘武器：希腊火。凭借这种神秘武器，拜占廷曾多次击败敌人的舰队。有时，拜占廷人也会根据对手的不同情况主动发起进攻。在春天和冬天，他们进攻斯拉夫人；在寒冷和阴雨天气，他们进攻波斯人。

封建化的完成，加强了拜占廷的国力，但它长期发展的结果却是地方割据势力的膨胀，这就导致了帝国力量的削弱。至12世纪末，已无力抵抗塞尔柱突厥人入侵的拜占廷人，不得不向罗马教皇发出求救信，由此引发了一场长达近200年的西方封建主对东方的掠夺战争。这场漫无天日的浩劫，使拜占廷帝国元气大伤。此后，拜占廷帝国虽然恢复了帝位，但只能偏安于君士坦丁堡，拜占廷帝国从此彻底退出了历史舞台。

延续了千年之久的拜占廷帝国的对外影响主要体现在文化扩张方面，特别是对东正教的传播上。通过这种方式，拜占廷将其文化和政治模式传播给了东欧的斯拉夫人。所以有的人说："拜占廷对东方的斯拉夫世界来说，犹如罗马对西方的日耳曼世界一般。"

意大利城市共和国

查理曼帝国分裂后，意大利被罗退尔所统治。855年罗退尔去世之后，意大利从此便陷入了长达10个世纪之久的政治纷争之中，在1861年之前，一直没有得到统一，甚至连名义上的中央政权都没有产生过。

公元7~8世纪时，意大利的手工业与农业分工就已开始了。到公元9~10世纪，许多地方出现了定期集市。罗马时代的旧城也非常活跃，逐渐成为工商业的中心。在伦巴底和托斯坎纳出现的一系列新兴城市，开始与东地中海沿岸各国发展贸易往来，从而得到东方贵重的货币资本，并将这些资金及时地投入手工业、商业和银行业中。手工业生产因此日趋发达，分工也日趋细密。银行业的发达，使意大利一些城市的货币在国际市场上大量流通。

比萨是意大利著名的城市共和国，著名的比萨教堂与斜塔建立时，比萨城贸易兴隆，与近东地区交往密切。

富裕起来的意大利城市为捍卫自身的利益、取消封建义务、铲除发展工商业的障碍，与统治它们的教俗封建主展开了激烈斗争。通过斗争，它们不仅获得了对城市的统治权，而且逐渐控制了周围的广大地区，形成了一些城市国家。城市国家统治权所达到的地方，那里的封建贵族和农民也都随之变成了城市国家的公民。城市国家所辖地区，甚至包括许多小市镇和众多农村。

意大利城市国家在政体上与欧洲其他封建国家截然不同。欧洲大陆当时盛行君主政体，而意大利城市国家却实行共和政体。国家行政机构起初是全体成员大会和地方执政官会议，后来由选举产生的委员组成议会取代了原来庞大的全体成员大会，由其决定立法、宣战、媾和等城市国家的重大事项。执政官虽由市民选举产生，但一般为显贵家族所垄断。在执政官之下设立各种委员会，各个城市所设有所不同，各城市的统治权大多为贵族和富商所掌握。当时，意大利著名的城市共和国有威尼斯、佛罗伦萨、热那亚和比萨等，它们都是意大利从事航海和工商业的城市共和国，威尼斯更为突出。威尼斯是世界著名的水上城市，在长约3.2千米、宽约1.6千米的群岛和泥滩上逐渐形成最初的城市，公元9世纪40年代，成为独立的城市共和国。至15世纪时，威尼斯发展成一个包括克里特岛、塞浦路斯岛和爱琴海众多岛屿在内的广阔的海上大帝国，显赫一时。15世纪末，欧洲新航线开辟以后，大西洋沿岸成为商业重心，威尼斯城市共和国逐渐走向衰落。

贞观之治

唐太宗在位23年，其年号是贞观。唐太宗非常重视历史的经验教训，他说过："以史为镜，可以知兴替。"既而认识到历史上周、秦统治时间的长短取决于统治者本身所实行的政策，周因"惟善是务，积功素德"，所以持久；秦因"恣其奢淫，好行刑罚"，故而短暂。于是，他就从政治、经济等各方面采取各种措施，励精图治，走上富国强民的道路。

唐太宗认为，首先应解决百姓的问题。解决百姓的问题，主要是发展生产，休养生息。他曾下诏停修劳民伤财的洛阳乾元殿，并且表示："后日或以事至洛阳，虽露居亦无伤也。"为了不误农时，他把太子举行冠礼的日子由二月推迟至十月。当时有人提出"用二月为胜"，太宗明确地表示反对说："农时甚要，不可暂失。"另外，他还尽量减轻百姓负担，反对竭泽而渔。贞观元年（627年），山东大旱，太宗下令减免当年租赋。贞观二年（628年），关中

镶嵌镙钿莲花葵花镜　唐

出现旱灾，老百姓有卖子为生者，他命御府出金帛帮他们赎回儿女。贞观三年（629年），免关中二年租税，关东给复一年。此外，他颁布诏书，释放宫女、纵放鹰犬、提倡节俭、淳厚民风、轻徭薄赋，从而缓和了各种社会矛盾，创造一种安全的社会环境，发展了生产，巩固了政权。

唐太宗是一个善于采纳大家意见、明辨是非、择善而从的君主，而且他还能举贤任能，量才适用。只要是有才干的人，不论贵贱，不论从前跟随的是何人，均为其所用。谋臣魏徵原是太子李建成的人，李建成死后被唐太宗视为左膀右臂。魏徵直言敢谏，即使引起太宗大怒也毫不退让。魏徵病逝后，太宗痛哭着说："以铜为镜，可以正衣冠；以史为镜，可以知兴替；以人为镜，可以知得失。魏徵没，朕亡一镜矣。"

在对外关系上，唐太宗采取积极防御策略，以抵抗北方突厥族的不断侵扰。贞观三年（629年），唐太宗派李靖、李勣率军十几万，分道出击，消灭了东突厥，俘获颉利可汗。贞观八年（634年），又遣大军进攻吐谷浑，大获全胜，解除了对河西各州的威胁。平定东突厥之后，唐太宗采取广设羁縻州府、安置降众的政策，不仅消除了边患，而且缓和了民族矛盾。唐太宗还派遣文成公主与吐蕃和亲。

此外，他还审察建立新的法令，反对严刑峻法，要求它相对的稳定，认为"法令数变，则吏得为奸"，这样就给了贪官污吏以可乘之机。

唐太宗从经济、政治、民族关系等各方面采取积极的政策，促进了经济的发展、政治的安定、民族关系的改善，从而使社会出现了一个安定祥和的环境，史称"贞观之治"。

朝鲜半岛的统一

早在公元前4世纪至前3世纪，朝鲜半岛北部就出现过一个古朝鲜。公元前194年，燕人卫满灭古朝鲜建立卫氏朝鲜。公元前108年，汉武帝灭卫氏朝鲜，在该地区设置了乐浪、玄菟、临屯、真番四郡，并派驻太守进行统治。公元3

世纪初期，东汉王朝灭亡，中国东北一个边疆少数民族政权高句丽兴起，并于公元4世纪初灭了乐浪郡，在其北与中原王朝展开领土之争，在其南与百济、新罗长期争战不休，形成朝鲜历史上的"三国时代"。在这个时期，当高句丽和百济争雄时，地处朝鲜半岛东南一隅的新罗乘机与隋、唐王朝媾和。因此当高句丽与百济发现新罗已构成对他们的威胁时，便联合向其展开进攻。新罗于是求助于当时的唐朝，在唐朝的协助下，676年新罗完成了朝鲜半岛的统一。

朝鲜半岛统一后，类似于中国的封建制度便很快建立起来。他们首先形成了土地国有制，687年又颁布实寿禄邑制，由国家对文武官员授予一定数量的收租地作为禄邑。这一制度的实行，导致了土地兼并的发展。于是，722年，开始推行丁田制，对15岁以上的男性公民一律授予一定数量的土地，分为口分田和永业田，前者限于本人终身享用，不得买卖或转让；后者，可以世袭。农民因此而被附着于土地上，成为缴纳田租、贡品和担负各种徭役的国家依附民。封建土地制度在全国确立起来后，为适应封建制度的需要，新罗还参照唐朝的政治制度，建立起了一套比较完善的中央集权的国家体制。

新罗末年，国势衰微，农民起义连绵不断，地方封建势力割据。918年，弓裔部将王建夺得政权，改国号高丽，建立高丽王朝，定都开京。936年，重新统一朝鲜半岛。高丽王朝实行中央集权制，976年，实行田柴科制，即按不同等级分赐土地，以加强中央集权。并设有一套完整的官僚机构，中央掌握着一支强大的常备军。10世纪末和11世纪末，高丽3次击退契丹入侵，捍卫了国家独立。12世纪为高丽最强盛时期，政治稳定，经济、文化高度繁荣。12世纪后期起土地兼并重新盛行，田柴科制被废除，爆发了席卷全国的农民大起义。1258年投降蒙古，蒙古于1280年在高丽设立征东行省。1368年，明朝推翻蒙古贵族统治，有力地支援了高丽人民争取独立的斗争。1392年，高丽王朝大将李

·田柴科颁行·

976年，高丽王朝将全国可耕地和山林进行登记，将部分土地和山林按等级分给文武官吏和府兵。文武百官按"人品"（身份）分为79品，给予田柴(田为耕地，柴指烧柴林)。国家把土地的收税权授予受田者，只限当代，不得世袭。后又颁布了公廨田柴制度，国家各机关都分得土地收税权，用作行政经费。田柴科的颁行确立了高丽王朝对全国土地的支配权，成为专制集权国家体制有力的物质基础。

成桂发动政变，废高丽末王，改国号为朝鲜，建立李姓王朝（1392~1910年）。

日本的幕府统治

日本是个群岛国家，位于太平洋西侧，其领土由北海道、本州、四国、九州四大岛和许多小岛组成，与亚洲大陆隔海相望。

大约五六千年以前，日本出现新石器文化，因其代表性文物为手制的带有绳形纹饰的黑色陶器，故又被称为"绳纹文化"。公元前1世纪，日本的西部发展出一种称作"弥生文化"的新文化，其代表性文物为轮制的褐色陶器。公元2世纪时，奴隶制国家邪马台国在九州北部出现。至公元3世纪时，日本进入小国并立的割据时代。

日本的封建制度是在中国唐朝的影响下建立起来的，但在以后的发展过程中却又表现出许多类似欧洲封建制度的特点，走上了与中国截然不同的道路。

公元5世纪时，兴起于本州中部的奴隶制国家大和统一了日本。大和在与中国的交往过程中，逐渐建立起自己的封建制度。起初，大和通过朝鲜与中国保持着间接的接触。后来，推古女皇（592~628年在位）于593年立厩户皇子为太子（圣德太子，574~622年），随之将国家管理大权交给他，于是太子开始推行一系列改革措施。这些改革中最重要的一条就是建立了与中国隋王朝的直

圣德太子

接联系，派遣留学生到中国学习先进的文化，这为日本后来的发展奠定了基础。645年，深受留唐学生影响的中大兄和中臣镰足发动政变，消灭了专横跋扈的苏我氏势力，推举孝德天皇即位，建年号大化。646年，孝德天皇正式颁布改革诏书。因这场改革开始于大化年间，所以史称"大化革新"。

大化革新的主要内容有：第一，在政治上将贵族的官职世袭特权废除，建立中央集权的国家制度。第二，在经济上废除部民制，实行国民户籍制和土地国有制。第三，实行班田收授法，推行租庸调制。

大化革新确立了以封建土地国有制为基础、以天皇为中心的中央集权政治体制。这种改革虽然使日本走向富强，但也留下了瓦解这一制度的因素。主要原因如下：其一，班田农民负担过重，不堪忍受。其二，它没有从根本上消除土地私有制。到8世纪末，班田制便近废弛，日本就出现了类似西欧封建社会的庄园和武士阶层，走上了不同于中国封建社会模式的发展道路。

地方豪强为了保护自己的庄园，在血缘关系和主从制的基础上，将自己家族和仆从中的青壮年武装起来，成为武士。11世纪，无数分散的武士逐渐形成地域性的武士集团，其中最强大的关东源氏和关西平氏集团之间发生了激烈的武装冲突。1185年，源氏打败平氏取得中央政权。1192年，源赖朝被任命为"征夷大将军"，在镰仓建立幕府（1192~1333年），表面上尊重天皇统治，实际上已是天皇之外的新政府。从此，日本进入军事封建贵族专政时期（1192~1868年）。

镰仓幕府建立了以幕府将军为首的中央集权统治体制。幕府在中央设政所、侍所和问注所，分管全国的政治、军事和司法大权。而在地方上，幕府将军派武士担任守护和地头。1336年，足利尊氏自任"征夷大将军"，建立起日本历史上的室町幕府（1336~1573年），室町幕府时期战乱不断。战国时期

· 日本神道与天皇制 ·

日本神道起源于日本先民的自然崇拜。自然物如山川、草木、鸟兽被赋予了神性，形成原始的日本神道。对太阳的崇拜逐渐演化成对"日照大神"的崇敬，太阳也成了日本国民精神的象征。古神道理论认为，宇宙由诸神居住的上天和包含神灵出生的八大洲，即日本人生息地和草原国，以及恶鬼生活的地下构成。到公元3世纪至6世纪期间，日本形成八色之姓，日本天皇的威势等同于"真人"，是神的化身，朝礼天皇祖先"御灵"也等于朝礼"八百万神"。这也形成了日本历史上的天皇制度。在《日本书纪》和《古事记》中，有由太阳崇拜发展而来的融合了中国宗教神话和比附天皇谱系的神话，即"天皇开国"的记载。到公元8世纪，天皇制终于定型确立。明治维新期间，神道成为国家神道，日本亦演变成"神国"，神道成为维护万世一系的天皇统治和万邦一体的天皇国体的理论依据。同时，明治政府也强调"祭政一致"，将国家神道分为"官社和民社"，官社神职人员由皇族充任，后者则是民间组织。1879年，日本靖国神社建立，祭祀阵亡将士，有关经费由政府拨给。日本侵略朝鲜和东南亚后，也先后建立了朝鲜神社、昭南神社等。1940年，日本天皇在异域采用了"神武纪年2600年"这一概念，"圣战"也成了美化侵略战争的借口。日本投降后，在各国的压力下取消了"神祇院"。国家与神道分裂。

（1467~1573年），各守护大名之间更是混战不休，一些在地方上拥有实权的幕府中下级武士和国人领主趁机扩充各自的武装力量，形成了独立于幕府体制之外的大封建主（战国大名）。战国大名采取"富国强民"的政策，励精图治，积极发展经济，渐渐发展成一股统一的力量。1573年，尾张国大名织田信长战败36个战国大名后进入京都，推翻了室町幕府的统治。1590年，织田信长的部将丰臣秀吉，完成了全国的政治统一。1603年，丰臣秀吉的部将德川家康任"征夷大将军"，在江户（今日本东京）设幕府，这便是日本历史上著名的江户幕府（亦称德川幕府，1603~1868年）。

成吉思汗的大漠帝国

成吉思汗像

蒙古族是中国北方的少数民族，最初在贝加尔湖东部和黑龙江上游一带，唐时称"蒙古室韦"，分为很多部落。到了12世纪时，蒙古族人占据了大漠南北广阔的草原。当时的版图，东起贝加尔湖和黑龙江沿岸，西至额尔齐斯河和叶尼塞河上游，南抵万里长城，北达西伯利亚。蒙古的大多数部落住在草原地带，从事游牧；少数部落住在林区和河畔，以原始的渔猎为生。

12世纪后期，蒙古社会进入高速发展时期，开始经营农业，生产铁制工具，出现了私有制和阶级分化，氏族社会解体。一家一户的个体游牧取代了以氏族为单位的集体游牧方式。部落首领（汗）和贵族（那颜）拥有大量的牲畜和牧场。与此同时，各部落间的掠夺战争日趋频繁。无休止的战争、仇杀，使社会生产和人民生活遭到了严重破坏，上百个分散部落在聚散兴衰中结为几个大的部落集团。

13世纪初，出生于乞颜孛儿只斤部的铁木真（1162~1227年）开始了统一蒙古草原的战争。从1200年到1207年的8年之中，他先后征服了塔塔儿、克烈、乃蛮和蔑儿乞部落，实现了蒙古各主要部落的统一。

1206年春，蒙古草原各部落首领在斡难河畔召开大会，会上推举铁木真为大汗，尊号"成吉思汗"。这使世代饱受战乱之苦的蒙古草原各部落过上了相对安定的生活，并逐渐融合为一个民族。

成吉思汗制定了一套完整的统治制度，将行政、军事和生产合为一体。他将居民分为十户、百户、千户和万户，分别由成吉思汗的亲属和开国功臣担任十户长、百户长、千户长和万户长，统一管辖。分封制打破了氏族部落的血缘关系，按地域划分人口和行政建制，巩固了蒙古的统一，也使封建关系逐步建立起来。

成吉思汗还组建了一支直接归他

在骑马飞驰之际扭身射箭，蒙古猎手的灵活与火器使他们在欧亚战场上成了无敌的草原神兵。

指挥的常备军——护卫军，这是一支职守明确、制度严格、装备精良的队伍。全蒙古的青壮年男子，一律为兵，由各级长官统领，实行军政合一的制度，平时生产，战时作战。

1205年、1207年、1209年，蒙古3次向西夏进攻，西夏战败求和，向蒙古纳贡称臣。1218年蒙古灭掉西辽。随后，又进行了3次大规模西征。1219~1225年，成吉思汗亲率20万大军，进行第一次西征。当时中亚大国花剌子模国内部矛盾重重，封建主各据一方，不能协同作战。蒙古军队势如破竹，1222年便灭掉了花剌子模，占领整个中亚。然后挥师北上，越过高加索山，进入顿河流域的草原地带，一举击败了当时的突厥人和俄罗斯王公联军，但在进攻伏尔加时，被保加利亚人打败。1225年，成吉思汗率兵经里海回到阔别近6年的故乡。1227年7月，成吉思汗在西夏病死，但蒙古秘不发丧，待西夏国王投降被

在这幅波斯绘画中，展现了穿着铠甲的冲突双方交战的场面。

·马上的天下·

蒙古族迁徙、征战均依赖于马匹，马匹在他们的生活中有重要地位，因此蒙古族人被称为"马背上的民族"。他们知道马匹对自己的重要性，所以对其格外爱护。在速不台攻篾儿乞之前，成吉思汗就对他进行叮嘱"要爱惜乘马……平时行军……马辔也要摘掉，这样才能爱护战马"，如果有人违此命令，是熟人遣回，不认识的人斩首。成吉思汗对马匹的爱护超乎我们想象。同时，他们用各种织纹装饰马鞍，这样既显出自身的威严与地位，对马本身也起了保护作用。而且，在长期的生活和战争中，蒙古族积累了丰富的驯养马匹的经验，并逐渐形成一套行之有效的规章制度，违者重罚。这样就让他们的马匹永远矫健雄壮，才能让成吉思汗东征西战，雄跨欧亚。

处死后，才发丧北归，而立国近200年的西夏，也至此灭亡了。

英法议会政治

议会政治是指国会或类似的代议机构在一国的政治生活中居于重要地位。中世纪时期，英国、法国、尼德兰、卡斯提、阿拉冈及卡斯提与阿拉冈联合后组成的西班牙，议会政治已开始存在。英国是实行封建议会政治的典型国家，它的议会政治源于《自由大宪章》和《牛津条例》的制定。

《自由大宪章》制定于1215年。国王约翰登上英国王位后与法国发生了战争，为了筹集战争军费，约翰向各封建主征收款项，规定不交或迟交即受罚款。这种专横的做法引起了世俗贵族的不满。加上约翰一向专横暴戾，勒索无度，也触犯了中小贵族和市民的利益。大封建主利用人们对约翰的不满，在市民和骑士支持下组织武装，进攻伦敦，迫使约翰于1215年6月签署了《自由大宪章》。主要内容如下：保障教会教职人员的选举自由；保障贵族、骑士的领地继承权，未经"王国大会议"同意，国王不得向直属附庸征派补助金和盾牌钱；国王不得干预封建主法庭司法审判权；未经贵族的判决，国王不得任意逮捕或监禁自由人或没收他们的财产。同时，少数条款还确认城市已享有的权利、保护商业自由、统一度量衡等。还规定，国王如果违背宪章，贵族有权对国王

英国国王约翰像

使用武力。1258年，英国大贵族们又在牛津开会，通过了进一步限制王权的决议——《牛津条例》。《自由大宪章》和《牛津条例》的制定，在英国历史上具有重大而深远的意义，它首次打破了法律高于王权的原则，初步提出了组成国会管理国家的思想，奠定了英国封建社会制税原则的基础，纳税主体有权决定纳税事宜。

《自由大宪章》和《牛津条例》签署后，国王约翰和他的继任者都没有诚意遵守，人们于是继续进行斗争。1263年，勒斯特伯爵西蒙·孟福尔联合骑士和市民打败并俘虏了国王。1265年，英国召开了由封建贵族、主教及各郡骑士代表和各大城市市民代表参加的封建主大会。1295年，英王爱德华一世为筹集军费召开国会，出席会议的社会成分和1265年会议完全一致。此后国会经常召开会议，并以1295年的国会为榜样。于是1295年的国会被称为"模范国会"。1297年，国会正式获得了批准赋税征收的权力。14世纪初，国会又获得了颁布法律的权力，同时成为王国的最高法庭。英国国会从1341年起，又分为上、下两院。上议院由教俗贵族组成，下议院由地方骑士和市民代表组成。至此，等级代表会议与国王相结合的统治形式在英国正式确立。

法国中世纪的三级会议在存在形式和开会方式上与英国国会有所区别，但对王权的制衡作用也是相当明显的。

1302年，法王腓力四世与教皇发生冲突，为了寻求社会各阶层的支持，于是召开了法国历史上第一次三级会议。会议由高级僧侣、贵族和市民三个等级的代表组成，会议召开方式是由国王召集，三个等级分别开会，每个等级只

·《自由大宪章》·

《自由大宪章》是英国封建专制时期宪法性文件之一，也称《大宪章》，是1215年6月15日英国贵族胁迫约翰王在兰尼米德草原签署的文件。文件共63条，用拉丁文写成。多数条款维护贵族和教士的权利，主要内容有：保障教会选举教职人员的自由；保护贵族和骑士的领地继承权，国王不得违例征收领地继承税；未经由贵族、教士和骑士组成的"王国大会议"的同意，国王不得向直属附庸征派补助金和盾牌钱；取消国王干涉封建主法庭从事司法审判的权利；未经同级贵族的判决，国王不得任意逮捕、监禁任何自由人或没收他们的财产。此外，少数条款涉及城市，如确认城市已享有的权利、保护商业自由、统一度量衡等。《自由大宪章》是对王权的限定，国王如违背之，由25名贵族组成委员会有权对国王使用武力。《自由大宪章》后来成为近代资产阶级建立法治的重要依据之一。

正在举行加冕仪式的爱德华一世

有一票表决权。法国三级会议的职能是国王要征收新税，事先必须经过三级会议同意；监督赋税的开支及国家有关和战等重大问题，都要交由三级会议讨论。

与英国、法国的代议机构相类似，尼德兰、卡斯提、阿拉冈及从斐迪南到查理一世统治时期的西班牙的议会也有限制王权的作用。

总而言之，西欧各国大多自中世纪中期就形成了制约王权的议会政治，它们与东方集权专制国家在行政制度上的区别是非常明显的。

英法百年战争

1337年，英国对法国宣战，战争断断续续，直到1453年才宣告结束，史称"百年战争"。

1328年，法国卡佩王朝国王查理四世没有子嗣，死后王位被瓦洛亚家族的腓力六世继承。查理四世是腓力四世的儿子，腓力四世外孙、英王爱德华三世想以外孙的名义继承王位，法国贵族予以拒绝。矛盾由此激化，导致战争爆发。王位继承问题实际上只不过是战争的导火线，战争的真正目的在于争夺领土。另外，弗兰德尔的归属问题也一直是两国矛盾的焦点。

1337年11月，英王爱德华三世率军入侵法国。对于岛国英国来讲，制海权是入侵法国成败的关键。1340年6月，爱德华三世率领250艘战舰约1.5万人攻击斯鲁斯海里的法国舰队。法国舰队接到消息后急忙出海迎战，拥有380艘战舰和2.5万人的法国舰队向英舰队压过来。爱德华三世不敢硬碰，为诱歼法军，英舰队开始有条不紊地佯退。见英军要逃，法舰队急速追击，阵形开始紊乱。英军舰队突然掉转船头，向法军冲去。虽然数量处于劣势，但英国海军更擅长海战。他们弓箭齐发，投掷物像暴雨一样砸向敌船。英国的小船在法军舰船中来回穿梭，寻找时机破坏敌人船桨。法国舰船失去灵活性，企图逃跑，但未能逃脱英军的追击，几乎全军覆没。英国夺得了制海权，为陆上战争解除了后顾之忧。

左图为法王腓力四世在位时发行、爱德华三世从1344年开始铸造的首批金币；右图为纪念1340年斯鲁斯海战中英军胜利而铸造的金币。

1346年，丧失海军的法王腓力六世大怒，他将自己精锐的重装骑兵派到前线。当时的英国以步兵为主，没有与之相抗衡的骑兵。法王想让强硬的马蹄使英军粉身碎骨，号称6万余人的法国骑兵在克雷西与2万英军步兵相遇。爱德华三世命令部队放慢进攻速度，引诱敌人来攻。当两队尚有一定距离时，英军强弩手发出的箭雨齐向法国骑士飞去。原来，英军为对付身披铠甲的骑士，偷偷制造了一种秘密武器"大弓"，这种弓箭射程远，射速快，精确度高，能在较远处射穿骑士的铠甲。法军被箭雨打乱了阵脚，溃不成军。英国步兵抓住时机猛攻上去，与敌人展开白刃格斗。身着笨重铠甲的法军陷入了被动，很快被英军击败。英军控制了陆上进攻的主动权，一举占领了法国的门户诺曼底，不久又攻占了重要港口加莱。英国的弓箭让法军吃尽了苦头，从卢瓦尔河至比利牛斯山以南的领土都为英国人所有。

为抵抗英国的侵略，夺回丧失的土地，法王查理五世改编军队，整顿税制，还任命迪盖克兰担任总司令。迪盖克兰指挥法军避开英军的锋芒，采用消耗、突袭和游击战术，发挥新组建的步兵、野战炮兵、新舰队的威力，使英军

"百年战争"中发生在斯鲁斯港口外的大规模海战。

·阿金库尔战役·

　　阿金库尔战役发生于1415年10月25日，是英法百年战争中著名的以少胜多的战役。1415年8月，英王亨利五世率军约6000人在塞纳河口登陆后向加来进军。法国军队在加来以南阿金库尔要塞奉命截击。英国装备了英格兰长弓的弓箭手按照楔形分布，骑兵全部下马作战，阵前设置尖头栅栏，以阻挡法国骑兵冲击。法国骑兵首先发起进攻，但泥泞的土地给骑兵前进带来了很大困难。英国弓箭手集中射击法国骑兵的马匹，身穿沉重盔甲的骑士纷纷落马，结果打乱了从后面冲上来的法国步兵的阵形，使他们也遭到了英国弓箭手的射击。少数冲到英军阵前的法国骑兵遭到了英国步兵的顽强抵抗，被全部消灭。随后，英国弓箭手手持短兵器和步兵一起冲锋，将陷在泥潭中行动不便的法国骑兵全部消灭。这场战斗的结局改变了英国人在英法战争前期的被动局面，从此以后英军节节胜利，直到贞德出现。

节节败退，陷入困境。法国趁势夺回大片领土，并恢复了骑兵。

　　可是，法国内部矛盾日益加剧，贵族争权夺利，农民起义不断。刚登上英国王位的亨利五世乘机重燃战火，不久法国的半壁江山又落入英军手中。英军继续向南推进，开始围攻通往法国南方的门户要塞奥尔良。法国贵族却没有一个敢去解围。

　　农民出身的少女贞德经过一番波折，成为解救奥尔良的统帅。她以"神遣的救国天使"名分，手持一把剑和一面旗帜带领法军冲进英军营中。她身先士卒，把旗帜高高举起。贞德的勇气鼓舞着法军，他们顽强拼杀，一次次击败英军的进攻。为攻下英军最后一个堡垒，贞德高举旗帜第一个爬上云梯，但不幸被箭射中而掉落下来。但她顽强地站起来，又冲了上去。守城的士兵出城支援，一举击溃英军。被围困长达7个月之久的奥尔良城得救了，贞德成为法军的灵魂。1430年，在康边附近的战役中，贞德为勃艮第人所俘，以4万法郎的价格卖给英国人。1431年5月24日，贞德在鲁昂被宗教法庭以女巫的罪名处以火刑。"圣女贞德"的死激起法国军民的普遍愤怒，他们奋勇打击英军，接二连三地收复北方失地。1453年，英军在波尔多决战中全军覆没。法国随之收复了除加莱港之外的全部领土，取得了战争的最后胜利，英法百年战争至此结束。

❧ 水上城市威尼斯 ❧

　　威尼斯城最早建在长约3.2千米、宽约1.6千米的群岛和泥滩上，直到5世纪中叶，这里还只是个不起眼的小渔村。568年伦巴底人入侵北意大利时，许多大陆居民被逐往泻湖诸岛并建立较大的居民区。7世纪中叶，这里成为一个独立的政治实体，被称为拜占廷威尼斯群岛。310年，查理大帝之子丕平率航队占领威尼斯，随即又被拜占廷夺回。第二年，双方订立和约，查理大帝承认威尼斯为拜占廷疆土，并允许威尼斯在半岛大陆上享受贸易权利。因威尼斯处于拜占廷帝国境内，与君士坦丁堡的经济联系密切，并能充分利用与东方恢复贸易的有利条件，经济实力得以迅速增长，9世纪40年代，威尼斯脱离拜占廷成为独立的城市共和国。

这个12世纪拜占廷风格的金银香炉见于威尼斯圣马克教堂。

9~10世纪，威尼斯在地中海上极为活跃。除从事东西方商品贸易外，威尼斯商人还将欧洲的基督徒贩运到阿拉伯帝国卖为奴隶，从中获取巨额利润。其领土也迅速扩张至达尔马提亚，并控制了通往巴勒斯坦的海上通道。战争给威尼斯突飞猛进的扩张又带来了时机，它乘机在地中海东岸夺取了西顿、推罗等港口，并将之作为对东方的贸易据点。

威尼斯是由商人贵族进行统治的国家，最高权力机关大议会设立于1063年，由4800人组成，具有立法权和监察权。1171年，这个议事会选举任命了总督。1297年，威尼斯又通过立法形式明确规定，只有名列"黄金簿"的几百家大贵族才有资格选举大议会的议员，只有以往4年中是大议会成员的人才有资格当选。大议会成员除非是世袭，除此之外不再增加新的成员。国家的行政权属于从大议会中选出的小议会，小议会又称"元老院"，由120名议员组成。城市共和国的一切重大行政措施和宣战、媾和等决策，都由小议会决策。国家元首即总督，由选举产生，为终身制。

威尼斯城市共和国的商人贵族的世袭统治曾遭到中下层市民的反对。1310年，以提埃波洛为首的下层市民举行起义，但遭到了市政当局的镇压。此后，威尼斯成立了一个由10人组成的治安委员会，秘密监视上自总督下至一般市民的一切"非法"行为。对被告人的审讯和判决都在秘密中进行，对于那些被认为是威胁共和国安全的人或实行暗杀，或关入"铅牢"。

15世纪末，随着新航路的开辟，商业重心转移到了大西洋沿岸，威尼斯城

市共和国随之走向衰落。

玛雅文化

玛雅文化发源于今中美洲的洪都拉斯、危地马拉、墨西哥的尤卡坦半岛一带。公元前10世纪，玛雅人过上了定居的农耕生活。他们从野生植物中培育出马铃薯、玉米、南瓜、番茄、棉花、辣椒、可可和烟草等多种农作物，学会了养蜂取蜜、饲养家畜，并能制造各种石制工具和金银饰品。

公元元年前后，在尤卡坦半岛南端贝登·伊查湖（今危地马拉的贝登省）的东北部，玛雅人的奴隶制城邦逐渐形成，到公元9世纪末，仅有文字记载的城邦就有110多个。城邦的首领称为哈拉奇·维尼克（意为"大人"），他独揽国家大权，职位采取世袭制。贵族与僧侣占有大量土地和奴隶，奴隶可以买

玛雅士兵雕像

卖。农民要负担许多徭役和贡赋。公元9世纪末，尤卡坦半岛的玛雅城邦突然不明原因地衰落了。

10世纪，一些新的城邦又相继建立，考古学家将这些城邦称为"新国"。

·奇琴伊察·

奇琴伊察是玛雅文明后古典期（900~1520年）的重要城市。"奇琴伊察"就是"伊察人之井边"的意思。所谓"伊察人"，其实就是北迁来到尤卡坦半岛的玛雅人。他们在这里建造了奇琴伊察这座祭祀和生产中心，后来便发展为新帝国的首都，使已走向衰败的玛雅文明一度出现复兴。

在奇琴伊察城市中心有一座以羽蛇神库库尔坎命名的金字塔。金字塔的北面两底角雕有两个蛇头。每年春分、秋分，以及每天太阳落山时，可以看到蛇头投射在地上的影子与许多个三角形连套在一起，成为一条动感很强的飞蛇，象征着在这两天羽蛇神降临和飞升。因此，这座沉浸在狂热信仰中的城市，又被称为"羽蛇城"。1441年，统治着尤卡坦半岛东部和北部长达2个多世纪的奇琴伊察被西班牙人占领。从那以后，显赫一时的"羽蛇城"渐渐被荒野丛林所吞没。

400多年后，美国人爱德华·赫伯特·汤普逊发现了这座被遗弃了的城市。

公元10世纪，奇琴伊察南部兴起了新城邦玛雅潘。两个世纪以后，玛雅潘强盛起来，1194年击败奇琴伊察等城邦，在尤卡坦半岛取得霸主地位。后来奇琴伊察人占领了玛雅潘，两种人混合形成玛雅人。1441年，依附于玛雅潘的乌希马尔等城邦起义，使玛雅潘大为削弱。1485年，玛雅潘在都鲁姆建立最后一块石柱碑，玛雅人历时1200多年的立碑纪年法至此中断。15世纪中叶，西班牙人入侵尤卡坦半岛，玛雅文化遭到严重破坏。

玛雅文化的卓越成就在天文历法、数学、文字、建筑等方面都有所表现。由于种植的需要，玛雅人很早就注意观测天象，能推算出月亮、金星和其他行星的运行周期及日食、月食的时间。他们创造的太阳历，得出一年为365.2420天的精确数据，比现在的365.2422天相差只有万分之二。玛雅人在数学上创造了20进位制。各种数目只用三种符号表示：黑点是1，短线是5，贝壳图形是0。玛雅人对"0"的概念比欧洲人早800年。

玛雅人早在公元初就创造了自己的象形文字，这种文字既表音又表意，每个字都用方格式环形花纹围起来。玛雅人还用毛发制笔，用榕树皮做纸，写

蒂卡尔一号神庙遗址

早在公元前9世纪蒂卡尔已经形成村落，公元前6世纪开始建立城邦，直到公元前3世纪，这里一直是玛雅人重要的祭祀中心。

下了大量书籍，内容有诗歌、历史、神话、戏剧、天文历法等，后大多被西班牙殖民者焚毁。玛雅人还有立碑记事的传统，各邦每隔20年竖一块石碑，把发生过的重大事件刻记下来。已发现的记年碑刻表明，玛雅人这一传统保持了1200多年，直到西班牙人入侵才中止。

玛雅人的代表性城市建筑有蒂卡尔、奇琴伊察、乌希马尔等。位于危地马拉东北的蒂卡尔是最早的玛雅文明遗迹。它建造于公元前6世纪，其文明持续了1500余年。中心广场诸多的金字塔表现了玛雅奴隶制统治的严厉与庄严。其中，有一座75米高的金字塔，是美洲印第安人古代最高的建筑。

玛雅文明的表征是金字塔建筑。位于墨西哥城东南的帕伦克的金字塔，是神庙与陵墓合一的，与附近的王宫和神庙体现着一种庄重而威严的神采。有趣的是，金字塔顶的神庙有点像中国的宫殿。

❧ 奥斯曼帝国 ❧

奥斯曼土耳其人是西突厥人的一支，原来在今蒙古国西部直至中亚的广大草原地区生活。13世纪初，为躲避蒙古强大的军事进攻而迁至小亚细亚，其酋长埃尔托格鲁尔从罗姆苏丹国接受了位于萨卡里亚河流域靠近拜占廷边境的一块很小的封地。其后，罗姆苏丹国在蒙古人的攻战中解体，埃尔托格鲁尔的儿子奥斯曼（1282~1326年）继承首领职位，趁机扩大势力，打败了邻近的拜占廷军队，宣告奥斯曼土耳其人独立并建国。

奥斯曼独立后，仿效塞尔柱人的军事采邑制，分封土地，使封建关系逐渐建立，同时也刺激了奥斯曼土耳其人的对外扩张。奥斯曼的儿子乌尔汗统治时

奥斯曼帝国挺进东欧，欧洲的骑士精神之花被击溃。这是奥斯曼军队在多瑙河与匈牙利军队展开战斗的情景。

期（1326~1359年）建立了常备军，并依靠这支军事力量，吞并了原来罗姆苏丹国的土地，继而又把矛头指向海峡对岸的欧洲，首当其冲的是东罗马帝国。

1326年，奥斯曼土耳其人轻取布鲁萨城，并将都城迁到这里。1331年攻克尼西亚城，1337年又占领尼科米底亚，从而征服了东罗马帝国在小亚细亚的全部领土，奠定了奥斯曼土耳其帝国的基础。1345年，东罗马帝国内部因王位之争发生内乱，乌尔汗利用其矛盾与东罗马皇帝结盟，取得了掠夺巴尔干半岛的特权。1354年，奥斯曼土耳其人渡过达达尼尔海峡，占领了加利波里，并以此为阵地，大举向东南欧地区进攻。穆拉德一世统治时期（1359~1389年）对外扩张进入一个新的阶段。1362年占领亚

这是一幅15世纪的法国油画，描绘奥斯曼土耳其人在君士坦丁堡城外安营扎寨、准备围攻拜占廷首都的情景。该城的陷落标志着拜占廷帝国的结束，同时巩固了奥斯曼土耳其人在中东的霸主地位。

得里亚堡，不久在此地建都，遂切断了君士坦丁堡与欧洲大陆的陆上通道，使之变成了一座孤岛。接着转向对保加利亚、塞尔维亚等地进攻。巴叶齐德时期（1389~1403年），奥斯曼土耳其人在科索沃战役中打败了巴尔干各国联军，吞并了塞尔维亚，之后又征服了保加利亚、阿尔巴尼亚等国，震动了整个欧洲。到14世纪末，巴尔干半岛绝大部分土地被纳入奥斯曼帝国统治之下。

15世纪，帖木儿帝国的扩张对奥斯曼在亚洲的统治构成直接威胁。1402年安卡拉一役，奥斯曼军队一败涂地，苏丹巴叶齐德被俘而死，帝国进入内乱时期。

15世纪中后期，奥斯曼土耳其人又掀起新的扩张高潮。1453年初，苏丹亲率步兵7万多，骑兵2万多，战舰320艘，从海陆两面围攻君士坦丁堡。

君士坦丁堡位于博斯普鲁斯海峡西岸的一个海岬上，地势险要，东、南临马尔马拉海，沿海地区筑有防御工事，北面金角湾入口处有铁链封锁，西面

·土耳其近卫军·

1326年，奥斯曼土耳其帝国创立近卫军。这支部队拥有12000名精锐士兵。直到1923年帝国崩溃，它一直都是帝国军队最重要的组成部分，是苏丹的护卫。它的成员来自从奥斯曼土耳其帝国统治下的巴尔干半岛的基督徒中挑选的10岁左右的小男孩，土耳其人将他们带到土耳其的军事学校中进行长达十几年的严格训练，到二十四五岁的时候，他们就正式在军队中服役了。土耳其近卫军凭借超强的战斗力、严密的组织、优秀的战术素养、狂热的信仰，成为土耳其帝国的精锐部队。在土耳其帝国的扩张战争中，近卫军立下了汗马功劳。

后来，近卫军在土耳其国内的势力越来越大，很多近卫军将领成了地方军事长官，甚至成了随意废立苏丹的力量。

是陆地，筑有城墙和壕沟。城内军民据险防守，誓死抵抗，奥斯曼军队一时难以取胜。苏丹采纳了一条建议，以保障热那亚商人在加拉太的商业特权为条件，买通热那亚商人。在加拉太，土军用坚厚的木板铺设了一条道路，板面上涂抹大量的油脂、洋油，以减少摩擦，土耳其战舰通过这条特殊的航道，运入了金角湾，土军由此完成了对君士坦丁堡围攻的布置。

1453年5月29日，土耳其人占领君士坦丁堡全城。君士坦丁堡的陷落，标志着延续1000多年的东罗马帝国的灭亡。随后，土耳其把君士坦丁堡改名为伊斯坦布尔，奥斯曼帝国从此进入了更加兴旺与强盛的时期。

开辟欧亚新航线

自从《马可·波罗游记》在欧洲流传以来，欧洲人一直把东方，特别是中国看成是遍地黄金的人间天堂，所以希望到东方去实现黄金梦的人比比皆是。

此前，西方通往东方的重要商路有3条：一条在北部，经小亚细亚、黑海、里海至中亚细亚；一条在中部，从地中海东岸经两河流域至波斯湾，再从海路到达东方各地；还有一条在南部，经埃及的亚历山大港到红海，再从海路到东方。北部的一条被土耳其人占据着，另外两条被阿拉伯商人控制着。长期以来，欧洲的贵族和商人迫切希望开辟一条绕过地中海东岸，直接到达中国和印度的新航路。

达·伽马画像

最先探寻通往印度航路的是葡萄牙人。1415年，葡萄牙人攻占了直布罗陀海峡南岸的休达城，建立了第一个殖民地。在后来的70年间，他们从未停止沿非洲西海岸向南探险，并先后到达佛得角、几内亚湾、加纳海岸、刚果河口和安哥拉，为远航印度做了充分的准备。

1486年，葡萄牙人迪亚士带领3艘轻便帆船开始远航。第二年抵达非洲最南端的海角，将其命名为"风暴角"，后由葡萄牙国王改名为"好望角"，意为通往印度的希望之角。1497年7月8

新航线的开辟大大激发了航海家们的探索热情。

日，达·伽马率领4艘帆船从里斯本出发，沿迪亚士当年走过的航线南行，于11月到达好望角。接着沿非洲东岸北航，在次年3月1日抵达莫桑比克。4月，由阿拉伯水手引航，从肯尼亚的马林迪横渡印度洋，并于5月20日抵达印度西海岸的卡利库特城，这是人类历史上首次完成从西欧绕过非洲来到东方的航行，从而开辟了欧亚之间的新航路。

阿兹特克文化

9世纪末10世纪初，正当玛雅文化转向衰落时，托尔特克族印第安人征服了墨西哥盆地，创造出引人注目的托尔特克文化，后起的阿兹特克人又吸收了托尔特克人的文化成分。

阿兹特克人原在墨西哥西部的海岛上居住，据传说战神辉齐波罗齐特利曾给他们这样的启示：如果看到一只鹰站在仙人掌上啄食一条蛇，那就是他们定居的地方。后来，祭司按照神意带领族人定居在墨西哥的特斯科科湖西岸，阿兹特克人称该地为"墨西哥"，意为战神指定的地方。现今，嘴里叼着蛇的雄鹰的图案成为墨西哥国徽。

1325年，阿兹特克人在湖中的小岛上建立了都城——特诺奇蒂特兰城（今墨西哥城）。至孟特祖玛一世（1440~1469年在位）时期，阿兹特克人已经控

这是一本手稿的首页，它向我们讲述了特诺奇蒂特兰城是如何兴盛起来的。图案正中是阿兹特克的标志。

制了整个墨西哥盆地，形成了早期奴隶制国家。阿兹特克国家的权力机关是"最高会议"，由20名氏族首领组成，从中选出两名执政，一个管民事，一个管军事，后者权力较大，被视为神的化身。土地仍为村社公有，但土地私有和贫富分化现象已经出现，战俘和负债人沦为奴隶的现象普遍存在。阿兹特克人的文化受到玛雅文化的影响。农业是主要的经济形式，他们发展了一种独特的农业耕作法——"浮园耕作法"，即在用芦苇编成的芦筏上堆积泥土，浮在水面，然后在这新造的土地上种植作物和果树，利用树根来巩固这些人造浮动园圃。同时也利用湖边的土地种植玉米、豆类、南瓜、西红柿、甘薯、龙舌兰、无花果、可可、棉花、烟草和仙人掌等。狗是他们唯一的家畜，家禽主要是火鸡。

他们能冶炼金、银、铜、锡和青铜。阿兹特克人的制陶技术也很高明，他们制造的陶器是褐地黑纹，纹样多用复杂的几何图案和花鸟鱼虫等题材，质地精良，形状优美。在纺织和织品的图案艺术方面，尤其出色。阿兹特克人的羽绣，用羽毛镶嵌制成的羽毛饰物，精美异常。保存下来的几件作品，虽经数

·特奥地瓦坎城·

在墨西哥历史上被称为"帝王之都"的特奥地瓦坎城位于与墨西哥谷地相邻的特奥地瓦坎谷地。于公元前200年修建，占地20平方千米，它的前身是一个很大的村落。

城中一个南北方向的长方形广场被后人称为"亡者之路"。在其南边，太阳金字塔巍然屹立。太阳金字塔是6层台阶式的建筑，它的塔基是正方形的，全塔高63米，是墨西哥古代建筑中的最高者。它的北面有月亮金字塔，形式与它相差无几。在顶层，都建有神庙。这种金字塔上建"台庙"的形式，在玛雅、印加地区是很常见的。特奥地瓦坎城中，与太阳金字塔相媲美的还有羽蛇金字塔。雨水之神是古代印第安人幸福生活的源泉，也是他们的保护神。这座羽蛇金字塔建造于12世纪，是用石料敷设的，4层的梯级上，一排排羽蛇头像整齐罗列，336个蛇首神采飞扬。

百年，但仍然光泽鲜艳，质地坚固，足见制作技术之精良。

阿兹特克人的历法和象形文字同玛雅人相似。他们将一年定为365.06天，分成18个月，每月20天，每周5天。每天都有特定的名称，如猴日、雨日、海兽日等。阿兹特克人的象形文字书籍与玛雅人几乎遭受同样的命运，多被西班牙殖民者焚毁，保存下来的只有两部"贡赋册"，它是了解阿兹特克人社会生活的宝贵资料。

印第安武士石像

这些高大的印第安武士石像耸立在墨西哥图拉古城的羽蛇神金字塔庙的顶端，曾经是支撑庙宇屋顶的柱石。这是托尔特克文明的产物之一，托尔特克是阿兹特克之前在墨西哥叱咤风云的三大部落之一，他们创造出了令人瞩目的文化，图拉城是他们的首都。

首都特诺奇蒂特兰城集中体现了阿兹特克人的建筑艺术。城市建在两个小岛上，有3条宽阔的长堤与湖岸相连，其中一条长达11.2千米，长堤上架有可以阻敌的吊桥。城内街道整齐，花园遍布，供水系统完备，居民超过10万人，比当时的伦敦、巴黎还要大。全城共建有金字塔神庙40座，位于中心广场的最大一座高达35米，有144级台阶。富人住宅都涂成白色或红色，极为富丽壮观。西班牙殖民者科泰斯率军来侵时，由于各部落不能团结一致，又加上国王孟特祖玛动摇不定和叛徒内奸的叛卖活动，1521年，阿兹特克被西班牙征服。

地理大发现

哥伦布（1451~1506年）出生于意大利的热那亚城。那里航海业发达，年轻的哥伦布热衷于航海和冒险。这些条件为其日后的远航打下了基础。

15~16世纪的欧洲，地圆学说已广为传播。人们相信从欧洲海岸出发一直向西，便可以到达东方。而《马可·波罗游记》又把东方描写为遍地是黄金和香料的天堂。当时的欧洲，随着商品经济的发展和资本主义萌芽的出现，发生了所谓的"货币危机"，即作为币材的黄金白银严重匮乏。许多欧洲人狂热地想到东方去攫取黄金，以圆自己的发财梦，哥伦布便是其中的代表人物。哥伦布自幼就酷爱航海，15岁就跟随货船在地中海上航行。

哥伦布像

哥伦布是意大利著名的航海家，自幼喜欢冒险，为寻找传说中金银遍地的中国和印度，他四次横渡大西洋，并首次发现了美洲大陆，为以后的殖民掠夺打下了基础。

梦想归梦想，去东方在当时可不是一件容易的事。传统的东西方之间陆上贸易通道已被崛起的土耳其帝国隔断，地中海上的通路又为阿拉伯人把持。欧洲人要圆自己的梦，必须开辟新航路。可喜的是，此时中国的指南针业已传入欧洲，而欧洲的造船业也达到相当的水平。这时年富力强的克里斯托弗·哥伦布认为条件已经成熟，决定进行一次远航。

第一次航行并不顺利，首要的问题是找不到赞助者。哥伦布1486年就向西班牙王室提出了自己的设想，直到1491年才获批准。双方签订《圣大非协定》。在西班牙王室的支持下，1492年8月3日，哥伦布率领由3艘船组成的舰队从西班牙的巴罗斯港出发，开始了人类历史上首次穿越大西洋的航行，他们一行共87人，经过两个多月的颠簸，哥伦布一行终于发现了一片陆地，草木葱茏。他们欣喜地上岸，并将其命名为圣萨尔瓦多，意为救世主。这个岛屿就是现在巴哈马群岛中的一个，现名为华特霖岛。这时哥伦布犯了一个错误，他以为已经到了印度就没有再向西航行，而是转道向南，沿着海岸线，陆续到达了今天的古巴和海地。他称这一带的土著人为印第安人（印度人），并了解了他们的风土人情，只是没有得到大量的黄金。

虽然没有直接获取黄金，但哥伦布也不虚此行。他一上岸就与当地的土著进行欺诈性贸易，以各种废旧物品换取他们的珍奇、贵重的财物。而善良的土著人待之如上宾，主动帮助他们适应当地的生活方式，如建筑房屋、采集和狩猎等。这些野心勃勃的殖民者却在站稳脚跟后，对当地人进行疯狂掠夺和残酷的压榨。临走的时候，还掳走了10名印第安人。1493年3月15日，号称"大西洋海军元帅"的哥伦布，在经过240天的远航后，回到出发地巴罗斯港，消息轰动了整个西班牙和欧洲。哥伦布展示了他从美洲带回的金饰珠宝和珍禽异兽，并向人们宣布他已找到去往东方的新航路。哥伦布由此受到国王的嘉奖，顺利地跻身贵族行列。1493年5月29日，西班牙国王颁布命令授予哥伦布新发现的岛屿和陆地的海军总司令、钦差和总督的头衔，并向他颁发了授衔证书。

不久，尝到甜头的西班牙王室让哥伦布再度远航。在第二次航行中，哥伦布到达海地和多米尼加等地区。1498年和1502年，哥伦布又两次航行美洲，扩大了对美洲大陆的探索范围，但始终未能找到中国和印度，也未能给西班牙王室带回他们期望的黄金，因此逐渐被冷落。1506年5月20日，哥伦布在西班牙的瓦里阿多里城郁郁而终。

　　哥伦布发现了美洲新大陆，但直到死也一直认为自己到了印度，今天东印度群岛的名称即来源于此。后来，一个叫亚美利哥的意大利人发现哥伦布到达的不是印度，而是一个原来不为人所知的大陆，这块大陆就以亚美利哥的名字被命名为亚美利加洲（America），简称美洲。美洲的发现开拓了人们的眼界，使世界逐步连为一体，对于扩大世界范围内的交流和推动人类文明进步有一定积极意义；同时也引发了大规模的殖民扩张，为当地的人民带来空前的灾难。

　　麦哲伦，全名费尔南多·麦哲伦，是世界著名航海家，出身于葡萄牙贵族。在他生活的时代，已有哥伦布发现新大陆和达·伽马开辟通向东方的新航道的航海壮举。在前人的激励下，麦哲伦决定做一次真正意义上的环球航行，以实证地圆学说。

　　开始，麦哲伦求助于葡萄牙王室，未果。转而向西班牙国王请求资助。获准以后，麦哲伦率领一支由5艘帆船和来自9个国家的270名水手组成的船队，于1519年9月20日从西班牙塞维利亚港出发，向西驶入大西洋。6天以后到达特内里费岛，稍事休整，于10月3日继续向巴西远航，终于11月29日驶抵圣奥古斯丁角西南方27里格处（里格：长度单位）。之后，船队继续向南，次年的3月才到达阿根廷南部的圣朱利安港。当时的自然条件对航行极为不利，寒冷的天气使得缺衣少食的船员开始怀疑此行的价值，由于人心不稳，还发生了3名船员叛乱的事件。麦哲伦

哥伦布的航海船只复原模型

　　15世纪90年代哥伦布向西航行时，就乘坐这种航船，用直角索具把多桅帆船进行改造。船体中部竖立主桅，并在前桅挂一直角帆。必要时，主桅可向右重新挂起直角帆。

凭借其卓越的领导才能，果断地平息了叛乱，并处死了肇事者。在圣朱利安港一直待到这一年的8月，为的是等待天气的好转。

根据麦哲伦等人的航海日志，船队于1520年8月24日离开圣朱利安港南下，10月21日绕过了维尔京角进入了智利南端的一道海峡（后被命名为麦哲伦海峡）。由于该海峡水流湍急，麦哲伦的船队只得小心翼翼地前进，经过20多天他们才驶出海峡，在此期间有两条船沉没。10月28日，麦哲伦等人出了海峡西口进入"南面的海"，幸运的是在这片海域的110天航行竟然没有遇上过巨浪，故而船员称之为"太平洋"。然后开始了横渡太平洋的艰难历程。由于长时间的曝晒，船上的柏油融化，饮用水蒸发殆尽，食物也变质甚至生了蛆虫。船员无奈之下只得以牛皮绳和舱中的老鼠充饥。许多人因此而丧命，其艰难困苦可见一斑，但最危险的时刻还没有到来。

经过严重的减员之后，麦哲伦的船队于1521年3月抵达马里亚纳群岛中的关岛。在这里船员们获得梦寐以求的新鲜食物，他们感觉自己好像进入了天堂。在这里他们停下来修整了一段时间以恢复体力，之后他们继续向西航行，到达了菲律宾群岛。至此，麦哲伦本人也走到了生命的尽头。

在登上菲律宾群岛的宿雾岛后不久，这些殖民者的真实面目就显露出来。麦哲伦妄图利用岛上两部落的矛盾来控制这块富饶的土地，不料在帮助其中一个部落进攻另一个部落时，被土著人杀死。环球航行面临夭折的危险。幸好麦哲伦的得力助手迪尔卡诺带领余下的两船逃离虎口，他们穿过马六甲海峡进入印度洋，这时仅有两只船，又被葡萄牙海军俘去一只。迪尔卡诺只好带领仅存的"维多利亚"号绕过好望角，回到西班牙的塞维利亚港，这时已是1522年9月6日。经过3年多的航行，原来浩浩荡荡的船队只剩下一艘船和18名船

·麦哲伦海峡·

麦哲伦海峡位于南美大陆南端的火地岛、克拉伦斯岛、圣伊内斯岛之间，东连大西洋，西通太平洋，东西长580千米，南北宽3.3~33千米。海峡分为东、西两段，中间是弗罗厄德角。西段入口宽为48千米，最窄的地方仅有3.3千米，水深可达1000多米。两岸都是陡峭的冰山，景象蔚为壮观。东段转为开阔但水势浅，最浅处水深不足20米，两岸则是茵茵绿草，风景怡人。统观麦哲伦海峡，正处于南纬50°左右的西风带。因此海峡经常是大雾弥漫、白浪淘天，对航行极为不利，但一直是两大洋之间的重要航道，直到巴拿马运河开通为止。

员，可见这次航行代价之大。

历时3年多的环球航行，以铁的事实证明了地球是圆的，使"天圆地方说"不攻自破，同时也使世界的形势大大改观，宣布了一个新时代的到来。麦哲伦等人为世界航海史、科学史做出巨大贡献的同时，客观上也给殖民主义扩张开辟了广阔的道路。

印加帝国

南美洲安第斯高原是美洲古代文明的另一个发祥地。最早生活在这里的古代居民是奇楚亚、艾马拉及其他语系的部落。公元前若干世纪，他们就创造了发展水平较高的农业文明。印加人是奇楚亚语系的部落之一。12世纪，以库斯科（今秘鲁南部）为都城建立印加国家。

印加在13~15世纪时，还处在部落联盟阶段。1438~1533年，印加逐步发展为统一而强大的奴隶制帝国，它的版图以秘鲁为中心，包括哥伦比亚、厄瓜多尔、玻利维亚、阿根廷和智利的一部分，人口达到600万以上。

印加帝国有着比较完备的奴隶制统治机构。国王被视为太阳之子、神的化身，权力至高无上；贵族和祭司享有特权，靠剥削农民和奴隶为生。全国分为4个区，每区下辖几个省。社会的基层单位是"艾柳"，即农村公社。村社土地分为3种："印加田"归国家所有，"太阳田"供祭司或宗教所用，"公社田"属村社所有。3种土地都由农民耕种，除此之外，农民要向国家纳税、服劳役。

印加人对人类

秘鲁印加文化遗迹——马丘比丘

"马丘比丘"的意思是"古老的山峰"，它坐落于安第斯山脉地区两座险峻的山峰之间，是印加帝国的都城遗址。这座建于西班牙人入侵前100年的城堡，现已成为传奇般的印加文明最著名的遗迹。

鱼形容器

鱼是喀喀湖地区
印加人的主要食物。

印加人金像

农业文明的发展做出过重大贡献。他们培植了40多种农作物，以玉米和马铃薯为主要粮食作物，此外还有南瓜、甘薯、西红柿、可可、菠萝、龙舌兰、木薯、花生和棉花等，这些作物大都是由印加传到其他大陆的。印加人为扩充耕地面积，在坡上筑起层层梯田，并建立了灌溉系统，把山涧溪流引进渠道，进行灌溉。畜牧业方面，主要驯养美洲驼和羊驼。驼和羊对古代印加人来说，具有特别重要的意义。因为古代印加人不知用轮车运输，而驼则是良好的驮畜。驼和羊的毛、皮、肉和油脂，还是解决衣食之需的重要物资。

印加人的采矿冶金、建筑工程、驿道交通、纺织技术、医药知识都达到较高的水平。他们很早就掌握了冶炼青铜技术，用铜、金、银、锡、铝等制造各种精美的器皿和装饰品。制陶工艺也十分精巧，陶盆和陶罐上雕有各种美观的图案。库斯科的太阳神庙宏伟壮丽，它是用黄金和宝石装饰成的巨大建筑，石块和石块之间，不施灰浆，严密合缝，甚至连刀片都插不进去。印加人修筑了两条纵贯全国的公路，一条沿海，一条穿山，全长2000多千米，沿途建有无数隧道和用藤蔓筑起的吊桥。棉、毛织品精

·库斯科城·

库斯科城是印加帝国的首都，它的毁灭是由于西班牙殖民者的入侵，其时在16世纪。在此之前，库斯科依然发挥着"世界中心"的作用。库斯科的12个街区，都围绕着太阳神中心广场，这广场也是宗教活动的主要场所。太阳神庙位于广场的东北，是属于金字塔式的建筑，顶上有由5间房子组成的神殿。太阳神殿严丝合缝，各石头缝隙间，连刀片也插不进去。以黄金雕琢的玉米和花草树木，以及黄金制成的板壁与宝座。用来建筑太阳神庙的巨石，最重的一块有3000多吨。与太阳神庙相配套的还有月亮神庙和羽蛇神庙等。

在通往库斯科城的隘口上，印加人用巨石垒筑了许多城关堡垒。其中有一处萨克赛瓦的古堡，是用每块几十吨乃至几百吨的巨石垒砌的，非常雄伟，易守难攻。这座古堡花费的石工就有30万人，建造了70年才竣工。

美别致，工艺精湛。手工业者逐渐专业化，成为专门的手工工匠。

印加人已经掌握了相当丰富的科学知识。首都库斯科建有观象台，用以观测太阳的位置，来确定农业生产节气和祭祀时间。印加人崇拜天体，特别崇拜太阳，所以他们的天文知识多和宗教有关。在医药知识方面，印加人初步掌握了外科学、解剖学和麻醉学等知识。他们会做开颅手术，用一种从植物中提取的药物做麻醉剂。此外，他们还认识了许多珍贵药物，如金鸡纳、吐根、藿香膏和番木鳖等。

印加人没有文字，用结绳记事。由于没有文字，印加国家众多的部落方言很难沟通。印加人以奇楚亚语为官方语言，并创办学校，教授奇楚亚语和结绳记事方法，以推广奇楚亚语的应用范围。

1531年，皮萨罗率领西班牙殖民者入侵印加帝国。第二年，他们诱捕了印加王阿塔瓦尔帕。在骗取了印第安人的大量赎金之后，1533年又残忍地杀害了他，印加帝国从此灭亡。

殖民掠夺

殖民主义者用征服、奴役甚至消灭殖民地人民的残酷手段积累了巨额财富。殖民掠夺给亚、非、拉人民带来了深重的灾难，严重阻碍了这些国家和地区的发展进程。

新航路开辟后，葡萄牙和西班牙这两个中央集权制的封建国家积极向外扩张，最早走上了殖民侵略之路。

从15世纪起，葡萄牙人就在非洲西海岸的几内亚、刚果、安哥拉等地设立了殖民侵略据点。16世纪初期，葡萄牙殖民者又占领了东非海岸的莫桑比克、索法拉、基尔瓦、蒙巴萨和桑给巴尔等地，并将这些据点作为从西欧到东方这条漫长航线上的补给站。1506年和1508年，葡萄牙先后占领了亚丁湾入口处的索科特拉岛和波斯湾入口处的霍尔木兹岛这两个海上交通要津，从而控制了连接红海和亚洲南部的海路。

这个非洲人制作的铜像，塑造了一个葡萄牙士兵正在用火绳枪射击的情景。从16世纪开始，葡萄牙人就将枪炮卖给西非海岸的国王们，然后换回黄金、象牙和奴隶。

这四幅画记录了西班牙人在墨西哥的暴行。

16世纪初，葡萄牙确立了印度洋上的海上霸权。为了控制印度，夺取卡利卡特的企图虽然失败了，但葡萄牙于1510年攻占了果阿，建立了自己在东方的殖民总部。接着入侵了锡兰（今斯里兰卡）。1511年，它夺去了马六甲，这是通往东南亚的交通咽喉。后来，葡萄牙人继续侵占了印度西海岸的第乌、达曼及孟买。此外，还在苏门答腊、爪哇、加里曼丹及摩鹿加群岛（今马鲁古群岛）建立商站。在中国又夺取了澳门，作为经营东亚贸易的中心。葡萄牙人还到达了日本，并于1548年在日本的九州设立了第一个欧洲人的商站。这样，葡萄牙就成为垄断欧亚之间及中国、日本和菲律宾之间贸易的霸主。

葡萄牙扩张的主要方向是非洲和亚洲诸国，但它也入侵了美洲新大陆。1500年，葡萄牙一支远征队准备去印度，但在途中因赤道海流的冲击而偏离轨道，漂流到了南美洲的巴西。这样，巴西就成了葡萄牙的殖民地。

西班牙在海外建立的殖民地，要比葡萄牙的殖民地大得多，其主体部分在美洲新大陆。新大陆盛产金银，与东方香料有同等或更大的价值，因此西班牙便把主要注意力集中到这里。

哥伦布发现美洲，揭开了西班牙殖民者远征美洲的序幕。从15世纪末到16世纪初，西班牙人首先把加勒比海和西印度群岛纳入自己的势力范围，先后在海地、牙买加、波多黎各等地建立殖民据点，并以此为基地开始对中南美洲广大地区进行武力征服。1521年，西班牙贵族科泰斯率军征服墨西哥，摧毁了印第安人古代文明的中心——"阿兹特克帝国"。1533年，西班牙冒险家皮萨罗率军占领了印加人的首府库斯科，使印第安人古代文明的另一中心"印加帝国"也惨遭涂炭，从此沦为西班牙的殖民地。此后，西班牙殖民者在不足20年的时间内，相继征服了厄瓜多尔、乌拉圭、玻利维亚、哥伦比亚、阿根廷等地。到16世纪中叶，除葡属巴西外，整个中南美洲几乎全部成为西班牙的殖民地，西班牙在中南美洲建立起庞大的殖民帝国。西班牙在当地设立殖民政府，委派总督治理，并向殖民地大量移民。贵族、商人、僧侣纷纷涌入美洲，大肆掠夺印第安人的土地和财富，建立封建的大地产制。

从早期殖民征服的目的来看，西、葡两国王室积极组织和支持海外探险活动，大肆进行殖民掠夺，主要是为了扩大封建统治范围。葡萄牙人早在沿着非洲西海岸探险时，就宣布西非为葡萄牙王室所有，并求得罗马教皇认可。自哥伦布首航之后，西班牙派出的所有远征队每到一地，就将该地宣布为西班牙王室的财产，这都是典型的封建殖民侵略。

从早期殖民征服导致的直接后果来说，在海外，葡萄牙沿亚非海岸线建立了一个个殖民据点，控制了东西方商路，进行封建性的掠夺贸易。而西班牙不仅在中南美洲建立了庞大的殖民帝国，还将本国的封建制度移植到殖民地，建立了封建的大地产制。在国内，两国在殖民征服过程中掠夺了大量财富，使本国封建统治阶级有牢固的物质基础，当西欧其他国家的封建制度日趋解体时，西班牙和葡萄牙的封建制度却一度得到加强。两国将掠夺所得的金银财富大量用于维持庞大的官僚机构和对外的征服战争中，同时，王室、贵族和商人将大量的钱财花在进口各种商品上，以满足其奢侈的生活享受。因此，这些钱财不仅没有在两国起到资本原始积累的作用，反而打击了本国工业，延缓了资本主义发展的进程，使其很快丧失了殖民优势。

奴隶贸易

从15世纪中叶至19世纪末，非洲历史上出现了一次骇人听闻的大灾难，这就是马克思称之为"贩卖人类血肉"的奴隶贸易。西方殖民者一手制造了这场长达4个多世纪的历史悲剧。

15世纪初，西方殖民者纷纷进行海外扩张。随着殖民扩张的发展，掠夺黑

奴隶堡

位于塞内加尔戈雷岛东部，有两层楼高。上层住奴隶主，下层住奴隶。

人作为奴隶的交易活动开始出现。到15世纪中叶，随着美洲被发现、种植园的创建、金银矿的开发，罪恶的奴隶贸易愈演愈烈。最早掠卖黑奴的是葡萄牙和西班牙殖民者，16世纪下半叶，荷兰、丹麦、法国、英国等国的殖民者相继加入其中。从17世纪中叶至18世纪下半叶，奴隶贸易发展到最猖獗的程度。17世纪中叶以后的150年间，奴隶贸易已经成为非洲与欧洲、美洲之间唯一的贸易活动。在贩奴活动的方式方面，除存在"三角贸易"外，英法等国相继成立贸易公司，垄断对非洲的奴隶贸易。18世纪时，奴隶贸易成为世界最大的商业贸易之一。这时候，英国取得奴隶贸易的垄断权，利物浦成为奴隶中心市场。19世纪前半叶，美国殖民者也大肆从非洲劫掠黑人，高价卖给矿主和种植园主作为奴隶，牟取暴利。西方殖民者把黑人作为商品转卖到西印度群岛和南、北美洲大陆的种植园里，也有的被运到亚洲其他国家。因此，奴隶贸易实际上涉及今天的欧、北美、亚、非和拉丁美洲五大洲。据统计，有2亿多非洲黑人惨遭此劫。他们有的在捕捉时被杀害，有的在贩运的路上被折磨致死，幸存下来的则被作为商品，多数被卖到了美洲种植园，过着牛马不如的生活。

奴隶贸易大致可分为三个阶段。15世纪中叶至16世纪80年代是初期阶段，以海盗式掠卖为主要特征；16世纪80年代到18世纪下半叶是以奴隶专卖组织垄

·刚果王国·

非洲班图族刚果人建立的国家，约建于14世纪。15世纪末，国王恩赞加·库武大举扩张，领土东到刚果河，西至大西洋，南达洛热河，北抵刚果河北岸。王国有一套完整的中央和地方统治机构，王是最高统治者，下设首相和权力很大的六总督委员会。全国分6省，由总督治理。刚果以农业为主，生产稻、麦、高粱、香蕉、棕榈果和16世纪初从美洲传来的玉米、薯类，冶金、造船和棕榈叶编织比较发达。对冶金生产尤为重视。1448年，葡萄牙殖民者大量闯入，国王和部分贵族领先加入天主教，首都改名圣萨尔瓦多。16世纪中叶，国势衰落。1665年，王国取消葡萄牙人的采矿权，双方发生战争。国王战死，王国分裂为3个小国，1900年灭亡。

断为中心的全盛时期；18世纪末到19世纪末是以奴隶走私为特点的"禁止"奴隶贸易时期。

奴隶贩子最典型的航线是三角形的。第一段航程是满载货物的船只从本国港口驶向非洲，货物有盐、布匹、火器、五金和念珠等；然后将这些货物换成由非洲当地人从内地运到沿海地区的奴隶，再把这些受害者装进条件恶劣的船舱，沿着所谓的"中央航路"运过大西洋，到达目的地新大陆；最后一段航程是船只满载种植园的产品，如糖、糖浆、烟草、稻米等返回本国。

在这个三角航程中，奴隶的待遇是：难以忍受的拥挤、令人窒息的炎热和少得可怜的食物。饮食标准为每24小时供给一次玉米和水。奴隶如果绝食，就会遭到鞭打。若鞭打不奏效，贩子就用烙铁强迫他们进食。由于奴隶通常处在肮脏的环境中，因此，当流行病暴发时，为了防止疾病传播，生病的奴隶便被扔进海里淹死。奴隶不愿忍受痛苦而跳海的事情也屡屡发生。

由于能获得巨额利润，即使在贩奴过程中黑人死亡率高达80%，利润仍高达10倍。各既得利益集团都坚决反对任何控制或废除奴隶贸易的建议。首先，所有的非洲酋长就反对，因为他们用一个强壮的奴隶可换得20~30英镑。非洲经纪人曾从这种贸易中获得巨额利润，他们也竭力反对所有废除这种贸易的建议。其次，南北非洲的种植园主，尤其是18世纪在英国议会中拥有席位的巴巴多斯的种植园主，也支持奴隶贸易。

奴隶贸易为西方殖民国家聚敛了巨额财富，成为资本原始积累的重要来源。它对美洲的开发起了极大的促进作用，但对非洲却是一场深重的灾难。曾是人类文明发源地之一的非洲大陆因此失去大量人口，社会生产力遭到严重破坏。非洲人口占世界总人口的比重由1500年的11%下降到1900年的6.8%。非洲各国或部落

贩奴船上的残暴行径

之间经常发生争夺奴隶的战争，许多村庄被劫，城镇衰落，生产力遭到严重破坏，非洲社会倒退了几百年。这是人类历史上最为黑暗、最为可耻的一页！

19世纪初，工业资本主义最发达的英国在世界范围内带头开始掀起了废除奴隶制的运动，从此，废奴运动在世界各地此起彼伏，成为一股不可阻挡的历史潮流。

1807年，英国通过一项法令规定船只不得参与奴隶贸易，并禁止向英国殖民地运送奴隶。1833年，议会通过了一项法令，在英国本土彻底废除奴隶制，并向蓄奴者提供2000万英镑赔偿费。英国进而说服欧洲其他国家以它为榜样，允许英国军舰捕捉挂别国国旗的贩奴船。

海地、美国和巴西分别于1803年、1863年和1888年废除奴隶制，古巴大约也在1888年废除奴隶制。此后还有一些别的国家相继废除奴隶制，广大被压迫的奴隶迎来了他们的新生。尽管如此，世界范围的贩奴运动并没有停止，断断续续的贩奴活动又持续了近百年，直到19世纪末才基本结束。

🎀 文艺复兴 🎀

14~15世纪以来，在西欧封建社会内部逐渐产生了资本主义的萌芽。随着资本主义的产生，资产阶级开始形成并且登上历史舞台。为了维护和发展政治、经济利益，资产阶级首先在思想文化领域发动了一场反封建、反教会的新文化运动。这场运动是从复兴古希腊、罗马文化开始的，因而被称为"文艺复兴"。它的内容也不限于文学、艺术，还包括政治学、历史学、哲学及自然科学等。它实际上是新兴资产阶级在意识形态领域的革命，是一次思想解放运动。它的指导思想是人文主义。文艺复兴最早发源于14世纪的意大利，以后逐渐扩大到其他国家，16世纪达到全盛，17世纪中期结束，分为3个时期。

早期，从1321年到15世纪中期。这一时期，文艺复兴的活动主要在意大利，从佛罗伦萨逐渐扩大到罗马、米兰、威尼斯及那不勒斯等地。首先是文学，出现了著名的文学三杰：但丁、彼特拉克和薄伽丘。彼特拉克最早用人文主义的观点阐述古典著作，被称为"人文主义之父"。继而扩及史学，如布鲁尼的《佛罗伦萨史》和比昂多的《罗马衰亡以来的千年史》等。在文史领域中，人文主义观点和现实主义创作方法开始结合。

中期，从15世纪中期到16世纪中期。与早期文艺复兴相比，中期文艺复兴呈现出一些新的特点和气象。早期文艺复兴仅局限于以佛罗伦萨为中心的意大利，而且只是表现在文学艺术领域内。它对人们的思想观念，特别是对宗教神学观的冲击极为有限，它更多的是继承了古典文化的传统。而中期文艺复兴几乎遍及西欧各国，文艺复兴不仅在文学艺术领域，而且在政治思想、哲学思想、自然科学的各个领域里展开。它以创新的精神，取得了一系列辉煌的成就。

意大利后期文艺复兴的主要代表人物有人文主义艺术大师达·芬奇、米开朗基罗、拉斐尔和政治思想家马基雅维里、康帕内拉等。

《蒙娜丽莎》　达·芬奇
现藏于巴黎卢浮宫。

意大利绘画发展到15世纪，出现了文艺复兴美术三杰，他们是达·芬奇、米开朗基罗和拉斐尔。这一时期美术的主要题材还是宗教。

达·芬奇出生于1452年，16岁时去佛罗伦萨学艺，很快就熟练运用雕塑与绘画的艺术手法，在当时的佛罗伦萨已小有名气。后来他去了米兰，在那里，他创作了举世闻名的壁画《最后的晚餐》。这幅画他画了3年。《最后的晚餐》取材于《马太福音》。耶稣与12个门徒聚餐，席间，他对大家说："你们中间有一个人出卖了我。"门徒们猝不及防，非常吃惊，问到底是谁。耶稣说："同我一样把手蘸在盘子里的人就是。"画面上的众门徒神态各异，生动传神，富有戏剧冲突和强烈的时空效果，能提起观众的情绪。

《蒙娜丽莎》是达·芬奇在当学徒时的作品。当时蒙娜丽莎年仅24岁，是一位皮货商的妻子。她刚失去儿子，郁郁寡欢。但达·芬奇竭力表现出她难得的一丝微笑，富有无限的魅力。因为这幅油画，达·芬奇声名大噪。除绘画外，达芬·奇还致力于科学研究。他对人体解剖学有细致的研究，并发明设计

了降落伞、风车，也进行过关于飞机的构想和设计等。

米开朗基罗是与达·芬奇同时期的雕塑家，也出生于佛罗伦萨，13岁进入作坊学艺，后参加人体解剖的实习，奠定了他的雕塑艺术生涯。他21岁到罗马，25岁回佛罗伦萨，创作了《大卫》，声名鹊起。这座白色大理石裸体雕像，表现了1000多年前以色列开国元勋大卫的形象，把人类的美、智慧、生命和力量表现得淋漓尽致。这座雕塑后来被安放在市政厅门前的广场上。

米开朗基罗的另一件著名雕塑是《哀悼基督》。它表现了耶稣被钉死在十字架上，圣母玛利亚抚尸痛哭的情景。这是他20岁时的作品，圣母在他的刀凿之下显得美丽绝伦。另外，他还创作了《摩西》《奴隶》等名作。

拉斐尔于1483年生于意大利乌尔比诺镇，13岁那年去鲁吉诺作坊从师于维提（波伦亚派的画家）。1504年，他到了佛罗伦萨，其时21岁。在那里的教堂里，他画了许多圣母像。拉斐尔创作的圣母像可谓艺术史上不可多得的杰作。他以世俗化的笔法，将传统的宗教题材描绘成现实生活中的理想美的化身，称颂人类母性的光辉，洋溢着幸福与欢愉。著名的《椅中圣母》可谓神来之笔。据说拉斐尔在一次聚会中，见一位罗马美少妇微笑地注视着心爱的小宝贝，同时温柔地把他搂在怀中，表情流露出自然而又满足的神情。拉斐尔捕捉到这一引发灵感的瞬间，立刻拾起一块木炭，迅速将方才那幅动人的情景画在身旁的一只木桶底上，回去完成了这幅杰作。另外，拉斐尔的《草地圣母》富有人情味，圣母逗圣婴，平静而愉悦，色彩与线条极为和谐，并有鲜明的节奏感。

拉斐尔其他作品还有《圣母婚礼》《圣礼辩论》《雅典学院》等，都体现了理想中的境界。有人这样评说，拉斐尔是理想的化身，达·芬奇是智慧的象征，而米开朗基罗是力量的凝聚。

❧ 科学的重大进展 ❧

文艺复兴时期，科学也得到了一些发展。率先提出地球和众行星绕太阳运行即日心说的科学家是尼古拉·哥白尼。在此之前，地心说一直受到人们的推崇。犹如一颗石子扔进寂静的水里，日心说的推出，引起许多人的关注。

在哥白尼之前的新柏拉图主义者认为，圆是最完美的，运动比静止更接近神性。哥白尼从中得到灵感。1530年，他完成了《天体运行论》一书，1543

年出版。在书中，他指出，太阳和地球是运动的，静止只是相对的。他的这种观点，与《圣经》中的教义对立。因此，他的日心说得不到响应。

哥白尼的天文学理念，由伽利略和开普勒等人得以佐证。开普勒认为，因为与太阳距离的远近不同，行星的运行速度也随之变化，根据自己的定律计算，所有行星绕太阳运转是按照椭圆形的轨道进行的。这比哥白尼更前进了一步。后来，牛顿的万有引力定律，更为日心说宇宙观提供了有力的依据。

哥白尼像

哥白尼的名字意为"谦卑"。他的最大成就是以日心说否定统治1000多年的地心说。这是天文学上的一次伟大革命，使人类的宇宙观发生了根本变革，揭开了近代自然科学革命的序幕。

伽利略曾经采用自制的能放大30倍的望远镜观察太空，木星和它的卫星、土星与它的光环，甚至太阳中的黑子都被他发现了。伽利略说，除了太阳系，宇宙中还有更浩瀚的银河系。1632年，罗马宗教法庭起诉伽利略，要他必须承认自己的错误，否则判处终身监禁。伽利略无奈地口头上认错，但心里依旧坚持。

布鲁诺在宣传日心说时，对基督教的教义逐一进行了反驳和否认。他认为，神灵主宰世界的学说全是无稽之谈，宇宙空间绝对不存在神和上帝。因此，宗教裁判所判定布鲁诺为异端，犯下大逆不道之渎神罪，然后处以火刑，将布鲁诺活活烧死了。

这一时期，在物理学、数学和医学方面也有许多重大的发明、发现。伽利略的惯性定律、力作用独立定律，意大利数学家卡尔达诺（1501~1576年）的解三次方程公式，比利时医生维萨留斯（1514~1564年）的解剖学，英国医生哈维（1578~1657年）的人体血液循环理论等，都极大地推进了科学的发展。

在哲学思想领域，机械唯物论摆脱经院哲学的束缚发展起来。英国近代资产阶级唯物论哲学家弗兰西斯·培根（1561~1626年）出生在英国伦敦的一个贵族家庭，12岁入剑桥大学。培根非常反感那里的"经院哲学"的统治。他一生大部分时间在官场中度过，然而作为政客，他饱尝了仕途之艰辛。他

自由落体实验

1590年，意大利著名科学家伽利略在比萨斜塔上做了著名的自由落体实验，他以铁的事实告诉人们：物体下落的速度与物体本身的质量大小无关。

著有《学术的进展》《新工具》《科学的价值与增长》等，他提出的归纳法成为研究自然科学的方法，并提出"知识就是力量"的名言，这反映了新兴资产阶级需要利用科学知识认识和改造自然，造福人类的要求。

法国理性主义的创始人笛卡儿（1596~1650年）出身贵族家庭，从小就勤于思考。1616年获法律博士学位，后当上一名军官，长期服役。1618年，他结识了物理学家伊萨克·毕克曼，受其影响而从事科学研究。1625年，他回到法国，开始致力于科学研究活动。他认为宇宙是统一于运动的物质，但是他又把物质运动只看作是机械运动。在认识论上，他采用理性演绎法，片面强调理性认识的可造性，否认感性认识的作用。同时，由于无法解释理性认识的来源，于是不得不求助于神启真理，因此他也是"心物彼此孤立"的二元论者。

文艺复兴运动持续了近300年，其重大历史意义在于它不仅创造了光辉灿烂的新文化，尤为重要的是改变了人们的观念，解放了人们的思想。它是资本

·比萨斜塔上的实验·

古希腊著名的哲学大师亚里士多德曾做出一个著名论断：两个铁球，其中一个是另一个重量的10倍，如果两个铁球从同一高度同时落下，那么重的铁球落地速度必然是轻的铁球的10倍。人们对此深信不疑。意大利著名科学家伽利略经过多次实验发现亚里士多德的说法是不对的，但没有人相信他，他决定要当众检验一下他的结论。1590年的一天，伽利略带着沙漏、一个底部可以自动打开的铁盒和两个分别重为10千克和1千克的铁球来到比萨斜塔顶上。他的助手将这两个铁球装入盒子，然后将盒子水平端起，探身到栏杆的外侧。伽利略在众目睽睽之下按动按钮，盒子的底部自动打开，两个铁球同时从盒中脱落，自由落向地面。只听"咚"的一声，两个铁球同时落到了地面上。实验证明了伽利略的判断是正确的。凭着这种追求真理、尊重实践的科学精神，伽利略又有了一系列的重大发现。他发现了摆的等时性原理，从而发明了钟表；他在李希普发明望远镜的基础上发明了放大20倍率的天文望远镜。他著有《论运动》《关于托勒密和哥白尼两大世界体系的对话》《关于两门新科学的对话与数学对话集》《关于太阳黑子的通信》等科学专著。

主义时代到来的先声，也是资本主义发展的基础。

英国的都铎王朝

亨利八世

1485年，英国封建主之间的内战——玫瑰战争结束后，亨利七世登上王位，开始了都铎王朝（1485~1603年）的专制统治。都铎王朝的统治者在封建贵族、资产阶级和新贵族共同支持王权的基础上，采取了一系列政策，使专制王权得到巩固。

首先，削弱大贵族势力，剥夺教会贵族的特权和财产。亨利七世统治时，加大了打击封建割据势力的力度。他下令禁止贵族蓄养家兵，宣布取缔封建家臣团，摧毁贵族修建的城堡，并发挥"皇室法庭"的作用，使之成为专门审理政治叛乱案件的机构，以惩治那些不听从皇室命令的大贵族。1540年，亨利八世又进一步将枢密院作为自己的咨询机构和最高司法机关，其官员多从资产阶级和新贵族当中选任，从而使他们成为专制王权的支柱。

1533年，亨利八世与罗马教皇决裂，实行宗教改革，自己随之成为英国教会的最高首脑。他将教会没收所得的大批土地廉价卖给或赏赐给资产阶级和新贵族，进一步为专制王权奠定了坚实的社会基础。其次，为了满足封建贵族的愿望，维护封建秩序，都铎王朝颁布了一系列惩治流浪者的法律。自15世纪70年代兴起的圈地运动，破坏了封建土地所有制，使广大农民丧失土地而成为流浪者。都铎王朝的统治者颁布限制圈地和惩治流浪者的法律，其目的在于使农民回到原来的土地上，巩固封建制度。再次，在政治上，与资产阶级结盟，控制国会，使之成为专制王权的工具；在经济上，实行重商主义政策，如保护工商业、奖励海外贸易和殖民掠夺等。

都铎王朝既维护封建贵族的利益，同时又执行对资产阶级和新贵族有利的重商主义政策。这种现象反映了英国的专制王权当时在两个对立的阶级间起着某种协调作用。

自16世纪中叶起，资本主义获得迅速发展的英国，经常在西班牙殖民地进行走私贸易，抢劫西班牙运送金银的船队，袭击西班牙殖民据点。西班牙国

王腓力二世决意派遣大军远征英国。1588年5月，由大贵族麦迪纳·西多尼亚率领的无敌舰队驶离里斯本，其中包括130艘兵船和运输船、7000名船员和水手、23000名步兵。7~8月，舰队在英吉利海峡与英国海军上将C.霍华德及海军中将F.德雷克率领的英国舰队相遇，英军采用火烧连船的战术，无敌舰队损失惨重。后无敌舰队从英国北海绕过苏格兰和爱尔兰返回西班牙。途经苏格兰北部海岸附近时，遇风暴，舰队几乎覆没。在这一战役中，无敌舰队损失32艘战舰和1万名士兵。从此，西班牙的海上霸权被英国所取代。

圈地运动

15世纪以前，英国的生产还主要以农业为主，纺织业在人们的生活中只是一个不起眼的行业。随着新航路的发现，国际贸易的扩大，处在欧洲大陆西北角的佛兰得尔地区，毛纺织业突然繁盛起来，在它附近的英国也被带动起来。毛纺织业的迅猛发展，使得羊毛的需求量急剧增大，市场上的羊毛价格开始猛涨。英国本来是一个传统的养羊大国，这时除满足国内的需求外，还要满足国外的羊毛需求。因此，与农业相比，养羊业就变得越来越有利可图。这时，一些有钱的贵族开始投资养羊业。

由于养羊需要大片的土地，因此，贵族们纷纷把原来租种他们土地的农民赶走，甚至把他们的房屋拆除，把土地圈占起来。一时间，在英国到处可以看到被木栅栏、篱笆、沟渠和围墙分成一块块的草地。被赶出家园的农民，则变成了无家可归的流浪者。这就是圈地运动。

图为一个衣着体面的男士将手伸进衣袋里，要资助路边一个浑身伤痛的乞丐。圈地运动使许多农民流离失所，成为流浪者和乞丐。

圈地运动首先是从占据公共用地开始的。在英国，虽然土地早已私有，但森林、草地、沼泽和荒地这些公共用地则没有固定的主人。一些贵族利用自己的势力，首先在这里放牧羊群，强行占有这些公共用地。到了16~17世纪，随着英国工业迅猛发展，呢绒工业大幅度膨胀，羊毛需求量急剧增长，价格日益上涨，这就进一步刺激了养羊业的繁荣。加之这时美洲的黄金大量流入欧洲，引起货币贬值，物价上涨，地主征收的固定地租实际上已大大减少。因此，越来越多的土地贵族更加疯狂地强行圈占公共土地和农民的耕地，用来发展养羊业，他们开始采用各种方法，把那些世代租种他们土地的农民赶出家园，甚至把整个村庄和附近的土地都圈占起来，变成养羊的牧场。

在这种强行的圈地运动中，农民以前以各种形式租种的土地，无论是以前定下的终身租地，还是每年的续租地，都被贵族强行圈占。这些成为牧场主的贵族们还互相攀比，使他们的牧业庄园变得越来越大。

英国的圈地运动从15世纪70年代开始，一直延续到18世纪末。英国全国一半以上的土地都变成了牧场。在这一过程中，虽然英国国王也进行了一定程度的限制，颁布了一些企图限制圈地程度的法令，但这些法令并没起多大的作用，相反，圈地日益合法化。

为了使被驱逐的农民很快地安置下来，英国国王在颁布限制圈地法令的同时，也限制流浪者，目的是让那些从家园中被赶出来的农民接受工资低廉的工作。凡是有劳动能力的游民，如果不在规定的时间里找到工作，一律加以法办。通常，对于那些流浪的农民，一旦被抓住，就要受到鞭打，然后送回原籍。如果再次发现他流浪，就要割掉他的半只耳朵。第三次发现他仍在流浪，就要处以死刑。

后来，英国国会又颁布了一个法令，规定凡是流浪一个月还没有找到工作的人，一经告发，就要被卖为奴隶，他的主人可以任意驱使他从事任何劳动。这种奴隶如果逃亡，

圈地运动造成了"羊吃人"的悲惨结局。英格兰沿海的大亚茅斯周遭环绕着农田和牧场，这里是英国"圈地运动"的盛行地区。

·条田制·

西欧农村在中世纪时，耕地呈条块分割状，称为"条田"。大大小小的土地占有者在其中占有一条或若干条土地，这样的土地布局称为"条田制"。在"条田制"下，耕种与收割的日期，都是由村民先开会决定。收割完毕后，村民有权在地里捡拾麦穗和放牧牲畜。这样的共耕制度不利于那些勤劳能干的农民发挥自己的生产积极性。由于土地比较分散，划分条田的田埂会造成土地的浪费，同时也不利于经营管理。而且条田都很窄，只能顺犁顺耙，所以不利于土壤的改良。耕种时，邻近的土地可能被牲畜践踏，引起纠纷。从水利建设来说，不便于单位生产者独立采取排灌措施。从牲畜方面来讲，全村的牲畜集中在一起放牧，容易引起牲畜传染病的传播，并且由于草料不足，使得牲畜营养不良，而牲畜的自行杂交也不利于改良畜种。

抓回来就要被判为终身奴隶。第三次逃亡，就要被判处死刑。任何人都有权将流浪者的子女抓去做学徒，当苦役。

亨利八世和伊丽莎白两代国王统治时期，曾经处死了大批流浪的农民。圈地运动导致英国的农民数量越来越少，失去土地的农民只好进入城市，成为城市无产者。为了活命，他们不得不进入生产羊毛制品的手工工场和其他产品的手工工场，成为资本家的廉价劳动力。在这种手工工场里，工人的工资十分低，而每天则要工作十几个小时。

18世纪，英国国会通过了大量的准许圈地的法令，最终在法律上使圈地合法化。英国农民的人数减少到了有史以来的最低数量。

圈地运动为英国的资本主义的发展提供了有利的条件。大量农民丧失生产资料，成为出卖劳动力的雇佣劳动者，为资本主义的发展提供了劳动力市场，是资本原始积累的主要形式之一。同时，圈地运动使许多资本主义性质的农场建立起来，农业市场也随之扩大，加速了英国的封建农业向资本主义农业过渡的进程。

法国的君主专制制度

新的阶级关系的形成，为法国的专制王权提供了生存的土壤。地理大发现以后，受工商业发展和"价格革命"的影响贵族地主的固定地租收入减少，经济地位下降。但他们依旧保持着各种政治特权，这种特权需要强大的王权来维护封建秩序。新兴资产阶级靠购买公债、向政府贷款、充当纳税人等手段聚敛了大量财富，这是法国原始资本积累的主要特点。富有的资产阶级又通过购买破落贵族的爵位及其产业，步入贵族行列，从而在经济上和政治上与王权的联系更加紧密。他们出于维护自身利益的需要，也极力主张加强王权。这样，萌芽于路易十一统治时期（1461~1483年）的君主专制制度很快就建立和发展起来。到法兰西斯一世统治时期（1515~1547年），专制制度最终确立。法兰西斯一世铲除割据势力，停止召开三级会议，国家的一切重大问题都由他和少数近臣做出决策。同时逐渐脱离罗马教廷的控制，实现教会的民族化，并使法国教会成为专制统治的工具。

　　法兰西斯一世也制定实行了符合新兴资产阶级利益的工商业政策，为本国商人取得在土耳其各港口贸易的特惠权等。这样，既使资产阶级得到了王权保护的好处，又巩固了王权的统治。此时，加尔文教在法国各地广泛传播，法国南部的封建贵族企图利用宗教改革来对抗专制君主，以图恢复其往日的独立地位。而北部的封建贵族则以"保卫王权，保护天主教"为口号，同南部形成对立的两派，最终于1562年爆发战争。1572年的圣巴托罗缪节（8月23日）之

1572年8月23日，法国国王下令展开圣巴托罗缪日大屠杀，使南北矛盾更加尖锐。

夜，天主教徒在王室支持下，大肆屠杀巴黎的胡格诺教徒，使南北矛盾更加尖锐，国家处于分裂状态。1589年，法王亨利三世在混乱中遇刺身亡，胡格诺集团的波旁·亨利即位，称亨利四世，从此开始了波旁王朝的统治。为了巩固王位及取得北部贵族的支持，亨利四世皈依了天主教，并立天主教为国教，但同时也允许胡格诺教徒享有信仰自由及担任国家公职的权利。亨利四世还通过实行鼓励发展农业、扶植手工工场、发展海外贸易、保持关税等措施，逐渐巩固了王权。其子路易十三（1610~1643年）统治时期，任用首相黎塞留进行改革，改革的主要内容是逼迫教会缴纳巨额捐税；加强中央各部门的职能及中央对地方的控制；派监察官统揽各省行政、司法、财政大权，以此削弱地方贵族和各省总督的权力；同时实行重商主义政策。这一系列的改革使专制王权得到进一步加强，为资本主义的发展创造了有利条件。

尼德兰资产阶级革命

"尼德兰"本意为"低地"，指莱茵河、马斯河、斯海尔德河下游及北海沿岸一带的低洼地区，大致相当于今天的荷兰、比利时、卢森堡和法国的东北部。到了16世纪初，尼德兰又因王室联姻和继承关系归属西班牙统治。

16世纪以前，尼德兰已成为欧洲经济最发达的地区之一。地理大发现以后，欧洲国家贸易中心移向大西洋沿岸，进一步推动了尼德兰工商业的繁荣。阿姆斯特丹是北方的商业中心，与英、俄、波罗的海沿岸各国有着密切的贸易往来。

玛格丽特是查理五世的女儿，1559年，被弟弟腓力二世派到尼德兰做总督。

资本主义的发展，引起了阶级关系的深刻变化。由大商人、工场主和农场主组成的城乡新兴资产阶级不断发展壮大，荷兰、泽兰的封建贵族采取资本主义方式经营土地而变成新贵族。资产阶级和新贵族大多信奉加尔文教，他们要求发展资本主义，摆脱封建关系的束缚，推翻西班牙的专制统治。广大农民和城市平民大多信奉再洗礼派或加尔文教，他们受阶级和民族的双重压迫，强烈要求改变现状，成为革命的主力军。

腓力二世（1556~1598年）继位后，继续推行高压政策。他在尼德兰广设宗教裁判所，残害新教徒；剥夺城市自治权，限制尼德兰商人进入西班牙港口。1559年，腓力二世派他的姐姐玛格丽特到尼德兰做总督，格兰维尔主教为辅政，以加强对尼德兰的直接控制。这些带有民族压迫性质的专制政策成为尼德兰革命的导火线。

1566年4月，以奥兰治·威廉亲王为首的"贵族同盟"向玛格丽特总督呈递请愿书，要求废除"血腥敕令"，召开三级会议，撤出西班牙驻军，罢免格兰维尔的职务，但被西班牙当局拒绝。8月，一名叫马特的制帽工人，掀起了破坏圣像、圣徒遗骨和祭坛的运动，并得到广大人民群众的支持，安特卫普、瓦朗西安爆发了起义。1567年，腓力二世命阿尔法为总督率军进驻尼德兰，开始了对异端派别和起义军的血腥镇压，一些贵族和资产阶级也被杀害。由工人、农民和革命资产阶级分子构成的起义军和激进的加尔文教徒转移到森林里和海上，组成"森林乞丐"和"海上乞丐"，展开游击战，神出鬼没地袭击西班牙军队，奏响了荷兰革命的交响曲。1568年，奥兰治亲王威廉从国外组织起一支雇佣军，但终因势单力薄而被阿尔法击败。1572年4月，在森林乞丐和海上乞丐的影响下，尼德兰北方各省均发生起义，致使阿尔法军力分散。海上乞丐

反对腓力宗教政策的加尔文教徒捣毁天主圣像。

群情高昂的城市保卫者射击连队的军官们

荷兰独立战争是历史上第一次胜利的资产阶级革命，建立了第一个资产阶级共和国。虽然这场革命战争异常复杂、曲折和持久，经历了几次反复，但最终推翻了西班牙的专制统治，争取了民族独立，为资本主义发展扫清了道路。

乘机率领装有枪炮的轻便船猛攻泽兰省的布里尔，守卫的西班牙军遭受重创。起义军又一举将西班牙军从北部大部分地区驱逐出去，并占领了荷兰省和泽兰省，建立了自己的根据地，奥兰治·威廉被推选为执政。到1573年底，北方的其他各省也相继独立，奥兰治·威廉成为各省公认的总督。

面对南方贵族的分裂行径，北方各省于同年成立了"乌特勒支同盟"，宣告各省永不分离，并以各省代表组成的三级会议为最高权力机构。1576年9月4日，布鲁塞尔举行起义，起义军占领了国务委员会大厦，这样西班牙在尼德兰南部的统治就被推翻了。11月，以奥兰治·威廉为代表的北方起义军和南方起义军签订协定，首先驱逐西班牙人，成立政府，再解决双方在宗教问题上的分歧问题。1581年，三级会议决定废除腓力二世的王位，成立联省共和国，简称荷兰共和国。西班牙对北方的进攻却屡遭失败，不得不于1609年与联省共和国缔结十二年休战协定，事实上，承认了联省共和国的独立。1648年签订的《威斯特伐利亚和约》，正式给予联省共和国以独立地位。至此，荷兰成为人类历史上第一个资产阶级共和国。

利玛窦与"西学东渐"

中国的封建专制统治到明代达到鼎盛时期。明朝中叶以后，封建统治集团日渐腐朽没落，先后出现了宦官专权与外戚争权的局面。包括皇室在内的中央权贵和地方豪族大肆搜刮民脂民膏，兼并土地，农民的赋税、徭役和地租负担不断加重，造成尖锐的社会矛盾和阶级矛盾。生活于水深火热之中的广大农民纷纷揭竿而起，冲击腐朽的封建统治，最后发展成为推翻明王朝的明末农民大起义。

明朝中叶，社会经济发展迅速，不仅农业和手工业的生产水平远远超过了前代，而且商品生产、流通领域也进一步扩大，在江南和东南沿海地区兴起了一些手工业和商业重镇，投放市场的商品种类和数量日益增多。16世纪后期至17世纪初的嘉靖、万历时期，在商品经济

利玛窦像

最发达的江南一带，出现了资本主义生产关系萌芽，其中纺织业表现最为突出。但是，在自给自足的自然经济占主导地位、封建生产关系非常牢固的情况下，商品经济只能得到有限的发展。资本主义性质的手工业与家庭手工业及官办手工业相比，只不过是沧海一粟。同一时期英、法等国的专制王权，都曾对工商业和海外贸易发展实行鼓励的政策，为本国资本主义的发展创造有利条件。而明朝统治者仍然推行沿袭已久的重农轻商的政策，因而使刚刚萌芽的资本主义生产关系受到抑制，发展极为缓慢。

在海外贸易方面，明朝实行"片板不许下海"的海禁政策。永乐皇帝派郑和七次下西洋，堪称世界航海史上的壮举，但其宗旨不过是为宣扬封建帝国的声威而已。那一时期的海外贸易主要局限于朝贡贸易范围，没有促进当时社会经济的发展。当时西方列强角逐海外，而明朝统治者仍然闭关锁国，不注意以海外贸易积累货币资本，促进资本主义萌芽的发展。这是中国从16世纪起落后于西方的又一个重要原因。

明末利玛窦拉开了"西学东渐"的序幕，利玛窦传播科学知识，是为了方便传教。同时，他觉得要扩大传教，一定要得到中国皇帝的支持才行得通。到了北京后，利玛窦通过宦官马堂的门路，送给明神宗《圣经》、圣母图，还有几只新式的自鸣钟。

明神宗接见利玛窦时，请利玛窦讲一下西洋的风俗人情。听后，明神宗很感兴趣，赏给利玛窦一些财物，让他留在京城传教。有了皇帝的支持，利玛窦就很容易跟朝廷的官员们接触了。万历皇帝及徐光启、李之藻等开明人士在中西文化的冲突与融合面前，显示出一种历史和文化的自觉。他们重用西方传教士，采纳西学并加以利用。然而，在观念深处，生活于"天朝上国"的人们仍然陶醉于昔日的辉煌之中，对世界新格局茫然无知。

日本重建封建秩序

受中国文化影响颇深的日本自12世纪末开始，其政治制度有了重大的变化，形成了双重政府：一个是设在京都，以天皇为首的文官朝廷，没有任何实权，天皇仅是最高权力的象征；另一个是以将军为首的幕府，掌握着国家大权，是事实上的中央政府。自15世纪中叶起，由于将军的权力被削弱，各地守护大名形成强有力的割据势力，彼此混战，争城夺地，日本进入了"战国时代"（1467~1573年）。

丰臣秀吉像

战国时代，守护大名在长期的混战中，势力消耗殆尽，出身于中小武士地主的"战国大名"随之崛起。他们为了增强自身的势力，积极发展农业生产，奖励工商业，废除关卡和座（行会），允许自由经商。16世纪前期，日本涌现出许多自治城市，对外贸易日益繁荣，与亚洲许多国家有了频繁的贸易往来。16世纪中叶，日本又与葡萄牙和西班牙建立了贸易关系。商品货币经济的发展，使各地区之间的经济联系得到了加强，国内统一市场开始形成，为政治统一奠定了经济基础。战国大名为维护自身的政治、经济利益，迫切需要结束封建割据状态，建立中央集权国家。这样，实现国内统一的条件逐渐成熟。但是，由于城市经济完全从属于大名领国的军事和政治，工商业者的独立性极为有限，因此他们不能像西欧的工商业者那样成为实现国家统一的政治力量，以至于统一运动必须由封建大名来完成。

在兼并战争中，尾张国的一个中等封建主织田信长（1534~1582年），通过鼓励工商业、提倡天主教、从葡萄牙购买枪炮、建立骑兵常备军等措施，势力日益强盛。他不断吞并割据势力，并于1573年推翻了室町幕府，成为全国最有势力的大名，奠定了统一日本的基础。后来，织田信长因部下叛乱被迫自杀。其部下丰臣秀吉（1536~1598年）打着天皇的旗号，继续进行统一战争，到1590年，长达100多年的分裂局面宣告结束，日本的统一得以实现。

丰臣秀吉为了加强独裁统治，不许农民弃农迁居，将他们牢固地束缚在土地上。同时没收民间武器，防止农民起义。他还规定武士必须在城市居住，严禁他们转为农民或经商，从而确立了兵农分离和士农工商业者自由经营的局面；同时又对工商业者采取了严格的控制措施，取消城市自治，对外贸易实行特许制度。这样，将处于萌芽状态的市民自治运动扼杀了，已经动摇了的封建制度重新巩固起来。

世界近代史

世界近代史开始于1640年的英国资产阶级革命，结束于1917年的俄国十月社会主义革命前夕，分为两大时期：第一时期从英国资产阶级革命到巴黎公社革命（1871年）前夕；第二时期从巴黎公社革命到俄国十月社会主义革命前夕。这段历史叙述了资本主义的产生、发展和衰亡过程，是资产阶级与无产阶级不断进行斗争、无产阶级革命逐步高涨的历史阶段。

查理一世的专制统治

14世纪时，契约租地农的出现标志着英国农业资本主义萌芽的产生。15世纪末，圈地运动的兴起，进一步促进了农业资本主义的发展。到17世纪初期，资本主义农牧场在英国东南部地区已相当普遍。农业资本主义的发展引发了农村社会结构的重大变化。贵族的分裂、乡绅的崛起和农民的分化，瓦解了封建社会的根基，传统社会关系的平衡被打破，为革命的爆发奠定了深厚的基础。

英国特有的议会传统为革命的爆发提供了有利的政治条件。议会原本是封建王权的御用工具，但从14世纪起，议会取得了参与立法、批准税收、监督国王政策等权力。到了16世纪末17世纪初，新兴革命力量以议会反对派的身份，利用议会的传统权力，与封建王权展开了斗争。

17世纪前期，尚未出现成熟的资产阶级政治理论，而宗教给英国革命以思想动力。16世纪60年代，加尔文教传入英国。加尔文教反对国教教士奢华腐败，主张勤劳和节俭，该教派在英国被称为"清教"。清教的教义反映了资产阶级的政治和经济愿望，越来越多的资产阶级、新贵族及部分农民、手工业者、工人等成为清教徒，掀起了所谓的"清教运动"。清教运动实质是一场涂上了宗教色彩的资产阶级运动。

与欧洲大陆各国相比，革命前的英国专制君主制存在许多薄弱的地方。首先，英国因是岛国，平时不需要强大的陆军保卫国土，所以英国没有常备军；其次，英国的官僚机器在都铎王朝时期虽有所加强，但其总体规模远比法国等大陆国家小得多；最后，英王的固定收入只有王室关税和领地收入两项，数量非常少，因此，政府不得不经常求助于议会补助金。封建专制王权的相对虚弱也是有利于革命较早发生的重要条件。

查理一世

1603年，都铎王朝最后一位君主伊丽莎白一世死后无嗣，由苏格兰国王詹姆斯六世继承王位，即詹姆斯一世（1603~1625年在位），从此开始了斯图亚特王朝的统治。

詹姆斯一世极力鼓吹君权神授论，宣称国王是上帝派到世间的，具有至高无上的权威，理所当然地不受法律和国会的制约。以他的继承人查理一世为代表的封建贵族阶级和资产阶级新贵族之间的斗争更为激烈，斗争集中表现为国王和国会之间的冲突。

1625年6月，查理一世为征收新税而召开国会，国会对此坚决予以否决。查理一世怒不可遏，宣布解散国会。这样，英国在1629年到1640年没有国会，史称"无国会时期"。

到17世纪30年代末期，英国的阶级矛盾空前激化，国王与国会的冲突日益尖锐，城乡人民的斗争频繁发生，封建专制统治已陷入深刻的危机之中，革命形势已经成熟。

查理一世被推上断头台

英国的国会军战胜王军后，国会的反人民政策激化了社会矛盾，人民群众的反抗斗争不断爆发，尤其是农民运动更是蓬勃发展。1645年，西部和西南部农民掀起"棒民运动"，他们以棍棒、镰刀等武器，既反对王军，也反对国会军。"棒民运动"后来被克伦威尔统领的新模范军镇压了。对这一行动，军队中发生了分歧，从而埋下了军队和国会决裂的种子。

国会军战士大多数是穿上军装的城乡劳苦大众，他们对国会的政策非常不满。1647年3月，国会通过了解散军队的决议。士兵们坚决抵制，军队中选出士兵和军官代表，组成全军委员会，领导了这场斗争。克伦威尔支持军队的要求，派兵把国王从国会的保护下夺取过来，在军队中监押。1647年8月6日，军队开进伦敦，用武力迫使国会驱走与军队为敌的长老派议员，从此，独立派掌握了国会。

然而，军队内部也存在着矛盾，以独立派为核心的上层军官与以平等派为核心的下层军官和士兵的斗争在军队掌管国会后日益加深。

1647年10月末到11月初，平等派和独立派在伦敦郊区的帕特尼会议上展开了激烈的争论。11月15日，9个团队的平等派士兵把《人民公约》贴在帽子上，举行武装示威。克伦威尔派兵镇压了平等派的这次示威活动，取消了士兵在全军委员会中的代表，使之变成独立派军官控制的军官委员会。这种做法，使独立派在取得政权后开始背叛和抛弃自己的同盟者，站在了人民群众的对立面。

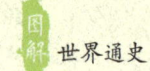

查理一世雕像

军队内部的分裂与斗争使革命力量大大削弱，为封建复辟势力的抬头提供了机会。1647年11月，查理一世从监护所逃跑，后在威特岛被扣留。不久，苏格兰国会和英国长老派分别派代表到威特岛，与查理一世密谋复位问题。1648年2月，王党在南威尔士发动叛乱，第二次内战爆发了。7月，王党勾结的苏格兰反革命军队进入英国北部，支持查理一世复辟。

面对封建复辟势力的威胁，以克伦威尔为首的独立派不得不与平等派重新联合。1648年4月29日，克伦威尔重新召开全军会议，并允诺在战后实现平等派的《人民公约》。两派决定团结起来一致对敌，消灭王党，并将国王交法庭审判。8月，克伦威尔率军在普莱斯顿战役中击溃了苏格兰反动军队。9月，攻占了苏格兰首都爱丁堡，苏格兰的政权转移到与英国国会结盟的长老派左翼手中。至此，第二次内战宣告结束。

为了防止王党势力死灰复燃，国会与军队共同组成特别法庭，审判查理一世。1649年1月27日，在人民群众的呼声压力下，查理一世被判处死刑。30日，查理一世在成千上万群众的围观下，在白厅前广场被送上了断头台。

斯图亚特王朝复辟

护国政府建立后克伦威尔为了巩固自己的专制统治，采取一系列加强独裁机构的措施。

1655年夏，他把全国划分为11个军区，各区派少将1名，统管全区的行政、军事、税收、治安等大权，直接对护国公负责。克伦威尔就是以这种军区制度对全国人民实行他的独裁统治。此外，护国政府还推行了一些维护教会和封建地主的政策，如确认地主的土地所有权、保护教会的什一税等。

护国政府的政策加剧了国内矛盾。1658年，新国会召开，共和派议员对护国政府发起猛烈攻击，因此国会被解散。此后，共和派和平等派在各地发动反政府暴动，农民起义也接连爆发。逃亡国外的查理二世开始积极准备策动叛乱。就在这危机四伏的时候，克伦威尔于1658年9月病逝，其子理查·克伦威尔继任护国公。理查懦弱无能，高级军官们趁机争权夺势，国内政局混乱不堪。理查被迫于1659年5月辞去护国公一职，护国政权遂告瓦解。

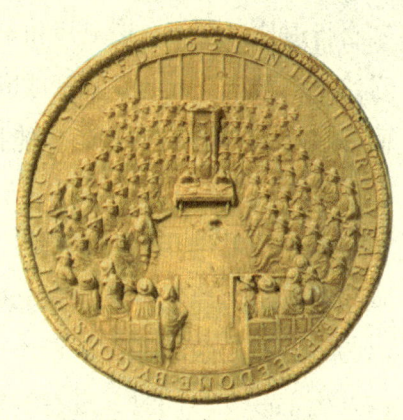

该印章用来印在官方文件上，以证实其真实性。印章画面显示了1651年议长主持议会时的情景。

护国政权解体后，政权落到高级军官手里。他们迫于日益高涨的人民革命运动，不惜与长老派妥协言和，恢复了国会。但是国会恢复不久就通过决议，要求惩办1653年解散国会的军官，于是军官们再次解散国会，组成"安全委员会"，进行军事统治。然而，"安全委员会"受到各阶层人民的抵制和反对，各地方政权也拒绝接受委员会的领导，军官们只好于1659年底又重新恢复了国会。

由于政局不稳，人民革命又此起彼伏，共和派和平等派在各地举行集会，鼓吹成立共和政体。资产阶级和新贵族慑于人民的声威，但又对军官们感到失望，于是便转向昔日的敌人，同王党集团携手合作，密谋让查理二世复辟。复辟活动很快得到驻防苏格兰的英军司令蒙克将军的支持。1660年2月，蒙克率军开进伦敦，以武力控制了政府，召集了长老派和王党分子占优势的新国会，为复辟铺平了道路。同时，国会同查理二世举行了简单谈判。4月，查理二世在荷兰的布雷达发表宣言。《布雷达宣言》实质上是国王同资产阶级新贵族之间达成的协议。5月8日，国会通过决议，迎立查理二世为英国国王。5月29日，查理二世在伦敦登上王位，斯图亚特王朝最终复辟了。然而他的倒行逆施不仅损害了人民的利益，也严重威胁到资产阶级和新贵族的利益。最后，他们被迫采用宫廷政变的方式，重新夺回权力并建立了君主立宪制。

君主立宪制

"光荣革命"打开了英国通往君主立宪制的大门。议会宣布詹姆斯二世

"自行退位"之后，把王冠和早已拟好的《权力宣言》一起送给了威廉三世，此举暗示威廉不是靠无条件的世袭资格，而是靠有条件的议会拥戴才能得以登临大统。随后，议会通过了一系列宪法性法案，对王权进行了种种法律限制。又连续通过几个财政法案，剥夺了国王的正常财政来源。从此以后，没有议会的财政支持，国王将难以为继。"光荣革命"从根本上使英国的中央权力结构发生了改变，同时又没有割断历史超越传统。原有的君主制形式继承下来，国王继续享有决策权、行政权、大臣任免权等许多重要权力，但他的这些权力只能在议会广泛限制的范围内行使，一遇冲突，只要议会采取不妥协态度和动用财政手段，最终总能迫使国王屈服。国家主权的重心已无可挽回地从国王一边倒向议会一边。

威廉三世开启了英国君主立宪的大门。

"光荣革命"后，议会的召开与选举开始走上经常化和制度化的轨道。议会的地位稳步上升，王权日趋下降，国家权力结构的天平越来越倾向于议会一方。在立法上，国王虽然始终享有否决权，但这一权力自1708年起就变成一项有名无实的虚权，议会完全主宰了主权事务。在财政上，随着财政预算制度、专款专用制度和财政审查制度的建立，议会对政府财政的控制得以完善。在行政上，国王的权力也逐步被剥夺。这个变化是通过内阁制度的建立完成的。

内阁派生于枢密院，其最初萌芽是外交委员会。枢密院原是国王政府的中枢机构，因为其成员繁多，影响了效能的发挥，国王便在其中成立了一些专门委员会，分掌某一方面的具体工作。其中，成立于17世纪初的外交委员会权力最大，凌驾于枢密院之上。该委员会由少数国王宠臣组成，经常秘密聚会于王宫内室，商定国家策略，所以人们称之为"内阁"。在以后很长时期内，内阁并不是一个合法机构，议会多次对其进行攻击。后来，随着内阁精干高效的优越性日益明显，人们才心照不宣地接受了它。"光荣革命"后，内阁慢慢疏离国王，开始依附于议会。从乔治一世起，国王退出了内阁，首相产生。此后，内阁逐渐脱离了国王的控制。

从18世纪20年代到18世纪末，随着两党政治结构的逐步形成，内阁制度的各种基本原则渐渐确立起来。而国王则真正变成有名无实的虚君，英国的君主立宪制得到完善。

英国向北美殖民

17世纪初，英国殖民者凭借雄厚的经济力量和先进的武器，开始向北美殖民。

在北美的殖民地中，由于地理条件的差异而存在着多种经济成分。在北部殖民地，资本主义工商业比较发达；中部殖民地，大量存在着半封建的租佃制；在南部殖民地，则正盛行黑人奴隶制。黑人奴隶在中北部地区也有，但数量比较少，大多是家内奴隶。另外，13个殖民地中普遍存在白人契约奴。他们的地位略高于黑人奴隶，在5~7年期满后便能成为自由公民。

为统治和管理北美殖民地，英国建立了一整套统治机构。这是一套双重机构，一是在英国政府内部设置的管理殖民地事务的贸易司；二是派驻北美的总督及官员。

比起欧洲各国和西属拉美殖民地，英属北美殖民地在社会政治结构中存在较多的民主因素。第一，各殖民地均仿效英国，设有议会，而且选民比例较高，白人成年男子大多享有选举权。第二，在经济生活中，由于北美地广人稀，取得土地比较容易，因而小块土地所有者大量存在，无产者数量较少，贫富差别不像欧洲那样悬殊。第三，不存在封建特权和等级制度。北美虽然也有贵族，但他们的社会地位不是靠封建君主的封授和出身门第，而是靠个人的努力。他们虽占据了殖民地的各级官职，但主要是靠竞争选举上的，而不是靠世袭特权。第四，在北部诸殖民地盛行地方自治，当地人民通过参加市镇大会，享有一定限度的参政权。这些民主因素使英国在北美的统治基础不甚牢固，也使日后美国的独立战争成为可能。

印第安人为了打猎或节日庆祝用在身上绘画的方式进行装饰。

英国政府希望殖民地成为英国工业的销售市场及廉价的原料供应地，因此一直对北美殖民地的资本主义工商业实行限制政策。不过，在1763年以前，由于英国忙于对法国的争霸战争，无暇严格执行这些限制政策。因此，18世纪上半期，北美殖民地的资本主义工商业发展迅速，呈现空前繁荣的景象。手工工场数量增多，规模扩大，某些工业技术已达到欧洲先进水平。

随着经济的发展，原来处于隔绝状态的各殖民地之间的经济联系日益紧密。到18世纪中叶，各殖民地之间建立起完善的邮政系统，许多桥梁、渡船和道路网把主要城市连接起来，经济往来和文化交流更加便利。北方以工业品供应南方，南方则以农产品供应北方，逐渐形成了统一的北美市场。在此基础上，北美人民形成了某些共同的文化观念和心理素质，民族意识开始觉醒。人们普遍感到自己是与欧洲、亚洲和非洲不同的"新人"。于是，一个新兴民族即美利坚民族诞生了。此外，这一时期欧洲启蒙思想的广泛传播，也给其民族民主意识的发展以巨大动力。

美国独立

英法争夺霸权的七年战争结束后，英国加强了对北美殖民地的剥削和压迫，致使北美殖民地与英国之间的矛盾斗争趋于白热化。北美人民的反抗斗争此起彼伏，最终爆发了独立战争。

1774年9月5日，英属殖民地代表在费城成立美洲"大陆会议"，并秘密组织民兵武装，在康科德备有军需物资库。这一消息被英殖民者麻省总督盖奇知道后，于1775年4月18日派史密斯上校带兵收缴。毁掉军需物资的英军在撤退时受到全莱克星顿人民武装的包围，英军且战且退，伤亡247人。

莱克星顿一战是美国独立战争中的第一次战役，它震动了整个北美殖民地。民兵迅速集合起来，包围了波士顿。5月10日，大陆会议在费城召开第二次会议，决定成立一支真正的革命军队——大陆军，由华盛顿任总司令。

乔治·华盛顿塑像

　　缺枪少弹的大陆军凭借满腔热情，攻占了加拿大的蒙特利尔，打退了波士顿的英军，击败了南部查尔斯顿的殖民者。1776年7月2日，大陆会议通过了《独立宣言》，大陆军成为合众国武装。整个北美殖民地人民情绪激昂。华盛顿率领军队接连取得胜利，迫使英军退出新泽西州中西部。

　　大西洋沿岸的北美战场极为狭长，对英军不利。英军欲以加拿大为基地，先平定北部新英格兰和纽约的美军，再向中南部推进。伯戈因遂带领加拿大英军南下，计划与纽约豪的驻军会合。豪改变计划南下，伯戈因失去接应而孤立。新英格兰境内的民兵不断阻击和骚扰，伯戈因无法获得充足的补给，行动迟缓。

　　9月19日，处于困境的伯戈因决定放弃交通线，破釜沉舟向南进发，在弗里曼农庄向美军发起进攻。美军的顽抗使英军损失惨重，伤亡600余人。10月7日，英国再次进攻，又遭到美军痛击，伯戈因被迫撤退。10月12日，退到萨拉托加附近的伯戈因发现被追击的美军包围，只好投降。16日，与美签订《萨拉托加条约》。

　　萨拉托加的胜利，是美国独立战争的转折点。国际反英势力纷纷支援美国，法、西、荷等国相继对英宣战，英国在国际上处于孤立状态。

　　英军将战略重心转移到南方，先征服佐治亚州，又逼降查尔斯顿的美军，随后攻占了南卡罗来纳。1780年12月，华盛顿任命洛林为南部美军总司

　　1775年4月18日黎明，在莱克星顿公有草地上，身着红制服的英军向殖民地民兵开火，英勇的民兵扑向英国殖民军，打死打伤247名英国轻步兵，殖民军仓皇地逃回波士顿。这一役揭开了北美独立战争的序幕。

·自由女神像·

　　纽约港的自由女神像是美国的象征，是法国人于1884年7月4日赠予美国的。当1865年拿破仑三世即位时，一位名叫埃杜阿德·迪·拉布莱的学者及他圈内的人们希望结束君主制度，建立一个新的法兰西共和国。他们酝酿造一个自由女神像，来表达他们对大西洋彼岸的伟大共和国的赞许，并激励法国人民和美国人民相互间的支持。

　　自由女神像的基座是由美国建筑师理查德·莫里斯·亨特设计的，基座高47米。女神像的设计者是来自阿尔萨斯的雕塑家弗雷德里克·奥古斯梯·巴托尔迪，他从法国画家德拉克罗瓦的名作《自由引导着人民》中得到灵感，而女神的脸庞则以他自己的母亲为原型。女神像高46米，冠饰上的七条光芒意寓将自由的希望照亮七大洲。女神左手托着一本《独立宣言》，右手高举熊熊燃烧的火炬，指引着民族自由解放的道路。

　　1884年8月，自由女神像底座奠基工程动工。1886年年初，75名工人爬上高高的脚手架，用30万只铆钉把自由神像约100块零件钉到它的骨架上。10月中旬，自由女神像的建立终于全部完工。10月28日，美国总统亲自参加自由女神像揭幕典礼并发表了讲话。自由女神像所屹立的岛屿原来叫贝德娄岛，现在则改为自由岛了。

令。洛林将部队分散开来，展开游击战。1781年1月17日，在考彭斯全歼英军1100人。3月15日，在吉尔福德重创英军。同时，法舰队在海上与英军周旋，大大牵制了英军的陆上攻势。

　　4月，美军在法、西、荷等国海上舰队的配合下，开始大规模的反攻，迫使英军退守海岸线。8月，英统帅康沃利斯将南部主力集中在弗吉尼亚半岛上的约克敦，以便与纽约驻军相互策应。华盛顿率领美法联军1.6万余人，从水陆各方包围了约克敦，切断了英军与纽约驻军的联系。10月9日，联军发起总攻，分别从左右两方同时向约克敦发炮。火炮的巨大吼声持续了十八九个小时，英军逐渐支持不住。16日，试图从海上逃跑的英军又因暴风吹散了准备好的船只而无法撤离。17日，失去反攻能力的英军只好投降。

　　1783年，美英签订和约，英国承认美国独立。

自由女神像

世界上最早的成文宪法

美国人民在争取民族独立的同时，还在社会政治、经济领域内进行了一系列改革，收到了较好的成效。

首先，在1776~1780年，除罗德艾兰和康涅狄格两个州外，其余11个州都制定了州宪法。这些州宪法是世界史上最早的成文宪法，都附有《权利法案》，宣布实行共和制、州政府官员选举制，并限制州长权力，加强州议会权力。大多数州降低了议员财产资格，扩大了选举权。其次，许多州废除了维护大土地所有制的《限量嗣续法》和《长子继承法》，而中部各州半封建的大地产租佃制趋于瓦解。许多州还宣布实行宗教信仰自由，个别的州对刑法进行了改革，废除了野蛮残酷的刑罚，死刑范围大大缩小。

《邦联条例》是美国1776年制定的第一部全国性宪法。当时，北美人民鉴于殖民地时代的经验，害怕中央政府权力过于集中会导致暴政，所以给各州保留了很大的独立性。因此，一定时期内，美国俨然是由13个独立国家组成的松散的联盟。当时，美国商人在国际市场上经常受到外国商人的欺辱，西部白人也因缺乏中央政府的保护而经常遭受印第安人的侵扰。此外，当时欧洲各大国对新生的美国虎视眈眈，总想伺机侵犯，这一切都表明了加强中央权力的必要性。

1787年5月25日，制宪会议在费城举行。在长达4个月的激烈争论中，与会代表在互相妥协、调和各派矛盾的基础上，于9月份制定出《联邦宪法》。这部宪法确立了美国的共和政体和联邦制度，加强了中央政府权力，并按照三权分立原则，国家权力分别授予立法、司法和行政3个部门。总统和议员由人民选举产生，文官政府控制军权，具有鲜明的民主色彩。

美国的共和制度是在明确的理论指导下，按照预先设计好的宪法框架自

1787年美国宪法制定时的情景

觉构建起来的。根据1787年《联邦宪法》，美国国会是最高立法机关，由参议院和众议院组成。参、众两院均有权提议立法，但所有财政税收法案必须由众议院提出。

在中央与地方的权力划分上，美国采取的是联邦制形式。在这种制度下，国家的重要权力集中于中央政府手中，同时又给地方政府保留了一定程度的自治权。这样，既可防止各地各行其是，又避免了权力过于集中。

实践证明，美国在独立革命之后创立的这套民主共和制度很成功，它使中央3个权力机构之间、中央与地方之间相互制约，彼此联系，既有利于防止独裁，又在一定程度上保障了资产阶级民主。民主共和制的开创是人类政治文明进步的主要表现之一。

欧洲启蒙运动

启蒙运动的出现有这样几个原因：首先，它的产生是资产阶级反对封建专制制度的时代要求。17~18世纪，随着资本主义的发展，封建专制制度的阻碍作用越来越明显，日益强大的资产阶级迫切要求推翻这一腐朽反动的制度。其次，启蒙运动是在17世纪唯理主义哲学的基础上发展起来的。唯理主义哲学的代表人物笛卡儿，用人的理性代替了神的启示，用独立思考代替了对神的盲目信仰。这种与神学迷信相对立的理性学说是启蒙运动的思想渊源。另外，启蒙运动的发生还与自然科学的发展密切相关。

正在桌前工作的伏尔泰

伏尔泰是启蒙运动中著名的思想家。

启蒙运动发源于英国，英国学者在启蒙运动中占有重要地位。培根反对中世纪的经院哲学，肯定世界是物质的。他提出了"知识就是力量"的著名口号。霍布斯提出社会契约学说和国家起源学说。他反对教皇和天主教，主张把教会置于国家和君主的管辖之下。洛克认为知识来源于感觉，经验是知识的源泉。他反对王权神授，主张立法、行政、外交三权分立，提倡自由和宽容。赫伯特创立自然神学说，认为《圣经》荒诞无稽，理性是寻求真理最可靠的依据。普里斯特利认为三位一体、得救预定、神启《圣经》都是荒谬的。

·伏尔泰·

伏尔泰，1694年出生于巴黎，原名佛兰苏阿·马利·阿鲁埃，伏尔泰是其笔名。18世纪初，伏尔泰成了启蒙运动的旗手。1718年，他发表了悲剧《俄狄浦斯王》，取得了热烈反响，从此用伏尔泰笔名。1734年，伏尔泰出版了《哲学通信》，对法国的宗教教派斗争进行了抨击。此后，伏尔泰从各个方面抨击教会和封建制度的反动统治。伏尔泰的名气越来越大，许多达官贵人为了沽名钓誉，纷纷同他交往。后来他发现包括普鲁士腓特烈二世在内的封建统治者并不是真正赞同他的观点，便决心不再与任何君主往来。1755年，他在法国和瑞士边境的佛尔纳定居下来，在此期间又发表了哲理小说《老实人或乐观主义》《天真汉》等不朽名著。1778年5月底，伏尔泰在佛尔纳逝世。

18世纪，启蒙运动在法国达到高潮，涌现出一大批著名的启蒙思想家。他们要求破除神学迷信，高举理性旗帜，为启蒙运动做出了巨大历史贡献。启蒙思想家们提倡科学，反对蒙昧主义，对宗教教义和神学进行了严厉的批判。其中，伏尔泰对宗教神学的批判尤为辛辣。

伏尔泰这个"投向旧制度的第一颗炸弹"，是启蒙运动中公认的领袖和导师。他指出，宗教是"一些狡猾之徒虚构出来的最庸俗的欺骗之网"，教义本身就是弥天大谎，教皇、僧侣全是"狂信者""骗子手"。他认为现存社会的一切灾难都来源于无知，而造成这种状况的就是教会。因此，他号召人们破除对上帝和神的盲目崇拜，为科学、理性和进步而奋斗。

法国哲学家孟德斯鸠猛烈抨击专制制度，认为专制主义统治下的法国是极不合理、极不公平的社会。他指出罗马共和国的盛衰取决于统治者的贤明或昏庸，矛头直指路易十五统治下的法国。他的著作《论法的精神》，被伏尔泰誉为"理性和自由的法典"。在这部著作中，他提出了立法、行政和司法三权分立的学说，认为最理想的政治制

1775年，在法国一贵妇人的沙龙上，客人正在宣读伏尔泰的作品，启蒙思想已深入人心。

度是英国的君主立宪制。经济学家杜尔哥指出人类社会的历史就是人类理性进步的历史。哲学家孔多塞主张人类要不断前进，消灭阶级间的和民族间的不平等。

法国启蒙运动的杰出代表还有以百科全书派为中心的一批唯物主义思想家。拉梅特里发挥了唯物论和无神论的精神。霍尔巴赫对宗教进行无情的讽刺，指责基督教违反理性和自然。爱尔维修攻击一切以宗教为基础的道德。狄德罗终生为自由、真理和社会进步而奋斗，写了一系列唯物主义哲学著作。1746年，他发表《哲学思想录》，谴责暴君，对基督教进行了无情的抨击。

法国启蒙运动中，小资产阶级民主派的代表人物是卢梭。他指出，人类不平等的根源是私有制，主张天赋人权、主权在民、自由平等。在政治上他拥护共和国。他的政治思想对18世纪末法国大革命产生了重大影响。

在经济理论上，启蒙思想家们提出了经济自由的思想。重农学派的创始人魁奈认为，农业是创造财富的唯一生产部门，因此只有从事农业的人才是生产阶级。工业只不过是从事加工工作而已，经营工业的是非生产阶级。除此之外，还有一个不劳而获的土地所有者阶级。他提出，国家的全部赋税都应该由土地所有者阶级负担。他还建议，应鼓励资本家用地主的土地，发展资本主义大农业；政府应实行"放任政策"，允许自由竞争和自由贸易等。

启蒙运动波及德国和俄国，也越过大西洋，在英属北美殖民地得到传播。启蒙运动还扩展到亚洲、非洲、拉丁美洲地区。19世纪末20世纪初，中国出现了最初的一批启蒙学者，他们翻译欧洲启蒙思想家的名著，介绍他们的思想，对中国的思想界、学术界起了重要的推动作用。

启蒙运动的思想家们勇于为真理和正义而斗争。给"天国"的神灵和世上的王权以沉重的打击。他们的著述描绘了未来"理性王国"的蓝图，启发并培养了一代革命者。启蒙运动为摧毁腐朽的封建制度、确立资本主义制度做了思想上和理论上的准备。启蒙思想家所宣传的自由、平等、民主和法制的思想，对1775~1783年的北美独立战争、1789年的法国大革命及19世纪欧洲爆发的一系列资产阶级革命都产生了极大的影响。

法国大革命的导火线

法国在18世纪末期，是欧洲大陆上典型的封建专制国家。农业占主导地位，但资本主义工商业已有较大发展，许多领域都在欧洲大陆各国中处于领先水平。然而，腐朽的封建专制制度严重阻碍了资本主义的发展。

在这幅18世纪的版画中，从各省运来的小麦、木材和干草正在从船上卸到塞纳河岸上。食品和燃料的短缺经常导致巴黎民心不稳。

资本主义工商业的发展，使法国阶级关系发生了变化，而新的生产力与旧的生产关系的尖锐矛盾，使阶级斗争日趋激化。革命前，波旁王朝的路易十六实行专制集权的残暴统治，等级制度森严，全国居民被分为三个等级：天主教僧侣（教士）为第一等级；封建贵族为第二等级；资产阶级、城市平民、工人和农民为第三等级。封建法律明文规定："僧侣以祷告为国王服务；贵族以宝剑为国王服务；第三等级以财产为国王服务。"第一、第二等级为特权等级，他们霸占了政府、军队和教会的重要职位，享有种种特权，不向国家缴纳赋税，过着骄奢淫逸的生活。

18世纪末，法国的统治阶级已非常腐朽，国王及王室成员穷奢极欲。国内政治腐败不堪，对外战争也屡遭失败。"七年战争"中，法国丢失了大片海外殖民地，国际地位一落千丈，政府财政陷入崩溃。后又因参与北美独立战争，军费剧增，财政危机进一步加剧。1787~1788年，法国国内发生经济危机，生产萎缩，粮价上涨，社会更加动荡不安。这一切都表明，法国的旧制度已陷入绝境，革命的爆发已不可避免。

路易十六

迫于财政压力，路易十六决定召开已中断160多年的三级会议。1789年春，资产阶级利用这个机会，积极开展政治活动，尤其是在选举三级会议代表和起草《陈情书》的过程中，大造舆论。在巴黎及各地出版的许多

传单和小册子中，西哀耶士的《什么是第三等级？》一书流传最广。各阶级向三级会议提交的《陈情书》中提出了各自的要求，会议的召开及其斗争，成为法国大革命的导火线。

1789年5月5日，三级会议在凡尔赛宫正式开幕。出席会议的代表1139人，其中第一等级291人，第二等级270人，第三等级578人。国王在开幕词中，要求与会代表商讨解决财政危机的方案，而只字不提政治改革问题。他还宣布按惯例，三个等级分别开会讨论，并以等级为单位进行表决（每个等级只有一票），以此来控制会议决定。第三等级的代表则坚决要求按代表人数进行表决，以便取得多数，实行有利于资产阶级的改革。

1774年，图尔高被任命为新册立的路易十六国王的财政大臣，他试图推行一系列改革，但遭到既得利益集团的反对，最终未能改变路易十六、法国王室及法国政治的失败。

自5月初以来，法国人民一直密切注意着三级会议的动态。巴黎市民成群结队地来到凡尔赛，声援第三等级代表的斗争。在这一有利形势下，第三等级的代表们于6月17日自行召开了国民会议，宣布自己是国民的使者，拒绝征收新税，要求政府偿付国债，宣布国王无权否决国民会议的决议。不久，参加三级会议的低级僧侣和自由派贵族开始转向第三等级，参加了国民会议。国王在局势失去控制的情况下，被迫同意三个等级的代表在一个会场开会。7月9日，国民会议改为制宪议会，准备着手制定宪法。从三级会议到制宪议会，表明第三等级对国王的斗争获得了初步胜利。

·三级会议·

三级会议是法国的等级代表会议。第一等级是僧侣；第二等级是贵族；第三等级起初指城市工商业者的上层分子，18世纪末，包括农民、工人、小商贩和城市贫民、为数众多的小生产者及资产阶级。会议由国王召集。1302年，首次召开三级会议。从1614年起，175年间从未召开过三级会议。1789年，为了解决严重的财政危机，国王路易十六同意召开三级会议。资产阶级希望三级会议进行政治改革，分享政治权利。国王路易十六只要求代表解决财政问题，会议发生激烈冲突。会议伊始，第三等级代表和一些自由派贵族就违背国王的初衷，把矛头指向专制制度。7月9日，第三等级宣布将这次会议改为制宪会议。国王立即调动军队镇压，激起7月14日的巴黎人民武装起义。

攻占巴士底狱

在巴黎东南的圣安东街，有一座高大的城堡，它就是巴士底狱。巴士底狱建于1382年，起初是为了抵抗英国人而建的堡垒，后来由于巴黎的扩大逐渐成为巴黎市区的建筑，改为王家监狱。这座阴森恐怖的城堡有高高的石墙，城墙上有8座塔楼，每个塔楼的顶端都安放着一尊大炮，虎视眈眈地对着整个巴黎。巴士底狱四周有一条宽25米的壕沟环绕，只有通过吊桥才能进入。几百年来，法国的官吏和密探可以不经任何法律就逮捕反对国王、反对贵族、反对专制主义的人，把他们投入巴士底狱。在法国人民眼里，巴士底狱就是封建专制的象征。

18世纪的法国，国民分为三个等级，第一等级是教士，第二等级是贵族，第三等级是资产阶级、城市平民、工人和农民。第一、第二等级的人数只占全国人口的1%，但他们有权有势，占有全国1/3的土地，却不用缴税。他们还利用手中的权力，提高税收，设置关卡，千方百计地剥削人民，引起了广大人民的不满。

在攻陷巴士底狱并释放了为数不多的囚犯之后，人们抓住了监狱长。他的头颅被砍掉，随后被枪尖高高挑起。

·巴士底狱·

巴士底狱虽然是一个关押政治犯的监狱，但它的条件并没有想象中那么恶劣。巴士底狱并不光关押那些政治犯，很多头脑发热的贵族青年也常被送到里面去吸取些经验教训，比如伏尔泰就两次被关了进去。当然，巴士底狱也经常关押一些比较顽固的政治犯，那些人的待遇就差多了，经常有人被活活折磨得发疯，而且一关就是几十年甚至一辈子。谁也不知道巴士底狱里面关押了多少人，由于它的神秘，人们一直把它当成封建专制的象征。所以在法国大革命时期，人们把攻占巴士底狱看成是革命胜利的标志。

1789年5月，法国国王路易十六为了榨取更多的钱财供他挥霍，召开了三级会议。第三等级的代表识破了他的诡计，趁机提出要求限制国王的权力，把三级会议变成国家的最高权力机关，这理所当然遭到了路易十六的拒绝。于是第三等级的代表宣布退出三级会议，成立国民大会，后来又改为制宪会议。听到这个消息后，路易十六暴跳如雷，秘密调集军队进入巴黎，准备逮捕第三等级的代表。

巴黎人民得知这一消息后，群情激愤，怒不可遏。1789年7月13日，巴黎人民手拿大刀、长矛、火枪，举行了声势浩大的起义。起义军迅速占领了巴黎的军火库，夺取了好几万支火枪和几门大炮。惊慌失措的路易十六急忙派军队前去镇压，但被起义军打得大败。仅一天的时间，起义军就控制了全城，只剩下市东南的巴士底狱了。

7月14日，巴黎群众高呼："到巴士底狱去！"起义军从四面八方赶来，包围了巴黎最后一座封建堡垒。巴士底狱守备司令德·洛纳被潮水一样涌来的起义军吓破了胆，急忙命令士兵绞起铁索，升起吊桥。为了减少伤亡，起义军派了几个代表，举着白旗，去同巴士底狱守备司令德·洛纳谈判，希望他投降。但丧心病狂的德·洛纳竟然命令巴士底狱的士兵向代表们开枪。巴黎人民被彻底激怒了，立即向巴士底狱发起了猛攻。巴士底狱的士兵从城墙上向起义军开火，并用塔楼上的大炮轰击。起义军冒着敌人的炮火前进，他们抬着云梯，越过壕沟，奋不顾身地攻城。但由于敌人的火力太猛，起义军损失惨重，被迫撤退。起义军从四周的街垒向巴士底狱射击，但由于距离太远，对守军构不成威胁。

"我们也要有大炮！"大家齐声说。很快，起义军找到了几门旧大炮，上面生满了铁锈。一个叫肖莱的酒商自告奋勇来当炮手。"轰轰轰"，一排排的炮弹带着起义军的怒火打在城墙上，人民发出阵阵欢呼。但旧大炮的威力太小了，只打掉了一些石屑，在厚厚的城墙面前，实在是微不足道。巴士底狱的守军大声嘲笑起义军。

有几个勇敢的人拿着铁锹、铁镐、火把和炸药，冒死冲到巴士底狱的城墙下，想在墙上挖个洞，然后用炸药炸塌城墙。但他们还没来得及行动，就被城墙上的士兵打死了。

"我们需要真正的大炮和炮手！"大家又分头去找，过了一会儿，有人找来了一门威力巨大的大炮。炮手们调整好角度，把炮弹放到大炮里，点燃火绳，"轰"的一声，大炮发出一声怒吼，威力巨大的炮弹重重地撞在城墙上，发出震耳欲聋的爆炸声，城墙一下子就被轰塌了一大块。人们发出阵阵欢呼。"轰轰轰！"炮手们一刻也不停，继续发炮。"咣当"一声，一颗炮弹把铁索打断了，吊桥掉了下来。"冲啊！"起义军发起冲锋，踏着吊桥冲进了巴士底狱，城内的士兵见大势已去，纷纷投降，德·洛纳被愤怒的起义军活活打死。

占领巴士底狱的消息传到全国后，各地的法国人民纷纷起义，夺取政权。后来7月14日被定为法国国庆日。

法国的《人权宣言》

1789年8月4日夜，法国制宪议会紧急召开会议，内容是讨论农民的土地问题。会上，手足无措的贵族和僧侣们纷纷表示放弃封建特权。8月5日至11日，制宪议会通过了关于解决农民土地问题的《八月法令》。法令规定：废除农民对地主的依附关系和劳役；废除特权等级和各种特权；废除教会的什一税。但是，《八月法令》却要求农民高价赎买土地；没收教会的土地也分成大块高价出售，结果大部分土地落入资产阶级手中。这表明该法令实质上没有解决农民的土地问题。

1789年8月26日，制宪议会通过了宪法的序言——《人权宣言》。《人权宣言》是以1776年北美《独立宣言》为蓝本，以启蒙思想家的政治理论为依据而制定的。《人权宣言》指出人生来是平等的。《人权宣言》还宣布取消等级差别，否定君权神授，"在法律面前，所有公民一律平等"，每个公民都享有人身、言论、信仰等自由，而且有反抗压迫的权利。《人权宣言》还规定了

《人权宣言》宣传画

"财产是神圣不可侵犯的权利"。

《人权宣言》是资产阶级的纲领性文件，它的颁布具有重大进步意义。它以法律的形式，第一次把启蒙思想家所阐述的资产阶级政治主张固定下来。它提出的"法律面前人人平等"和"主权在民"的原则，既沉重地打击了法国以至整个欧洲的封建专制制度，又调动了法国人民参加反封建斗争的积极性。

革命胜利后，路易十六在凡尔赛加紧策划反革命活动。他一面拒绝批准《八月法令》和《人权宣言》，一面又暗中向凡尔赛集结军队。革命领袖马拉主编的《人民之友报》，揭露了国王的反革命阴谋，号召人民向凡尔赛进攻。当时，由于雹灾歉收而处于饥饿中的巴黎人民怒不可遏。1789年10月5日，成千上万的巴黎人民群众，在圣安东妇女的带领下，冒雨向凡尔赛进军，并包围了王宫，高呼着"要面包"的口号。10月6日清晨，国王卫队向群众开枪。愤怒的群众冲进王宫，逼迫国王批准了《八月法令》和《人权宣言》。群众把国王和王后从凡尔赛押到巴黎，置于人民群众的监督之下。不久，制宪议会迁到巴黎。这次事件粉碎了国王的复辟阴谋，又一次挽救了制宪议会，把革命进一步向前推进。

1791年9月14日，制宪议会颁布新宪法，史称《1791年宪法》。新宪法规

·路易十六·

路易十六(1754~1793年)，法国国王。1774年即位，正值王朝危机四伏，财政支出激增，经济濒于破产。为征收新税，不得不求助于第三等级。1789年5月，路易十六被迫召开中断了175年的三级会议。但他竭力维护特权等级利益，拒绝第三等级的改革要求，并企图用武力威胁第三等级代表。7月14日，巴黎人民攻陷巴士底狱，路易十六迫于形势，接受革命现实，但在暗地里进行破坏。1791年6月20日偕王后、王子化装潜逃未遂。1792年，在立法议会宣布的对奥战争中，他勾结外敌和逃亡贵族，企图镇压革命。8月10日，巴黎人民起义，推翻王政，9月21日成立法兰西共和国，路易十六被捕。1793年1月18日，他被国民公会以叛国罪判处死刑，1月21日在巴黎革命广场被处死。

定法国为君主立宪政体国家，立法权属于由选举产生的一院制立法议会，立法议会是国家最高立法机构；国王是国家行政机构的首脑，但只能依据法律统治国家；司法权属于选举产生的法官，实行陪审裁判制。宪法宣布取消封建等级制；在选举制度上，凡年满25岁，有财产并能缴纳直接税的为"积极公民"，享有选举权；凡是不符合财产规定的为"消极公民"，被剥夺选举权与被选举权。

1789年8月26日，代表大会通过了《人权宣言》，这个宣言后来成了新宪法的基础。

制宪议会实行了有利于资产阶级的改革：统一行政区，把全国划为83个郡，取消了内地的关卡和苛捐杂税；废除了工业法规和行会制度；取消了商品专卖权，实行粮食自由买卖；统一全国的度量衡和货币。这些措施加速了法国资本主义工商业的发展。制宪议会还宣布国家监督教会和神职人员；把教会地产收归国有，并分成大块高价出售。这些措施既打击了天主教会，又增加了政府收入，而且满足了大资产阶级和自由派贵族购买土地的要求。

与此同时，制宪议会针对工人反饥饿的罢工斗争，于1791年6月通过了严禁工人集会、结社和罢工的《列霞不列埃法》。这表明资产阶级刚刚掌权就用政治手段把资本和劳动之间的斗争限制在对资本有利的范围内。

总之，制宪议会所通过的各项法令和政策虽具有一定进步意义，但改革的目的却在于巩固大资产阶级和自由派贵族的统治，为资本主义的发展开辟道路。

法兰西第一共和国

1792年8月10日，巴黎人民发动第二次武装起义，推翻了君主统治。9月21日，国民公会开幕，次日，国民公会宣布成立法兰西共和国，史称第一共和国。

为了控制国民公会，吉伦特派极力排斥、打击雅各宾派。在国民公会中，两派就如何处置国王的问题展开了激烈的争论。雅各宾派要求把国王交给人民审判，以彻底粉碎国内外封建势力的复辟阴谋，而吉伦特派为了同反动势力妥协，极力袒护国王。

1792年11月间，在王宫的一个秘密壁橱里，发现了国王路易十六同欧洲封建宫廷勾结的文件及同逃亡贵族往来的大批信件。巴黎人民得知消息后，怒不可遏，坚决要求立即审判国王。吉伦特派在国民公会里还为国王开脱罪责，但经过激烈的辩论，大多数代表主张判处国王死刑。1793年1月21日，路易十六作为"民族的叛徒""人类自由的敌人"被送上断头台。处死国王是革命人民的重大胜利，它不仅推动了法国革命进一步前进，而且也打击了欧洲的封建秩序和君主的权威。

从1792年秋到1793年初，对外战争致使法国财政空虚，经济遭到严重破坏：工业衰落，商业萧条，农业减产。然而，吉伦特派控制的国民公会，对群众的疾苦置若罔闻，引起人民群众的不满。吉伦特派极端仇视愤激派的革命活动，诬蔑反映下层人民要求的愤激派是"疯人派"，并进行迫害。雅各宾派起初没有支持愤激派的要求。后来，出于战胜国内外封建势力的需要，便主动联合愤激派，共同反对吉伦特派。1793年5月4日，在罗伯斯庇尔的提议下，国民公会终于通过了《粮食最高限价法案》。

法国在对外战争中的胜利和处决路易十六，使欧洲各国的君主极为恐慌，他们害怕自己的劲敌强盛而成为欧洲和海上霸主。不久，以英国为首的反

·吉伦特派·

吉伦特派是法国大革命中代表工商业资产阶级利益的政治派别，因该派领袖人物布里索、维尔尼奥等多来自吉伦特省而得名。1792年8月10日起义后，吉伦特派执掌政权。吉伦特派主张废除君主制，于1792年9月宣布成立法兰西共和国，并把国王路易十六押上断头台。随着革命的深入，认为法国革命应当止步，恢复秩序，并竭力维护工商业资产阶级的利益。1793年初，法国局势恶化，前线紧张，粮食奇缺，物价飞涨，群众要求限制物价，打击投机倒把。吉伦特派则坚持经济自由原则，不愿对经济进行干涉和管制。1793年4月，前线发生吉伦特派将领叛变事件，巴黎群众极为愤怒。1793年5月31日~6月2日，巴黎群众起义，逮捕吉伦特派议员及其首领，吉伦特派被推翻。1794年7月27日热月政变后，该派又成为热月党的骨干。

法势力组成了由普鲁士、奥地利、荷兰、葡萄牙、西班牙、那不勒斯、撒丁等国参加的第一次反法联盟，对法国发动了新的进攻。

当时执政的吉伦特派，一心想镇压革命民主派和人民群众，不愿组织力量进行抵抗。因此，在反法联军的大举进攻之下，法军被迫退出比利时和德意志。随后，前线总司令、吉伦特派的将军杜木里埃叛变投敌。与此同时，国内的反革命分子也蠢蠢欲动，旺代、布列塔尼及法国南部相继发生了王党暴动，法兰西共和国面临着严峻的考验。

在国内外反革命势力联合进攻的危急时刻，吉伦特派彻底暴露了他们的真面目。3月，吉伦特派勾结王党分子，杀害革命人士，破坏雅各宾派在各地的俱乐部。5月，吉伦特派又组成了"十二人委员会"，企图罗织罪名，迫害雅各宾派领导人。这说明了吉伦特派已经转变成革命的敌人。不推翻吉伦特派的统治，革命就有夭折的危险。

在内忧外患的紧急关头，雅各宾派领导人民开展了反对国内外敌人的斗争。4月，成立了以丹东为首的公安委员会，负责组织战争事宜。5月底，以罗伯斯庇尔为首的雅各宾派组成了巴黎各区联合起义指挥部，任命雅各宾派左翼分子安里奥为国民自卫军司令。

1793年5月31日凌晨，巴黎上空警钟响起，起义群众迅速包围了国民公会。冲进会议厅的巴黎公社代表们坚决要求解散"十二人委员会"，逮捕最

1792年8月10日，巴黎人民打败了仍在保护皇室的瑞士卫兵队，攻占了杜伊勒里宫，一个月后法兰西共和国宣布成立。

反动的吉伦特派议员，镇压反革命叛乱。国民公会只同意解散"十二人委员会"，而没有同意逮捕吉伦特派的首要分子。6月1日，巴黎获悉，里昂吉伦特分子勾结王党分子，杀害了800名雅各宾派人士，同时传来前线形势恶化的消息。当晚，愤怒的革命群众集会，示威游行。6月2日，起义的群众和国民自卫军10万人再次包围了国民公会，当场逮捕了29名反动的吉伦特派议员，后来，其中的大部分议员被送上了断头台。

巴黎革命推翻吉伦特派后，雅各宾派接掌政权。专政的最高权力机关是国民公会，执行机关是公安委员会，实际首脑是雅各宾派领袖罗伯斯庇尔。专政期间，建立革命政府，强化专政机构；颁布《土地法令》，废除封建土地所有制，摧毁封建制度；制定《1793年宪法》，取消积极和消极公民的区别及选举的财产资格限制；通过《惩治嫌疑犯条例》，镇压反革命，并击退了外国武装干涉；实行限价政策，打击投机商，把法国资产阶级革命推向高潮。

"热月政变" "雾月政变"

雅各宾派执政后，开始推行恐怖统治。恐怖统治本是在特殊条件下采用的一种非常手段，一旦危机被克服，就应立即停止。然而，雅各宾派中的一些领导人在恐怖年代里养成了一种排他自保和权欲膨胀的心态，使得他们在局势好转之后不但没有调整，反而把恐怖统治变为铲除异己、维护自身权力的手段，最终导致雅各宾派内部发生分歧，分裂为三派，即埃贝尔派、丹东派和罗伯斯庇尔派。埃贝尔派一向激进，他们要求继续加强恐怖政策；丹东派主张放弃恐怖统治，实行宽容政策；而当权的罗伯斯庇尔派对以上两派则一律采用镇压政策。埃贝尔、丹东及其主要伙伴先后被送上断头台。此后，罗伯斯庇尔派陷于孤立。反罗伯斯庇尔的各派力量联合在一起，于1794年7月27日（法国新历，共和二年热月九日）发

巴黎"无套裤汉"

这一名称来自百姓们不穿只有贵族才穿的短裤，而他们却是大革命的主力军。

动"热月政变"，罗伯斯庇尔及其集团的主要成员如圣茹斯特、丹东等被捕，并被送上了断头台，雅各宾派专政被推翻，建立以热月党人为代表的大资产阶级政权。"热月政变"是法国资产阶级革命的转折点。从此，革命高潮过去。

新上台的热月党人一方面取消了雅各宾派的恐怖政策和激进措施；另一方面努力保护革命成果，维护共和制，希望能重新建立资产阶级的正常统治秩序。1795年，热月党人制定了新宪法，随后成立督政府。督政府懦弱无能，对内不能稳定政局，对外不能有效地抗击反法联军的进攻。经济投机活动恶性膨胀，货币贬值达到失控地步，下层人民起义和保王党叛乱频繁发生。政治、经济和军事上的混乱局面，说明缺乏效能的督政府已不可能有所作为。在这种形势下，1799年11月9日（共和八年雾月十八日）发生了"雾月政变"，军事独裁者拿破仑·波拿巴应运而生，承担起建立强有力政权和稳定内外局势的历史使命。

法国大革命是一次规模宏大、斗争曲折复杂的资产阶级革命，其势如暴风骤雨，异常迅猛。在革命过程中，人民群众发挥了不可替代的作用。他们的革命行动，推动革命不断向前发展，并取得了一系列民主成果，因而这次革命是一次资产阶级民主革命。它不仅结束了法国的封建统治，而且从根本上动摇了欧洲的封建体系，有力地推动了欧洲资产阶级革命运动和拉丁美洲民族解放运动。

普鲁士跻身欧洲强国

普鲁士原为古普鲁士人居住地，13世纪为条顿骑士团征服，始称普鲁士。1466年臣属波兰，1525年成为普鲁士公国。自16世纪起，勃兰登堡采用各种方式不断扩张领土，并利用位于海外贸易必经之路的有利位置，积极发展经济，国势蒸蒸日上，成为德意志诸邦中唯一能与奥地利抗衡的国家。

18世纪中叶，腓特烈二世为使普鲁士跻身

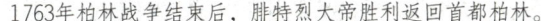
1763年柏林战争结束后，腓特烈大帝胜利返回首都柏林。

·德意志的政治分裂·

公元843年，从查理曼帝国分裂出来的东法兰克，逐渐发展为德意志王国。公元962年，奥托一世成立了新的帝国，历史上称为"神圣罗马帝国"。这个时期，德意志封建主乘机加强割据，扩大实力，诸侯之间出现长期内乱，皇权衰落，封建领主发展为诸侯或称邦君，领地成了邦国。1356年，查理四世迫于压力，颁布《黄金诏书》，正式承认诸侯在自己邦内拥有行政、司法、关税、铸币和经营矿山等权利，并规定皇帝由固定的7个诸侯中选举产生，7个诸侯因此称为选侯。14世纪中叶，神圣罗马帝国除7个选侯外还有10多个大诸侯、200多个小诸侯、1000多个独立帝国骑士，他们大大小小的领地就是大大小小的邦国。在300多个邦国中，奥地利和普鲁士最为强大，他们之间的争霸使德意志政治分裂局面有所改观。

于欧洲强国之列，也开始实行"开明专制"，进行改革。改革内容包括：第一，加强中央集权，提高政府工作效率。腓特烈把政府机构置于自己的绝对控制之下，要求官员讲求效率，却不给他们以处置权。这样，普鲁士的官僚机构就成为国王手中驯服而有效的御用工具。第二，疏通道路，修筑桥梁，改善交通；吸引外国移民；发展工商业，增加税收；扩充军力。第三，开办学校，发展教育；奖励科学，扶助艺术。

腓特烈二世的"开明专制"表面上标榜科学与理性，但本质上仍是专制主义。他在进行改革、增强国力的同时，不断发动对外战争，继续扩充疆土。18世纪中期，他借口奥地利的王位继承问题，参加对奥战争，夺取了西里西亚。18世纪晚期，又与俄、奥一同瓜分波兰。普鲁士的实力迅速上升，跃居于欧洲强国之列。与此同时，普鲁士也变得更加专制、更加军国主义化了。

俄国推行"开明"改革

近代的俄国是以莫斯科公国为中心，通过不断兼并邻国逐步形成的。到17世纪中叶，俄国已是一个疆土辽阔的封建大国，但经济却十分落后。农奴制度在俄国仍盛行不衰，农民没有人身自由，饱受着贵族地主的残酷剥削，生活非常悲惨。手工工场虽然开始出现，但数量很少，而且工场内的主要劳动力是农奴；政治上实行沙皇专制制度，所有权力都集中在沙皇一人手中；文化教育更为落后，识字的人非常少，全国人民都笼罩在无知和愚昧之中。

为使俄国尽快摆脱落后局面，1689年开始掌握实权的彼得一世进行了大刀

彼得大帝是18世纪初期俄罗斯的统治者，俄国历史上称帝的第一人。他全力以赴地将封闭保守的俄罗斯转变成一个真正的帝国。

阔斧的改革。彼得一世（1672~1725年），俄国罗曼诺夫王朝第4代沙皇，杰出的政治家、军事家和外交家，俄国正规陆海军的创建者，史称彼得大帝。他于1682年即位，1689年掌握实权，称彼得一世。他生于莫斯科，意志坚强，才能出众。1682年，他与其异母兄伊万五世并立为沙皇。由于彼得年幼，伊万痴钝，伊万的姐姐索菲亚摄政。

彼得一世少年时随母亲住在莫斯科郊外。17世纪80年代，为进行军事游戏，他曾建立"少年军"，这对彼得一世个性的形成具有特殊作用。后来这支队伍便成为俄军的禁卫部队。

1689年，彼得一世率"少年军"平息索菲亚策动的射击军叛乱。1696年，伊万五世病死后，彼得一世独掌政权。1697~1698年，他化名随同俄国使团出国旅行，考察西欧，学习西欧先进的科学技术。1698年夏，他从维也纳仓促回国，镇压禁卫军宫廷政变。

在位时，彼得一世深知俄国面临的任务。为了改变俄国的落后面貌，他进行了多方面的改革。改革的主要内容包括：削弱贵族势力，加强中央集权；引进西欧先进的军事技术，建立海军和新式陆军；鼓励发展工业，允许工场使用农奴劳动；推行学校教育，重视科学技术，提倡西欧的生活方式。

彼得一世的改革是符合历史规律的，这是由改革前俄国国内的发展、各阶级矛盾的激化及俄国国际处境日益艰难的状况所决定的。他对国家机构的改革，巩固了专制政体，增强了俄国的经济、军事实力，使俄国一跃成为欧洲强国，为进一步对外扩张创造了条件。

彼得一世毕生致力于加强俄国的军事力量，提高俄国在国际舞台上的地位。他继续了1686年开始的对土耳其的战争，于1695~1696年举行亚速远征，巩固了俄国在亚速海沿岸的地位。为争夺波罗的海出海口，他发动了对瑞典的战争。1714年8月，他亲率俄国舰队在汉科角海战中击败瑞典舰队，取得海军建立以来的首次胜利。9月，俄国与瑞典签订《尼斯塔特和约》，夺取了大片

土地，并取得波罗的海的出海口。10月，俄国改国号为俄罗斯帝国。

在1700~1721年的北方战争中，俄国获得全胜，取得了通往波罗的海的出海口，从而得以与西方建立直接联系。俄国开始跻身于欧洲列强之列。

1722~1723年，彼得一世又发动侵略波斯的远征，同时继续向远东扩张。他晚年曾企图率兵侵占中国长城以北地区，因力量有限而未能得逞。

彼得一世是杰出的军事统帅，他在军事学术方面富于创造和革新的精神。在位期间，陆海军实行严整统一的编制，实行严格的纪律和军人守则；他十分重视陆海军的技术装备革新；制定了一套适合民族特点和俄军传统的部队训练体制。彼得一世的战略眼光远远超出了他所处的时代，为确保俄国边境的积极防御，他于18世纪初大力兴建筑垒线、要塞和海军基地。他依据俄国的历史经验，保持和发扬了俄国宝贵的军事学术，同时也吸收西欧军事思想和实践的成果，批判地加以改造。

作为一位外交家，彼得一世深知俄国对外政策的任务。他善于利用形势，能够做出妥协，又曾多次亲自出面谈判，缔结协定。1697~1698年随大使团考察西欧各国时，他就为建立反瑞（典）北方联盟做了准备。1699年，该联盟最终形成。1719年，俄、瑞（典）和平谈判后，由于彼得一世善于利用欧洲列强间的矛盾，英国的破坏未能得逞。1725年2月8日，彼得一世在彼得堡去世。

到18世纪后期，叶卡捷琳娜二世在经济上继续推行"开明"改革：强调发

·俄国启蒙思想家·

俄国启蒙运动起源于18世纪中期，罗蒙诺索夫是其"开山"人物。他主张关心同情农民，要改善农民的教育、卫生、保健等方面的现状，要保证农民的孩子都能上学，而农奴制必须予以抵制、推翻。罗蒙诺索夫的观点受到后来启蒙思想家的尊崇。因为天赋人权，农奴应该享受到与他们主人一样的权利，农奴应当自由、平等，农奴对自己的财产有处置权，任何农奴制度都是没有文明的表现，应当禁止。这也是启蒙思想家的态度。雅·帕·科杰尔斯基对农民贫困的根源做了深层探究，他认为地主对农民的剥削才使农民受穷。社会上应当摒弃那些对农民不公正的行为与政策。俄国另一个启蒙思想家是尼·伊·诺维科夫。他通过《雄蜂》和《画家》对当时俄国官场和政界人物做了无情的揭露，如奉承拍马、徇私枉法等。为此，诺维科夫身遭囹圄之灾，被判处15年的监禁。而1749年出生于萨拉舍夫的拉吉舍夫，在《从彼得堡到莫斯科旅行记》中极力抨击沙皇专制，号召人民推翻它。该书公开指责沙皇是暴政者，农民的一切都被他和农奴主剥夺殆尽，唯一留下的"只有空气"，只有推翻沙皇专制，才能建立自由平等的国家。

展农业生产，取消了对土地买卖、转让的限制，为土地私有制铺平了道路；大力发展工业，削弱行会的控制，鼓励各阶层人士开办工场；并逐步放弃了由国家控制商业的重商主义政策，鼓励自由贸易。这些措施在一定程度上为资本主义的发展提供了有利的条件。

✤ 拿破仑帝国 ✤

正在查阅地图的拿破仑

拿破仑帝国始终伴随着对外战争。战争初期具有保卫法国大革命的胜利成果，反对封建复辟，反对欧洲封建专制势力干涉的性质。但在战争后期，这场战争又逐渐变成了对外侵略、夺取欧洲霸权的战争。

拿破仑发动政变后，鉴于国内局势混乱，曾向英、俄、奥三国君主建议停战，但遭到拒绝，他转而采取了卓有成效的外交政策：首先稳住普鲁士的中立地位，接着争取俄国退出反法同盟，然后全力摧毁奥军，最后集中力量打击英国。

1800年6月，拿破仑率领大军击溃驻意大利的奥军，进逼奥地利南部，迫使奥地利于1801年2月同法国签订了《吕内维尔和约》，承认法国对莱茵河左岸地区的占领及对比利时和意大利北中部地区的占领。法国则同意奥地利继续占有威尼斯。法军战胜奥地利，促成了第二次反法同盟的解体。俄国此后退出了同盟，普鲁士保持中立。而且由于英国在海上实行的封锁政策损害了它们的利益，使它们同瑞典、丹麦共同组成了针对英国的保护商业同盟。

在这种孤立的背景下，英国不得不同法国进行和平谈判，结果于1802年3月签订了《亚眠和约》。和约规定：英国将近年来夺得的一部分殖民地交给法国及法国的盟国西班牙和荷兰。《亚眠和约》是英国外交上的一次失败，它承认了法国控制荷兰和整个莱茵河左岸。但是，没过多久，英、俄两国便于1805年4月在圣彼得堡签订同盟条约，奥地利、瑞典和那不勒斯也相继加入。于是，第三次反法同盟建立，欧洲战事再起。同年10月，法、西联合舰队在特拉法加海角与纳尔逊率领的英国舰队展开激战，结果法西联合舰队几乎全军覆没，这使拿破仑不得不放弃渡海进攻英国本土的计划。但在欧洲大陆战场上，拿破仑的军队却连战连捷。11月，法军攻占了维也纳。12月，法军与俄奥联军在奥斯特里茨进行大决战，俄奥联军受到重创。第三次反法同盟宣告失败。拿破仑迫使奥地利签订《普雷斯堡和约》，给法国大量赔款，并承认巴伐利亚、符腾堡和巴登地区独立。自此，奥地利在德意志原有的势力丧失殆尽，而法兰西第一帝国也成为远超出法国本土的强大帝国。

1809年7月6日瓦格拉姆之役中的拿破仑。奥军在瓦格拉姆一战中退却，导致法奥于肖恩布鲁恩签订和约，奥地利又一次失去了众多人口及大面积土地，并负担了更多的战争赔款。

拿破仑在德意志的扩张和想取得欧洲霸权的图谋，使过去实行中立政策的普鲁士感受到了严重的威胁。1806年9月，英、俄、普等国组成第四次反法同盟。10月，拿破仑率军出征，在耶拿战役中给普军主力以毁灭性打击，并攻占了柏林。1807年6月战胜俄军后，沙皇亚历山大一世和普鲁士王威廉一世分别与拿破仑签订了《提尔西特和约》。和约对普鲁士十分苛刻，除保留东普鲁士、波美拉尼亚、勃兰登堡和西里西亚外，普鲁士丧失了其余的大片领土，还要向法国赔款1亿法郎。和约使普鲁士统治的人口从1000万降到493万。《提尔西特和约》的签订，宣告了第四次反法同盟的失败。但是，它也表明拿破仑对外战争的性质已由保卫领土的自卫战完全演变成争夺欧洲霸权的非正义战争了。

打败了欧洲大陆上的敌手后，拿破仑全力以赴对付英国。1806年11月，拿破仑就已经宣布《大陆封锁令》，禁止大陆各国与英国通商。到了1807年10月，拿破仑在巴黎近郊枫丹白露行宫再次发布敕令，强化大陆封锁政策。

1809年，拿破仑又粉碎了英国与奥地利组成的第五次反法联盟，奥地利被迫与法国签订和约，向法国赔款割地。从1805年开始，拿破仑指挥的军队接连粉碎反法同盟的进攻，粉碎了复辟波旁王朝的阴谋，也从根本上动摇了欧洲大陆的封建秩序，沉重打击了各国的封建专制统治。但是，拿破仑战争也给欧洲各国人民带来了灾难，其侵略性质在战争后期愈发明显。法国每取得一次胜

·《拿破仑法典》·

　　1804年拿破仑主持编纂的《法国民法典》，是法国第一部民法典。拿破仑取得政权后，为了巩固资产阶级的革命成果，维护资产阶级的统治，制定了一系列法典。其中《法国民法典》是其亲自编纂和审定的。1804年3月21日，该法典正式颁行。法典综采罗马法、传统法和革命新法编成，1807年和1852年两次被命名为《拿破仑法典》。这部法典确认了资产阶级和农民占有贵族和教会土地财产的合法性，保证不受封建势力的侵犯；否定封建特权，确立了资产阶级自由、平等的原则，规定每个公民具有同等的民事权利和行为能力；法典对于家庭、婚姻、继承等社会生活方面都做了明确规定。这部法典是资本主义国家最早的一部民法典，破除了封建的立法原则，成为欧美各国资产阶级的立法规范，推动了资本主义的发展。

利，都要从战败国索取大量的赔款，并从占领地抢夺大量的金银财宝、艺术品运回法国。同时，法国还将被占领国家和地区变成自己的原料供给地和商品倾销市场，大大影响了被占领国家和地区的经济发展，欧洲各国人民均遭受了巨大的人力和物力损失。

　　经过几年的战争，法国成为一个拥有130个省、7500万人口的大帝国，并且拥有众多的附庸国和同盟国。拿破仑帝国进入鼎盛时期。

滑铁卢之战

　　拿破仑帝国虽然前后多次打败了反法同盟，但是，它的强盛是表面的，它面临着种种不可调和的矛盾。拿破仑从占领区掠夺大量财富运回法国，实行以战养战的政策，大部分军费和军用物资从占领区收取，迫使当地居民充当炮灰，这就激化了法国同这些被占领区人民的矛盾。从1808年起，欧洲被压迫民族掀起了反拿破仑帝国的民族解放运动。西、葡人民顽强的游击战争牵制住拿破仑20万精锐部队。德意志地区和意大利半岛起义活动空前高涨，沉重地打击了拿破仑的统治。在《提尔西特和约》中蒙受屈辱的普鲁士，通过资本主义性质的改革，国力

圣赫勒拿岛上的拿破仑

迅速增强。所有这些反抗运动都是拿破仑无法遏制的。

另外，无休止的对外战争也给法国人民带来了沉重的灾难。1800~1813年，拿破仑征兵达150万人，致使田园荒芜，农业凋敝，激起了农民的强烈不满。大陆封锁政策的失败，又使得法国原料缺乏、工厂停产、工人失业、市场萎缩，严重地损害了法国资产阶级的利益。拿破仑在国内的威望日益下降，帝国的统治发生了危机。但是，迷信强权的拿破仑仍然一意孤行，他决定远征与大陆体系作对的俄国，以新的对外征服来巩固自己的统治。

1812年9月，拿破仑大军长驱直入，开进莫斯科，但得到的却是一座空城。一个月后，他被迫下令撤军。撤退途中，拿破仑军队不断遭到俄国正规军和游击队的袭击，加上饥饿和严寒的威胁，损失惨重。到了退出俄领土时，原有的70万大军只剩5万余人。侵俄战争的失败，是帝国由盛到衰的转折点。

俄沙皇也想彻底歼灭拿破仑，于是1813年2月，俄国与普鲁士结盟，英国、西班牙、葡萄牙、瑞典和奥地利相继也加入到行列中，范围更广的反法第六次联盟结成。面对这样巨大的变局，拿破仑迅速组建新军，做好对反法同盟的作战准备。10月19日，拿破仑在莱比锡与反法联军进行了一场大会战，结果拿破仑遭到失败。1814年3月底，联军攻占了巴黎。几天之后，拿破仑被迫退位，并被囚禁到地中海上的厄尔巴岛。1814年9月，战胜国在维也纳召开会议，讨论欧洲秩序的重建问题。会上，列强为了自身的利益发生了分歧。拿破仑得知消息后于1815年3月逃出厄尔巴岛，集结旧部并占领了巴黎。这使整个欧洲震惊，3月25日，因利益分配不均而争吵的联军又站在了一起，宣布成立

从此图可看出滑铁卢战场的概貌，惠灵顿将军队部署在圣让山以南的山脊上，从而堵住通往布鲁塞尔的最后一道防线，防御体系西面以一座乡间别墅为据点，中间以一座农庄为缓冲，东面则以两座农庄为前哨，这样，整个防御体系像三只伸向前的拳头，将拿破仑的进攻割裂开来。

第七次反法同盟，由英国的惠灵顿公爵任统帅，迅速集结大军64.5万人，分头向法军进攻。拿破仑到5月底也召集了28.4万的正规陆军和22.2万人的补助兵力。

拿破仑意识到如果联军几大军团会合一处，后果将不堪设想。他根据比利时联军战线分布过长的情况，决定采取主动进攻、集中优势兵力各个击破。6月12日，拿破仑进至比利时，对驻守在利尼附近的英普联军实施突然袭击，普军大败。17日，拿破仑错误地让军队休息了一天，并决定18日同英军元帅惠灵顿指挥的英荷联军在滑铁卢（布鲁塞尔以南20千米）展开大决战。而惠灵顿指挥的英军早已修了坚固的工事，等待拿破仑。

6月18日，拿破仑指挥军队进攻，滑铁卢战役打响。拿破仑拥有270门大炮，

·特拉法加海战·

1804年拿破仑称帝后，为了彻底打败反法联盟，决定跨海作战征服英国。为牵制住强大的英国海军，拿破仑派海军中将维尔纳夫率领的法国和西班牙联合舰队与英国海军决战。1805年10月21日，双方舰队在西班牙特拉法加角外海面相遇。英国海军将领纳尔逊率领的英国舰队有27艘战舰，法、西舰队有32艘战舰，但英国舰队的训练、经验和武器装备都比对手要强得多。纳尔逊一反当时将舰船排成纵队线形列队的战法，把舰队分为两列纵队，以机动战术攻击敌人。英国舰队将法、西舰队拦腰截成两段，然后冲入敌方舰队中，进行一对一的战斗。战斗持续5小时，法西联合舰队遭重创，主帅维尔纳夫被俘，但英军的纳尔逊海军上将也在此战中阵亡。此战导致法国海军大伤元气，拿破仑被迫放弃进攻英国的计划，英国则巩固了海上霸主地位。

但前一天晚上的大雨，使地面泥泞不堪，笨重的大炮只有一小部分进入阵地。11时，法炮兵首先发炮，接着双方对射，对峙到下午1时，拿破仑派兵佯攻英军右翼，以牵制敌人的主要兵力，使中央薄弱后加以主攻。但佯攻效果并不明显，拿破仑只好从中央发起总攻。双方僵持不下时，被击散的普军重新集结，出现在法军身后，拿破仑急命两军团堵截。惠灵顿精神大振，英军的士气猛涨。战至下午6时许，法军已疲惫不堪。8时许，惠灵顿下令反攻，在联军的夹击下，法军支持不住，全面溃败，拿破仑趁乱逃出战场。法军伤亡严重，损失3万余人。6月21日，拿破仑败退巴黎。7月7日，联军攻进巴黎，拿破仑被迫宣布退位，并被流放到南大西洋的圣赫勒拿岛。

第一次工业革命

工业革命又叫"产业革命"，是资本主义生产从工场手工业阶段过渡到

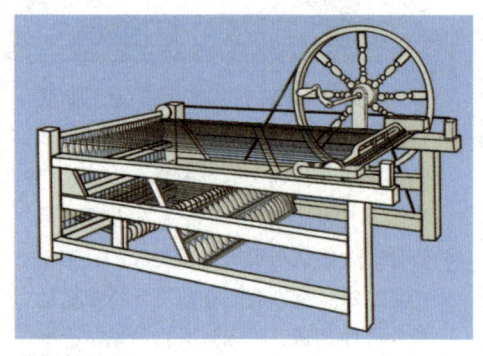

珍妮精纺机

大机器工业阶段的重大飞跃，是世界近代史上继资产阶级政治革命之后又一次世界性的革命。

17~18世纪，英、法、美等国资产阶级革命的胜利，为生产力的进一步发展扫清了道路。资本主义工场手工业的发展和科学技术的进步，为生产向机器大工业过渡准备了条件。随着市场的不断扩大，以手工技术为基础的工场手工业再也不能满足市场的需要。在这种情况下，资产阶级为了追求利润，不断进行技术革新，促使了工业革命的发生。

工业革命首先开始于18世纪60年代的英国，完成于19世纪40年代。这一过程是从棉纺织业开始的。这是因为：首先，棉纺织业是新兴的生产部门，投资少、利润高、资金周转期短。其次，棉纺织业与历史悠久的毛纺织业相比，很少受旧传统、旧习惯的束缚。该行业没有行业组织，也不受行规的限制，采用新技术比较容易。当时棉纺织业比较集中，比如兰开夏的棉纺织业，由于气候、温度和湿度都非常适合棉纺织工业，这里的棉织业发展尤为显著。

1733年，兰开夏的机械工凯伊发明了飞梭，将原来的掷梭子改为拉绳子，使梭子在滑槽上滑动，既解决了过去不能织较宽织品的问题，又节省了力气，加快了速度，工作效率大大提高，织布的速度提高了一倍。但是，"纱荒"也随之出现，改进纺纱技术便成为棉纺织业发展的关键。1779年，纺纱工人塞缪尔·克隆普顿改造了水力纺织机，因该机兼有珍妮机和水力纺纱机的优点，像骡子一样兼有马和驴的优点，于是人们将其命名为"骡机"。用这种机器纺出来的纱质量有显著提高。

纺织机器的发明和使用又使动力成为急需解决的问题。以前的水力动力机在很大程度上受地理条件和季节的限制。于是，发明一种打破这些限制、适应性更强的动力机成为工业发展最为紧迫的要求。早在1698年托马斯·萨里夫就发明了蒸汽机筒，用于矿山抽水。1705年，纽科门对该设备进行更新改造，制成第一台大气压力蒸汽机，利用蒸汽冷却时产生部分真空形成的大气压力作为动能。但该机器不适于作为动力机器普遍安装使用。哥拉斯堡大学的仪器修理工瓦特善于钻研，具有较高的科学素养，他改进的纽科门蒸汽机，比原纽科门蒸汽机耗煤少，且功效提高了三倍。此后他又发明了能普遍使用的高效动力机——复式蒸汽机，因其适用广，被称为"万能蒸汽机"。1785年，万能蒸汽机开始用于棉纺织业。瓦特蒸汽机不再受地理、季节条件的限制，只要有煤做燃料就可以开动，而英国煤的蕴藏量非常丰富，建厂十分方便。因此，该机

·瓦特与蒸汽机·

詹姆士·瓦特1736年生于苏格兰，从小就迷恋机械制造，中学毕业后去伦敦学习制造机械的手艺，然后回到家乡的格拉斯哥大学谋了一份仪器修理师的差事。1764年的一天，格拉斯哥大学的一台纽科门蒸汽机模型送到瓦特这里要求修理。瓦特发现该蒸汽机的汽缸和冷凝器没有分开，造成了热能的极大浪费，便租了一间实验室，开始改造纽科门蒸汽机的试验。经过多次实验，瓦特最终完成了一台具有实用价值的单作用式蒸汽机。瓦特没有就此罢手，而是继续进行实验，用行星齿轮结构把往复运动变成了圆周运动，在1781年获得了双作用式蒸汽机的专利权。他再接再厉，用飞轮解决了转动的稳定性问题。瓦特不间断地努力，将行星齿轮结构改装为曲柄连杆结构，从而使蒸汽机达到了完善的地步。1781年，瓦特提出了5种将往复运动转变成旋转运动的方法，1782年，瓦特获得了"双动作蒸汽机的专利"；1784年，他在新专利中又提出了"平连杆结构"的说法，这使蒸汽机有了更广泛的实用性；1788年，他又发明了离心调速器和节气阀；1790年，他完成了汽缸示功器的发明。至此，瓦特完成了蒸汽机的发明全过程。蒸汽机的发明，使工业革命迅速展开，瓦特为人类进步事业做出了不可磨灭的贡献。国际单位制中以"瓦特"作为功率单位就是为了纪念这位发明家。

英国"火箭"号机车复制品

1829年，为了挑选从利物浦到曼彻斯特的铁路线最好的机车，人们举行了一次比赛——雷恩希尔选拔赛。"火箭"号主要是由工程师罗伯特斯蒂芬森制造的。同年，英国人制造的"斯托尔布里雄师"号，成为在美国铁轨上运行的第一台机车。

很快在全国广泛应用于纺织业、冶金业、面粉加工业，大工厂在英国各地纷纷建立起来。蒸汽机作为工业革命的象征，标志着人类社会生产进入了一个机械化时代。为了突出蒸汽机的重要作用，有人将这个时代形象地称为"蒸汽时代"。

机器的大量制造，也使对金属原料的需求量增加。蒸汽机的发明和使用，推动了冶铁和采煤工业的发展。冶铁业是英国古老的工业部门之一。过去一直用木炭做燃料，因而森林资源日趋枯竭。从17世纪中期起，冶铁业衰落，铁产量下降，英国不得不从外国大量进口生铁。1735年，德尔贝父子发明用焦煤炼铁。1760年加装鼓风设备以后，这项技术被广泛采用，有力地促进了冶铁业的发展。1784年，工程师科尔特发明"搅炼法"和冶钢的辗轧精炼法，采用这种方法，既降低了成本，又大大提高了冶炼的效率和质量，使生铁产量在同一时间内增加了14倍。采煤和冶铁技术的迅速提高，为其他工业部门的发展提供了条件。

蒸汽机的推广和各生产部门实现机械化，对机器制造业本身提出了技术改革的迫切要求。18世纪末，英国开始使用汽锤和简单的车床制造金属部件。后来，先后发明了各种锻压设备和钻床、刨床、镗床等工作母机，实现了用机器生产机器。到19世纪40年代，英国工场手工业被大机器生产取代，用机器生产机器的机器制造业也建立、发展起来，至此，工业革命基本完成。英国成为世界上第一个工业国家。

19世纪，工业革命逐渐从英国延伸到欧洲大陆及世界其他地区。继英国之后，主要资本主义国家法国、美国、德国、俄国以及日本，也先后在19世纪中后期完成

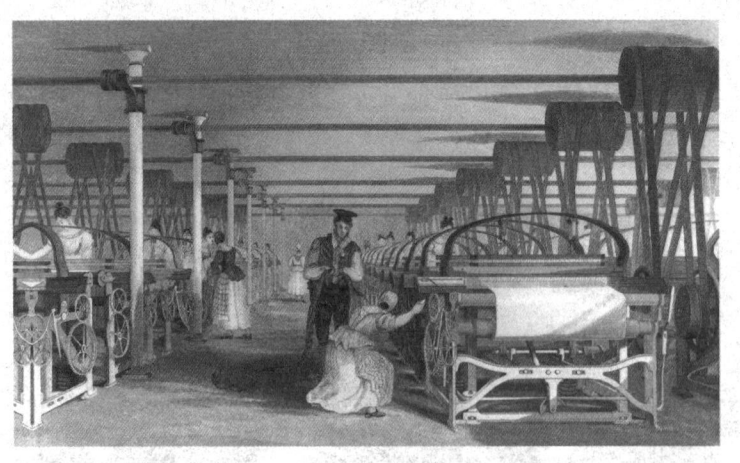

纺织机械化大大加快了纺织速度，上图中顶端轴承带动传动带，驱动织布机工作。织布机最初由水轮机驱动轴承转动，1785年之后，则由蒸汽机逐步替代，为轴承提供动力。

工业革命。资本主义经济飞速发展，自由资本主义兴起。

工业革命不仅是一场技术革命，也是一次深刻的社会变革，它对整个人类历史产生了重大的影响。

第一，工业革命促进了社会生产力的惊人发展，商品经济最终取代了自然经济，手工工场逐渐被以大机器生产为特点的工厂取代。资本主义生产制度取得了统治地位。

第二，工业革命极大地提高了劳动生产率，为巩固资产阶级革命成果奠定了雄厚的物质基础，保证了资本主义完全战胜封建主义。资本主义方式扩展到世界各地，资本主义制度在全球范围内得以确立。

第三，随着工厂制度的建立，资本主义雇佣劳动制度普遍确立起来。社会阶级关系发生深刻变化，工业资产阶级和工业无产阶级最终形成，而两大阶级的对立和斗争逐渐明显和尖锐。

第四，欧美资本主义国家为了扩大海外殖民掠夺和销售市场，大规模从事交通运输建设，致力于远洋运输网的开拓。全球性的交通网络逐渐形成，资本主义世界市场开始形成。

第五，工业革命使更多的亚、非、拉国家沦为殖民地、半殖民地和附属国，造成了这些地区的长期落后，形成了东方从属于西方的局面。欧美资本主义列强加紧对亚、非、拉国家进行殖民掠夺的同时，也把先进的生产方式和工业技术带到这些地区，使其卷入了工业文明的潮流之中。

英国建立工厂制度

机器的广泛应用、工厂制度的逐步建立使英国社会的阶级结构发生了变化。大工业出现和发展的过程中，农民作为一个阶级被消灭了。手工业者在大工业的冲击下纷纷破产，不得不加入工人阶级队伍中来。资本主义社会中两大对立的阶级——工业资产阶级和工业无产阶级形成了。至工业革命完成时，英国已基本形成土地贵族、资产阶级、无产阶级3个基本阶级。

随着工厂制度的出现，不仅出现了工业资产阶级，更重要的是出现了工业无产阶级，那些因圈地运动而被迫与土地分离、不得不外出谋生的农村大批无产者是其最主要的来源，童工和失业破产的手工业工人也是其中重要的组成

部分。工业无产阶级与手工工场时代的工场手工业工人不同。手工工场的工人大多与农村保持着较密切的联系，或拥有简单的生产工具，或租种小块土地，在工场劳动之余还可以进行耕种，以维持一般的生活，没有完全摆脱小生产劳动者的地位。而工业无产阶级则一无所有，完全成为被资本家雇佣的奴隶，被紧紧地束缚在机器上，集中到工厂里，在统一的管理下进行生产劳动。

工厂制度下形成的工业资产阶级与工业无产阶级间的生产关系是一种全新的劳资关系，这一关系的特征是劳动者向工厂主出卖劳动力、领取工资，劳动力变成了商品。劳动者在劳动中创造的价值远远超过了本人所得的工资，这部分被资本家剥削的利润就是剩余价值。这种不合理的占有关系必然引起二者之间的对立。因此，工业资产阶级与工业无产阶级两大阶级的对立成为资本主义社会的基本矛盾。

由于资本家盲目和贪婪地追求利润，不断扩大生产，资本主义的固有矛盾，即生产的社会化和生产资料私人占有制之间的矛盾日益激化，从而导致了经济危机的发生。19世纪早期，在英国工业革命即将完成的1825年，英国发生了第一次经济危机。危机期间，商品积压，工厂倒闭，工人失业，社会骚乱。以后大约每10年出现一次，而且一次比一次持续的时间长、损失大。它伴随着资本主义工业化的进程出现，成为资本主义工业化的一个特征。

工业革命使大量劳动力从农村涌向城市，开始了城市化进程，这是工业革命的又一社会后果。它使人们的生活方式发生了巨大改变。由于从产品的制作、房屋的建筑到面包的烘烤、衣服的缝制都使用了机器，劳动者整日忙碌于机器周围，迫使他们随着机器的转动而加快生活节奏，成为机器的附庸。机器生产使工业与农业进一步分离，劳动分工更加明确，这又引起了一次人类历史上的消费变革。人们所需要的一切物品都依赖于商品市场，于是商品流通的范围更

这两幅版画描绘了工业家威廉·马歇尔所建的一所亚麻工厂的内部景观（左图）及可用来采光的圆锥形天窗（右图）。

这是约瑟夫·纳什的石版画。它展示了1851年世界博览会上英国展出的各种机器。

广、速度更快。工业革命把大批劳动力从狭小天地中解放出来，于是人们的视野大大开阔，人们的观念和习俗也随之发生了变化。随着工业革命中新发明的不断涌现、新领域的不断开辟，人们的思维空间也逐步开阔，其思想的共同特点是：重视人类自身的能力，极力追求财富的不断增值。工业革命的发展使这些思想逐渐变成资本主义社会的统治思想，它促使人们用新的眼光认识历史、解释现实和展望未来，同时，也不择手段地追求更多的财富、更舒适的生活。

·火车与铁路的出现·

到1850年，火车与铁路的出现使工业革命又提升到一个新的高度。英国在1825年建成了世界上的第一条铁路。这段铁路起自斯托克顿的达拉姆煤田，到达滨海的达林顿城。在此之前，人们常用马拉煤车，主要用于短途运输。

英国人乔治·史蒂芬孙发明了世界上第一台蒸汽机车。他没有进过正规学校学习，17岁时才开始自学读书作文。英国的第一条铁路就是在他的提议下建造的。用蒸汽机做动力的火车每小时可行走15英里。

铁路应运而生，对于资本家来说，往它身上投资是一本万利的，必须抢得先机。一些资本家开始经营铁路建造与运营业务。英国最著名的铁路商托马斯，在全球范围修建铁路。无论在美洲还是在欧洲，都有他的"杰作"诞生。

兴建铁路需要大量的劳动力，这就提供了巨大的就业空间，英国的"挖土工"由底层百姓或乡村农民充任。他们的工作任务是为火车的运行提供更平坦的路基。他们四海为家，到处漂泊。在还没有高效的掘土机械问世时，挖土工是首选的低价劳动力。他们逢河架桥梁，逢山开隧道，其工程量浩大得惊人。而到了19世纪，开山机械的发明和运用，则令挖土工失去了生存空间。

英国的工厂

绕线轴，织布前棉纱被绕在线轴上。

织布机，用来把纺好的纱布织成布。

棉纱过秤前，先要绕成束状，画面左侧显示的是过秤的步骤。

纺纱之前要把棉纤拉细，图中显示的步骤就是抽棉纤。

水车是提供机器动力的工具，通过皮带轮、齿轮来带动机器的运转。

粗的棉线被拉长、拉直。

18世纪末，动力技术的大规模发展带领英国进入了工业革命时期，英国的社会生产力获得了极大发展，工厂取代了手工工场成为资本主义的主要生产方式。工人们集中在工厂里，利用机器生产使工厂的效率和产品产量都得到了大大提高。图中是1800年英国中部贝德华斯镇的一个绒线厂，这个工厂的运作方式体现了当时技术的进步。

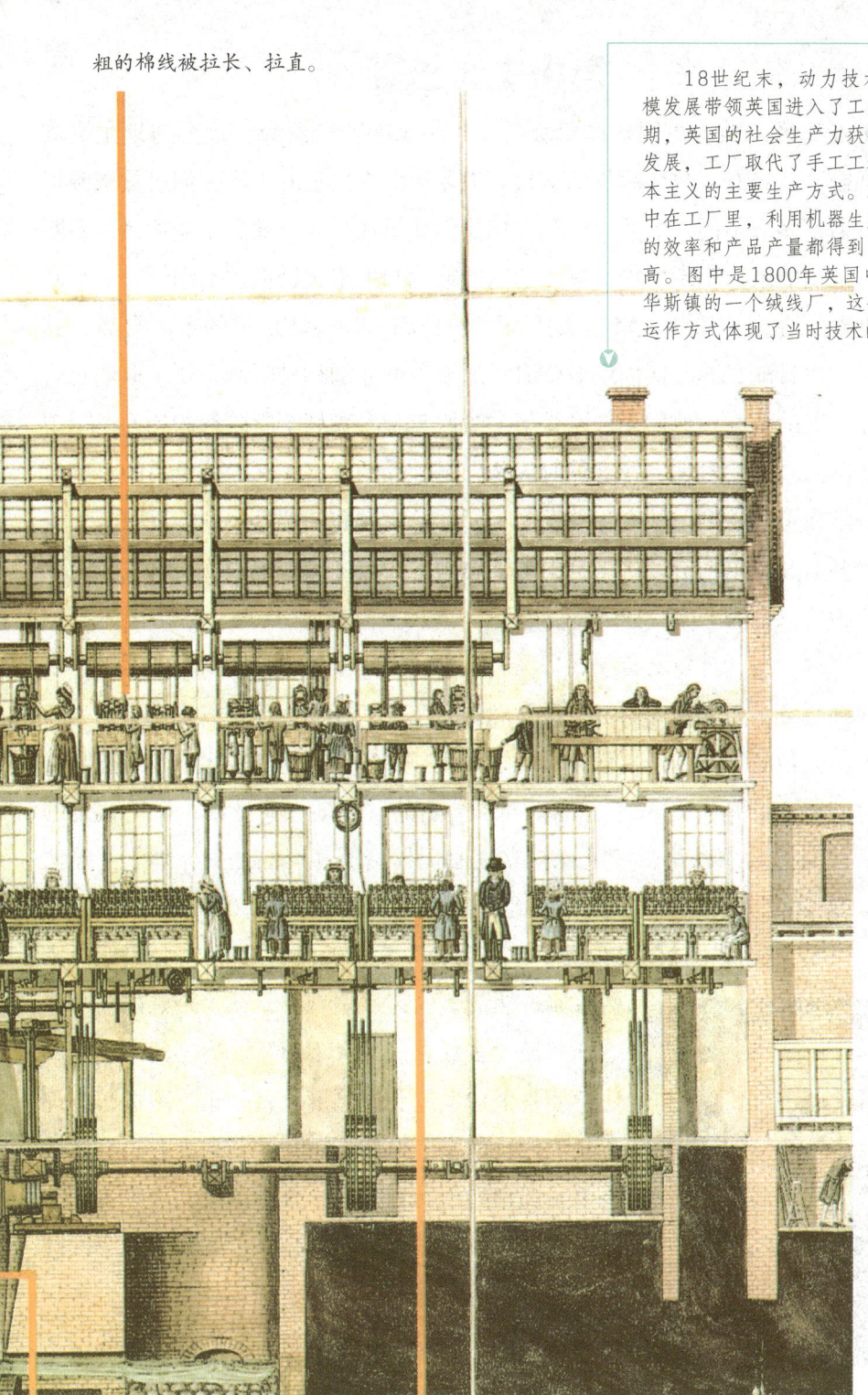

拉细后的棉纤被纺成结实的纱。

❦ 自由主义思潮 ❧

工业革命以前，英国资产阶级的主体是金融资产阶级，他们与地主贵族结成联盟，在1688年政变后长期掌权。工业革命中出现的工厂主们虽然来源很复杂，财富多寡不同，但共同的利益把他们联系在一起。随着工业革命的不断发展，他们的人数不断增加，机器的运转给他们带来了巨额的利润。

随着工业资产阶级经济实力的快速增长和社会经济地位的不断提高，其阶级意识也日渐成熟。他们反对政府强加于工商业的种种限制，要求取消有碍工商业发展的条款。他们无法忍受地主贵族与金融贵族垄断政权的局面，期望能参加国家政权的管理。在这种时代条件下，反映资本主义经济关系的古典政治经济学在英国得到了最充分的发展，而且成为完整的学术体系。反映工业资产阶级利益和要求的资产阶级自由主义思潮也在英国出现了。

自由主义思潮的代表人物是耶利米·边沁和约翰·穆勒。边沁出身于一个律师家庭，有"神童之誉"，13岁进入牛津大学学法律，16岁毕业后曾一度从事律师事务，后转而专门从事法学理论研究。1776年，他完成了成名作《政府片论》。1781年起，他担任伦敦大学教授。1789年，他的代表作《道德与立法原理导论》出版。1832年，他创办了著名的"威斯敏斯特评论"。边沁的主要著作有《政府片论》《道德与立法原理导论》《司法证据原理》《宪法典》。其中，《道德与立法原理导论》是其最主要的著作。其著作后被编成《边沁文集》出版。边沁学说的中心是功利主义，他极力反对17~18世纪以来

约翰·穆勒

的古典自然法学的理性法观点，认为最好的立法是达到"最大多数人的最大幸福"。边沁的功利主义法学使整个19世纪英国制度一直处于不断进行合理化改革的过程中。他们把现存的一切社会关系和政治关系都归结为功利关系，要求国家的决策人和立法者以自由主义作为治国的方针。认为调和个人利益和社会利益是立法的任务，强调政治活动应尽量限制在保护人身安全和私有财产不受侵犯的范围之内，鼓吹不干涉主义和放任自由的经济原则。他们

倡导思想自由、个性自由和言论自由，主张"真正的民主制"、建立代议制政府、给妇女选举权等。他们的学说集中反映了工业资产阶级自由竞争的主张。资产阶级自由主义思潮成为19世纪中期推动英国乃至整个欧洲政治发展的一股不可低估的力量。

·李嘉图·

李嘉图是英国产业革命高潮时期的资产阶级经济学家，他继承和发展了斯密经济理论中的精华，使古典政治经济学达到了最高峰。37岁的时候他完成了第一篇经济学论文，10年后他在这一领域获得了极高的声誉。李嘉图于1823年9月11日去世，年仅51岁。

法国里昂工人起义

1815年6月，法国波旁王朝复辟，1824年9月查理十世即位后，力图恢复封建专制制度，极力保护大地主和贵族的利益，引起社会各阶层的普遍不满。并于1830年7月26日颁布了反动的"七月敕令"，提出取消言论自由，解散议会，限制选举权，群情激愤。7月27日，巴黎人民发动武装起义，28日占领市政府，29日起义者占领了卢浮宫和杜伊勒里宫。8月2日查理十世宣布放弃王位，逃往英国，波旁王朝被推翻。但由于资产阶级共和派软弱无力，无产阶级也没有形成独立的政治力量，政权落到了代表金融贵族的大资产阶级的手中，开始了"七月王朝"的统治。里昂是法国纺织工业的中心，在工场主和包买商的残酷剥削下，纺织工人生活极为困苦。

1831年11月，法国的丝织业中心——里昂爆发了法国历史上第一次工人武装起义。当时，里昂有3万多纺织工人，他们饱受工场主、包买商的残酷剥削和压迫，常年挣扎在死亡线上。工人每天劳动15~18个小时，所得工资仅能买一磅面包，难以维生。1831年10月，在

自由引导着人民 1830年 德拉克罗瓦

此画反映的是法国七月革命，画中的自由女神与巴黎凯旋门、埃菲尔铁塔一样，成为法兰西文化的象征。

6000多名工人的强烈抗议下，厂商同意增加工资，但事后拒不执行，激起工人的愤怒。11月21日，里昂工人走上街头，举行罢工示威。游行时遭到军警袭击，工人立刻拿起武器反击。工人提出了"里昂应当有我们自己选出的代表"的政治要求。他们高呼"不能劳动而生，就要战斗而死"的口号。经过3天的浴血战斗，起义工人攻占了市政厅，逮捕了省长，做了里昂的主人。但是，由于起义者没有无产阶级政党的领导和革命理论的指导，未能巩固胜利。10天后，就被反动政府镇压下去了。

1834年4月9日，里昂工人为了反对政府颁布的禁止工人集会结社的反动法令和营救被捕的工人领袖，再次发动了武装起义。起义工人修筑了街垒，同敌人展开了长达6天的巷战。与此同时，巴黎、马赛等城市的工人纷纷举行罢工和示威游行，声援里昂工人的起义斗争。在这次起义中，工人们在宣言中针对七月王朝的反动统治，提出了推翻富人统治、争取民主共和国的口号，带有明显的政治色彩。

虽然两次里昂工人起义都失败了，但是，它表明工人阶级已经觉醒，无产阶级和资产阶级的斗争已经成为社会的主要矛盾。这两次起义推动了法国工人运动的发展，为无产阶级的独立运动树立了光辉的榜样，标志着法国无产阶级作为独立的政治力量登上历史舞台。

英国宪章运动

工业革命后，工人阶级的斗争采取了破坏机器的斗争方式，这是因为当时工人觉悟很低，他们还没有认识到造成灾难的根源不是机器，而是资本主义制度。破坏机器运动最早发生在英国，当时称作"卢德运动"。

随着工人力量的增强，特别是觉悟的提高，工人开始认识到团结起来进行斗争的重要性。在英国，19世纪初就已出现工人的组织，并且争取到工人的结社权利，到处都出现工会组织。工会领导了1825年开始的罢工斗争。

工人阶级还用武装斗争去反击资本家的剥削。19世纪三四十年代，英国爆发了声势浩大的"宪章运动"。

在1832年的议会改革中，工业资产阶级在工人和劳动人民的支持下，迫使金融贵族和地主贵族做出了让步，取得了部分参政权，工业资产阶级在满足了自己的政治愿望之后，在政治上与金融贵族和地主贵族结成了同盟，共同统治英国。这些事实进一步暴露出无产阶级和资产阶级利益的根本对立。工人群众决心进行独立的政治斗争，争取本阶级的政治权利。1836~1848年的宪章运动，就是在英国工人阶级的政治觉悟有了明显提高的历史条件下爆发的。

1836年6月，成立了以木匠威廉·洛维特为首的"伦敦工人协会"。1837年6月，该协会拟定了一个争取普选权的文件，即《人民宪章》。提出6点要求：年满21岁的男子均有选举权；秘密投票；按居民人数平均分配选区，每区选派一名议员；每年改选一次国会；废除议员候选人的财产资格限制；议员领取薪俸。1838年5月，《人民宪章》以法案形式公布后，得到了广大工人群众的热烈支持，全国各地纷纷举行群众集会和游行，坚决拥护《人民宪章》。

宪章运动是一开始就具有全国规模的政治性运动，工人和其他劳动群众成为这次运动的主要力量。1839年2月4日，宪章派在伦敦召开了第一次代表大会，定名为"全国宪章派公会"，并通过了全国请愿书，要求实现《人民宪章》。请愿书公之于众后，立即在全国掀起了签名运动，到5月份，在请愿书上签名者多达120万人。

宪章运动开始后，出现过三次高潮。

1839年7月12日，国会否决了请愿书。消息传出后，伯明翰工人举行了起义，各地群众举行罢工和示威，宪章运动出现了第一次高潮。不久，政府派出大批军队镇压了起义，逮捕宪章派领袖，运动转入低潮。

在1841~1842年经济危机的推动下，工人阶级掀起了第二次宪章运动的高潮。1842年4月12日，宪章派在伦敦举行了第二次代表大会，制定了请愿书，向国会提出申请。除坚持《人民宪章》的6项要求外，还提出了废除"新济贫法"、取消劳动院、要求政教分离、取消什一税等，甚至提出了取消资本家对土地和生产资料独占的

英国国会大厦

·保守党·

保守党是英国资产阶级政党，其前身是托利党，全称保守统一党。起初是大地主、银行家的政党。19世纪晚期，许多大工业家加入，保守党变为垄断资产阶级的代理人。1848年，迪斯累里当选保守党领袖，极力整顿和改组保守党，建立全国保守主义与统一主义协会联盟。19世纪后半期，保守党与自由党交替执政。1874年大选，保守党获胜。迪斯累里组阁后，对内取消主仆法，禁止10岁以下儿童做工，成立地方管理部，扩大政府行政机构，并采取收买办法，培植工人贵族阶层，给英国工人运动造成极大的危害；对外则积极执行帝国殖民扩张政策，并向英国人民灌输大国沙文主义和帝国主义思想；廉价收买苏伊士运河股票以控制埃及，并宣布维多利亚一世为"印度女皇"。第一次世界大战期间，保守党参加战时联合内阁并维持到1922年，之后多次组阁。

要求。这次请愿书所提出的更为激进的要求，说明宪章运动已经摆脱了资产阶级的影响，具有更加纯粹的无产阶级性质。然而，国会又否决了请愿书，宪章派领导机构号召工人举行总罢工，进行抗议活动。8月9日，曼彻斯特工人首先宣布总罢工，各地工人纷纷响应，罢工席卷全国，但由于政府派军队镇压了罢工，运动再次转入低潮。

1847年的经济危机和1848年欧洲各国的革命运动，特别是法国二月革命的胜利，给宪章运动注入了新的动力。1848年初，全国宪章协会恢复活动，筹备第三次请愿。第三次请愿书宣布，劳动是一切财富的唯一源泉，劳动者对自己的劳动成果享有优先权，权力的唯一来源是人民。工人群众还提出了建立共和国的要求。在第三次请愿书上签名的有500多万人，宪章运动形成了第三次高潮。1848年4月3日，宪章派召开第三次代表大会，到国会递交请愿书。政府调集了30万军队，准备镇压工人。4月10日清晨，当成千上万的工人向国会进发时，宪章派的右翼领导人屈服于政府的武力威胁，力劝工人解散回家，请愿书只由几个领导人送交国会，这样运动便夭折了。随后，政府下令解散宪章派组织，并大肆逮捕宪章派积极分子，宪章运动归于失败。

宪章运动虽然失败了，但它的历史意义是重大而深远的。它已经不是个别工厂、个别地区的工人反对资产阶级的斗争，而是全英国的工人阶级共同进行的一场大规模的政治斗争。在斗争中，工人们建立了自己的组织，提出了本阶级的政治要求，把矛头指向了资产阶级的政治统治。宪章运动是英国无产阶级的第一次全国规模的、群众性的政治斗争，标志着英国无产阶级登上了政治舞台。

德国古典哲学

德国古典哲学指的是18世纪末19世纪初，德国资本主义生产关系产生时期和资产阶级革命前夕的德国资产阶级哲学。

德国古典哲学的创始人是伊曼努尔·康德（1724~1804年）。1724年4月22日，康德生于德国哥尼斯堡，毕业于哥尼斯堡大学。1755年起在母校任教，这一时期是他思想上的"前批判期"。他埋头于自然科学研究，讲授多门学科，同时发表了许多关于自然科学的著作。1770年被聘为教授，他的思想转入"后批判期"。从1781年开始，他完成了《纯粹理性批判》《实践理性批判》和《判断力批判》三部著作，这标志着他的批判哲学体系的诞生，并带来了一场哲学上的革命。1793年，他因一些观点，被告蔑视基督教教义，遇到一些麻烦。但他仍不断探索和写作，直到1804年2月12日病逝。康德深居简出，过着极为有规律的学者生活。他一生独身，从未走出过家乡。但他是一个有丰富生活内容和细腻生活情调的人。康德是近代西方哲学史上划时代的哲学家，后世哲学家想入哲学之门就必须通过康德之桥。康德哲学的根本特征是将唯物主义和唯心主义调和起来。一方面，他承认在人的意识之外存在着客观物质世界，即"自在之物"；另一方面，他又认为"自在之物"是不可知的，是超乎经验之外的，是人的认识能力无法达到的"彼岸世界"。

黑格尔

黑格尔是德国著名的哲学家，绝对精神的布道者，在他看来，世界上的万事万物及其发展过程都是非物质性的，他的哲学所提出的自我意识成了这些历史发展过程的顶峰。

德国古典唯心论哲学集大成者——乔治·威廉·费里德里希·黑格尔（1770~1831年），自小就跟随母亲学习拉丁文，7岁时进入斯图加特城的学校接受正规教育。1788年，黑格尔进入图宾根神学院，学习了两年哲学、三年神学，于1793年获得哲学学士学位。在大学期间，他与另一位哲学家谢林成为挚友，两人经常去郊外散步，一起讨论哲学问题。

大学毕业后，黑格尔先后在瑞士、德国的法兰克福等地做过家庭教师，业余时间研究希腊文化和康德哲学。1798年，他的第一部著作《伦理学》出版。1801年，在谢林的推荐下，黑格尔任耶拿大学的哲学讲师，1805年升为教授。1806年，他写完了《精神现象学》一书，论述了自己的哲学观点。在书稿写完的第二天，拿破仑的军队攻入了耶拿，黑格尔被迫离开。1808年，他得到了纽伦堡专科学校校长的职位，他在那里兼教哲学、希腊文化和微积分，并进一步完善了自己的哲学体系。1811年，他与纽伦堡元老院一个议员的女儿玛丽结婚，此时的黑格尔已经41岁，而新娘才19岁。1812~1816年间，黑格尔完成了《逻辑学》（《大逻辑》）一书。1816年秋天，他受聘为海德尔堡大学哲学教授。1818年，他又完成了大作《哲学全书》，这本书极大地提高了他的声誉，他在同年被聘为柏林大学的哲学教授。黑格尔一生的最后13年是在柏林大学度过的，他在那里发表了《小逻辑》《自然哲学》《精神哲学》《法哲学原理》等著作，并在1830年就任柏林大学校长。黑格尔创立了欧洲哲学史上最庞大的客观唯心论体系，他也是第一个系统地阐发了唯心论辩证法的哲学家。

黑格尔的客观唯心论哲学体系，简单地概括，就是从思维、精神出发，由思维转化为存在、精神转化为物质，然后再由存在转化为思维、物质转化为精神的过程。

黑格尔认为，在自然界和人类社会出现以前，就有一种精神或理性存在，这种精神既不是某个人的精神，也不是人类的精神，而是整个宇宙的精神，黑格尔把它称作"绝对精神"。"绝对精神"是万事万物的源泉，世界上的任何现象都是"绝对精神"的表现，都是由它派生出来的。

现实世界没有永恒的东西，而事物运动和发展的根源在于事物内部的矛盾性。把事物的矛盾和事物的发展联系起来，把矛盾看作发展的源泉，这是黑格尔辩证法的精髓所在。

费尔巴哈（1804~1872年）是德国古典哲学最后一个代表，唯物主义哲学家，无神论者。1804年7月28日，费尔巴哈出生于一个法学教授之家。上中学时，他立志做神学家，后对神学失望。1824年，他进入柏林大学哲学系，在黑格尔的课上深受影响。1826年，他转入爱尔兰根大学，毕业后留校任教。后因宣称无神论被迫离开，于是他便隐居乡间，从事哲学研究，开始向唯物主义转变。1837~1843年间，他归属青年黑格尔派，发表了《黑格尔哲学批判》和《基督教的本质》等主要著作，其哲学观点已是唯物主义的。接着又写出

《宗教的本质》等重要著作。他拥护资产阶级民主制，1870年参加德国社会民主党。晚年读马克思的《资本论》。1872年4月13日逝世。费尔巴哈唯物论是在批判黑格尔唯心论的基础上建立起来的。他对黑格尔的精神第一性、物质第二性的唯心论予以批判，指出黑格尔的"绝对精神"外化为自然界的说法是一种伪装了的宗教，是上帝创世说神学理论的翻版。费尔巴哈认为，物质是第一性的，精神是第二性的，"存在是主体，思维是客体；思维是从存在来的，自然、存在并不来自于思维"。他认为，人的精神、思维是人脑的附属品，没有肉体就不可能有精神和思维。因此，费尔巴哈把"人"当作他的哲学的核心，把自己的哲学叫作"人本学"。

但是，费尔巴哈的唯物论也有局限性。他对黑格尔哲学采取了全盘否定的态度，在批判黑格尔的唯心论观点时，把黑格尔的辩证法思想也抛弃了。因此，他的唯物论带有机械的、形而上学的特征。

尽管如此，费尔巴哈仍不失为德国古典哲学中杰出的唯物主义哲学家。费尔巴哈认为物质的、可以感知的世界是唯一真实的世界，人的意识和思维是物质实体即人脑的产物，他的唯物主义观对马克思主义哲学的形成起了很大的积极作用，是马克思主义哲学的重要思想来源。

门罗主义

维也纳会议之后，欧洲列强忙于重建统治秩序。与此同时，西半球经历着另一场巨变：年轻的美国在第二次对英国战争（1812~1814年）后，进入了一个新的历史时期。在经济上，美国启动了工业革命的进程；在政治上，资产阶级和种植园奴隶主的联合政权得到加强。美国外交政策的目标处在从争取和维护海上贸易自由权到维护大陆扩张"自由权"的转折时期。与此同时，拉丁美洲人民反对西班牙和葡萄牙殖民统治的民族解放运动一浪高过一浪。

为争夺新兴的拉美市场，英、美之间进行着激烈的经济争夺战。1822年8月，英国外交大臣乔治·坎宁从维护工商业资产阶级利益的立场出发，极力主张维持欧洲的均势，借以保持英国的优势地位。

坎宁把均势体系的范围扩展到美洲，这便同美国自建国以来实行的孤立主义的外交政策形成了对立。

门罗主义使拉丁美洲各国的独立得到巩固。

1823年8月，坎宁接见美国公使理查德·拉什，建议英美两国共同发表宣言，保证不侵占拉美的任何部分，不允许将原西属殖民地的任何部分向其他国家转让。接到拉什的报告后，从同年11月7日起，美国总统詹姆斯·门罗多次召开内阁会议，研究坎宁的建议和美国的对策。

1823年12月，门罗总统向国会发表国情咨文，较为全面地阐述了美国对拉丁美洲的政策。它主要包含三项基本原则："美洲体系原则""互不干涉原则"和"非殖民原则"。这三项原则是美国对拉美政策体系的概括，也体现了美国同欧洲列强之间的分歧。

门罗咨文宣称："神圣同盟各国的政治制度与美洲根本不同，这种不同产生于它们各自不相同的政体。"这实际上就是作为美国对拉美政策的理论基础的"美洲体系原则"。"美洲体系"表现在这几个方面：第一，除继续鼓吹美洲和欧洲在地理上的"天然隔绝"外，进一步强调二者在政体上的区别；第二，从追求美国一国的孤立，扩大为追求整个美洲的孤立，在美洲和欧洲之间建起藩篱；第三，不再只力求不介入欧洲事务，而是要将欧洲势力从美洲这个"集体孤立圈"中排斥出去。这个原则并不表明美洲国家在地理、政治和经济利益方面的共同利益，而是表现了美国一国的扩张利益。"美洲是美洲人的美洲"实际上意味着"美洲是美国人的美洲"。说到底，"美洲体系"不过是美国的殖民体系罢了。

门罗咨文发表后，并未引起国际社会的普遍重视，国内新闻媒体对它也没有特殊关注。"门罗主义"在当时对于防止欧洲列强染指拉丁美洲起了一定的遏制作用，使拉丁美洲各国的独立得到巩固。

拉丁美洲的独立运动

拉丁美洲的独立运动于1791年8月爆发在加勒比海地区的海地。不足2万人的海地起义军在杜桑·卢维杜尔等杰出领袖的领导下，与广大黑人和混血人种一道，经过12年的浴血奋战，打败了法国、西班牙和英国三大欧洲侵略军，赢得了民族解放和独立，揭开了拉丁美洲独立运动的序幕。

1810年9月16日，47岁的教士伊达尔戈在墨西哥北部偏远的多洛雷斯村，率领几千名印第安人，高呼"独立万岁""美洲万岁""打倒坏政府"等口号，举起义旗。"多洛雷斯的呼声"从此传遍拉美的东南西北，北起墨西哥，南到阿根廷等广大地域的人民掀起独立战争的高潮。

1811年4月，委内瑞拉宣告独立，成立第一共和国。但在7月29日被西班牙军队击败。失败的起义军在玻利瓦尔的领导下，转入新格拉纳达继续战斗。在人民的支持下，起义军再次攻进委内瑞拉，一举赶走殖民势力，第二共和国诞生。但势力较弱的起义军并没有保卫住自己的成果，1813年9月，第二共和国再次失败。

拉美的反抗，使西班牙当局极为惊慌。国王斐迪南七世派莫里略率1.6万人增援美洲地区。起义军陷入了最艰苦的时期，各地起义纷纷遭到打击。从海上袭击敌人的起义军也遭到重创，起义军被迫展开游击战，他们从失败和挫折中总结经验，吸取教训。1816年12月，玻利瓦尔率领新组织的力量又一次对委内瑞拉发动进攻，所到之处横扫殖民军队，委内瑞拉第三共和国宣告成立。1819年2月，玻利瓦尔被选为总统。

委内瑞拉的胜利，鼓舞了起义军的士气，玻利瓦尔乘胜翻越安第斯山，远征新格拉纳达，在波耶加一举击败殖民军，直扑波哥大。1819年12月，宣告了哥伦比亚共和国的独立。不甘心的西班牙殖民军调集军队，对起义军展开反扑，但是，屡战屡胜的起义军势不可当。1821年6月，西班牙殖民军进入

玻利瓦尔

拉丁美洲北部地区独立运动的领袖，被委内瑞拉、波哥大、大哥伦比亚和厄瓜多尔4个国家尊称为"国父"。

起义军在卡拉沃沃平原的阵地，双方经过猛烈的炮轰和激烈的拼杀，殖民军受到了重创，起义军趁势占领了加拉加斯。次年5月，起义军开始做解放基多城的准备，双方在皮钦查展开了大会战，凭借顽强的勇气和视死如归的斗志，起义军取得了决定性的胜利，6月，整个新格拉纳达地区全部解放。

1824年12月9日，大哥伦比亚－秘鲁联军与西班牙主力部队在阿亚库乔平原上进行决战。

北部起义军的节节胜利，鼓舞着南部起义军的士气。1818年4月5日，在圣·马丁的指挥下攻进智利首都圣地亚哥，赶跑殖民军，智利独立。殖民者退到秘鲁。1820年8月，圣·马丁经海上北上秘鲁，顺利攻占秘鲁总督区首府利马，秘鲁获得独立，圣·马丁被共和国授予"护国公"。

"多洛雷斯的呼声"传遍拉美南北，但墨西哥的局势却相对平静，各地起义军以游击战为主。法国攻进西班牙首府，给起义军提供了良好的契机。1820年，教会势力代表、掌握着军权的伊图尔维德率军暴动，配合起义军反抗殖民军。次年就攻下了墨西哥城，至此墨西哥也宣告独立。

1822年7月，南北双方的起义领袖圣·马丁和玻利瓦尔在瓜亚基尔会面，双方对协同作战和战后安排未能达成一致意见后，圣·马丁隐退。玻利瓦尔于1823年9月进入尚未完全解放的秘鲁。次年8月，在胡宁平原痛击殖民军。12月，仍做垂死挣扎的殖民军拉塞尔纳集结9000余人准备与起义军决战，仅有5000余人的起义军在苏克雷的指挥下，在阿亚库乔和敌人相遇。苏克雷巧施妙计，歼灭敌军5000余人，殖民总督、众多将军和军官都未逃过此劫。1825年，秘鲁全境解放。1826年1月，起义军趁势攻克殖民地最后一个据点卡亚俄，拉美地区基本解放。

第一次鸦片战争

当英、美、法、日等列强进行如火如荼的资本主义革命时，清政府正闭关锁国，自以为"天朝上国"，不思改革，遂使中国在世界上落伍。英国通过鸦片贸易从中国攫取了大量白银，同时使我国军民身衰体弱，统治阶级有识之士纷纷要求禁销鸦片。

1839年，湖广总督、钦差大臣林则徐奉命于1月底到达广州，他一方面整顿海防，允许人民群众持刀杀敌；另一方面宣布收缴鸦片。3月，英国鸦片贩子被迫交出烟土237万余斤。6月3日，林则徐下令把这些鸦片在虎门海滩当众销毁，以示中国政府禁烟的决心。

林则徐虎门销烟使英国商人蒙受了巨大的损失，英国借机发动了蓄谋已久的鸦片战争。

1840年6月，英国侵略者在懿律和义律两兄弟的带领下驶向广州海面。但林则徐戒备森严，使英国侵略者无机可乘。英国侵略者只好继续北上，寻找突破口。很快，他们就攻陷了浙江定海并继续北上到达天津白河口。

以道光皇帝为首的清朝政府并没有做好与英军交战的准备，一听到英国攻打到天津的消息便慌了，本来反对林则徐禁烟的大臣更是火上浇油。道光帝听信谗言，一面撤去林则徐的职务，一面派奕山去广州与英军交涉，订立了《广州条约》，赔款600万银元。

清政府的软弱使英国侵略者的气焰更加嚣张，派濮鼎查为全权公使向中国全面发动侵略战争。双方在东南沿海展开了激烈的战斗。

在战斗中，英军攻进福建厦门，不久退出，开到台湾。英军继续北上定海。清军浴血奋战六昼夜，终于不敌，定海失陷。英军接着攻打浙江镇海，两江总督裕谦亲自登城指挥，兵败自杀。

英军乘胜又攻占了宁波等地，战争持续了近两年的时间。1842年，英军进犯镇江，镇江官兵2000多人全部壮烈牺牲。镇江失守，南京便成了英军的攻击目标。早已闻风丧胆的清朝政府决定投降，于该年8月与英军在南京签订了我国历史上第一个不平等条约——《南京条约》。条约包括割地、赔款、开通商

虎门销烟池纪念碑

口岸和协订进出口货物的税率等内容。1843年续订条约，英国又取得了领事裁判权和片面最惠国待遇。美国和法国趁火打劫，胁迫中国签订了《望厦条约》和《黄埔条约》。

　　鸦片战争严重侵害了中国的主权，标志着中国开始逐步沦为半殖民地半封建社会，揭开了中国近代史的序幕，昭示了"落后就要挨打"的深刻道理。

共产主义学说

　　马克思于1818年5月5日生于普鲁士莱茵省特里尔城。先后在波恩大学和柏林大学学习，最后在耶拿大学取得博士学位。后从事新闻工作，担任过《莱茵报》的主编。他和燕妮结婚后被迫迁居巴黎。1844年，他创办《德法年鉴》，发表一系列文章，标志着他的世界观转变完成。同年和恩格斯在巴黎会见，结下终生友谊。不久他因从事革命活动被驱逐，迁居布鲁塞尔。1847年，他加入共产主义者同盟，并同恩格斯一起起草了影响广泛的《共产党宣言》。1848年，他回德创办《新莱茵报》参加斗争，再次遭驱逐，他先到巴黎，后定居伦敦。1867年，他最重要的著作《资本论》（第一卷）出版。1864年，他创建国际工人协会，即第一国际。晚年，他继续撰写《资本论》。1883年3月14日，马克思与世长辞。

马克思

　　长期的贫困生活和紧张繁重的工作严重损害了马克思的健康，1883年3月14日，在夫人燕妮去世一年多时间后，马克思也在伦敦与世长辞。他被安葬在伦敦的海格特公墓，恩格斯发表悼词，指出作为科学共产主义创始人的马克思的理论遗产和实际革命活动具有伟大的世界历史意义。

　　恩格斯是马克思的亲密战友，1820年11月28日生于普鲁士莱茵省马门市。中学未毕业，他就被迫经商。后去英国父亲的棉纺厂工作。他刻苦钻研，边研究理论著作，边参加工人运动。1844年，他发表《政治经济学批判大纲》，标志着他已成为唯物主义者和共产主义者。同年8月，他和马克思相见，结为终生挚友。1847年，他同马克思创立共产主义者同盟，撰写了《共产党宣言》。1848年，他与马克思回国参加革命，创办《新莱茵报》。1850年至1870年，他重新经商资助马克思完成《资本论》。此期间他专心研究，在理论上也取得重大建树。马克思逝世后，他呕心沥血达12年整理出版《资本论》，同时关怀和指导国际社会主义运动。1895年

8月5日，恩格斯病逝于伦敦，骨灰投葬于大海中。

马克思、恩格斯创立的科学共产主义学说包括三个部分：马克思主义哲学、政治经济学和科学社会主义。马克思和恩格斯在批判地继承黑格尔唯心论辩证法的"合理内核"和费尔巴哈唯物论的"基本内核"的基础上，创立了辩证唯物主义，将这一学说用来诠释社会现象，并应用于人类历史的研究，创立了历史唯物主义，从而在哲学上完成了一次伟大的变革。

马克思、恩格斯在创立自己的新哲学时，吸取并继承了黑格尔关于内在矛盾和辩证发展的思想。同时，马克思、恩格斯抛弃了黑格尔哲学的唯心论糟粕，把辩证法建立在唯物主义的基础上，从根本上克服了黑格尔辩证法的缺陷，创立了具有全新内容的辩证法。马克思、恩格斯把辩证唯物主义的基本原理推广运用到人类历史上，用于解释社会现象和社会生活，从而创造了历史唯物主义学说。历史唯物主义的创立，是人类认识史上的一次空前革命。它把唯心主义从它的最后藏身之所——社会历史领域中清除出去，为社会生活各方面的研究奠定了坚实的科学基础，使得关于社会、社会规律的学说变成了同其他科学一样能够提供精确的知识和能够预见的科学。

马克思主义哲学即辩证唯物主义和历史唯物主义的创立，为马克思主义政治经济学的创立提供了科学的方法论和理论基础。马克思、恩格斯把辩证唯物主义和历史唯物主义运用到政治经济学的研究中去，在批判地继承英国古典政治经济学的基础上，创立了同以前一切资产阶级政治经济学根本对立的无产阶级政治经济学，从而也在政治经济学领域完成了一次伟大的革命。

剩余价值学说是马克思主义政治经济学的基石。马克思以剩余价值学说为基础，全面地研究了资产阶级的经济规律，揭示了资本主义生产方式的基本矛盾和资本主义必然灭亡的规律，创建了无产阶级政治经济学体系，完成了政治经济学中的革命，为无产阶级认识自己在资本主义制度下的真正地位、奋起谋求自身的解放斗争提供了锐利的武器。马克思、恩格斯以历史唯物论和剩余价值学说这两个理论为前提，批判了空想社会主义的空想成分，继承和吸取了其中的有益成分，创立了科学社会主义学说。

这样，马克思、恩格斯通过参加革命实践，在批判地继承19世纪人类所创造的优秀思想成果并加以改造的基础上，创立了马克思主义的三个组成部

·《莱茵报》·

　　《莱茵报》（全称为《莱茵政治、商业和工业日报》）创刊于1842年1月，在科隆出版。由莱茵省具有反对普鲁士专制倾向的自由资产阶级分子主办，许多青年黑格尔派分子担任编辑。马克思从1842年4月开始给该报撰稿，并在该报发表了他的第一篇政论文章《论普鲁士的书报检查令》，开始了他反对封建专制和争取民主的斗争。同年10月起，马克思成为该报主编。在担任主编期间，他发表了一系列抨击专制的普鲁士政府的文章。《莱茵报》具有明显的革命民主主义倾向，受到人民群众的欢迎，声誉日益扩大。报纸的影响使普鲁士政府感到严重不安。1843年1月19日，普鲁士政府决定从4月1日起封闭《莱茵报》。报纸的股东们企图与政府妥协，以换取报纸的继续出版，但马克思坚决反对这种做法，并声明退出编辑部。3月31日，《莱茵报》被迫停刊。

分——马克思主义哲学、马克思主义政治经济学和科学社会主义学说，完成了历史赋予他们的伟大使命。

　　1848年2月，马克思和恩格斯合写的《共产党宣言》在伦敦出版。《共产党宣言》把马克思主义哲学、政治经济学和科学社会主义的原理融为一体，完整地概括了无产阶级的世界观，体现了马克思主义形成时期在理论上取得的最高成就。《共产党宣言》运用辩证的和历史的唯物主义原理考察了人类社会，特别是资本主义社会的产生、发展的历史过程，全面地剖析了资本主义社会的经济结构、阶级关系及其国家上层建筑，阐明了资本主义必然为社会主义所取代的历史规律，明确指出了无产阶级的伟大历史使命，制定了社会主义运动的理论和策略，向世界宣告了无产阶级的奋斗目标。

　　《共产党宣言》是划时代的历史文献，其所表述的基本思想包括了马克思主义哲学、政治经济学和科学社会主义的基本原则，是无产阶级思想体系的完整概括。《共产党宣言》的发表，标志着马克思主义的诞生，是人类思想史上的一次伟大革命，从此，无产阶级找到了科学理论做指导，有了战胜敌人的强大思想武器，无产阶级的面貌焕然一新，无产阶级反对国际资本的斗争有了正确的方向。《共产党宣言》开辟了一个新时代。

法国1848年革命

　　19世纪40年代后期，法国工农业下降，大批工人失业，社会矛盾激化。资产阶级反对派以"宴会"形式举办的政治性集会，得到广大人民群众的响应。基佐政府两次禁止预定于1848年1月和2月举行的"宴会"，引起群众不满。1848年2月22日，巴黎市民举行大规模的示威抗议活动，并同军警发生了冲突。次日，示威演变成武装起义，巴黎到处筑起了街垒，许多国民自卫军和正规士兵拒绝执行实行镇压的命令，倒向革命。国王路易·菲力普被迫罢免基佐，先后任命莫雷和梯也尔组阁，但愤怒的群众要求废除王政，建立共和国。2月24日，起义群众几乎控制了巴黎，并开始向杜伊勒里宫进攻，国王路易·菲力普见大势已去，便带着眷属逃往英国。起义者占领了王宫，成立了以资产阶级共和派为主体的临时政府。次日，临时政府宣布成立共和

曾先后担任法兰西第二共和国总统和第二帝国皇帝的路易·波拿巴

国，这就是历史上的法兰西第二共和国。4月23日选举制宪议会；5月9日成立执行委员会；6月22日代替临时政府的执行委员会下令解散"国家工厂"，引起工人不满，爆发六月起义。在血腥镇压了六月起义后，以卡芬雅克为首的共和党右翼控制了政权，执行打击无产阶级和小资产阶级的政策，削弱了其统治基础。11月，制宪议会制定共和国宪法，确立立法和行政分立原则。由750名议员组成立法议会；参政院由议会任命；总统掌管行政权，任免部长与颁布法律，但无权解散或延长议会。在12月10日的选举中，拿破仑一世的侄子路易·波拿巴当选为总统。路易·波拿巴上台后，组成了代表大资产阶级和地主利益的秩序党，逐步夺取了共和派手中的权力。

1851年底，波拿巴又调集军队，解散了议会，把已成为他复辟君主制障碍的秩序党也推出门外。至此，共和国实际上已经寿终正寝。

1852年12月2日，路易·波拿巴宣布法兰西为帝国，他自己登上皇位，被人们称为拿破仑三世，他的帝国被称为法兰西第二帝国。第二帝国代表金融资产阶级和大工业家的利益。拿破仑三世为了维护其反动统治，建立了庞大的军事警察官僚机构，对内实行军事独裁统治，对外推行侵略政策。第二帝国经历了一个由专制统治向自由主义、议会政治演变的过程，发展了资本主义工商业，完成了工业革命。为了争夺欧洲大陆优势和进行海外殖民侵略，帝国发动

世界通史

多次对外战争。1870年普法战争中，法军战败，拿破仑三世在色当投降。9月4日，巴黎发生革命，第二帝国被推翻。

德国1848年革命

19世纪中期，德意志仍处在分裂之中。虽然有一个德意志邦联，但是这个邦联非常松散，设在法兰克福的邦联议会形同虚设。

政治上的割据状态和德国的封建专制统治成为德国发展资本主义的严重障碍。1845~1846年的农业歉收和1847年经济危机，使工人、农民和小资产阶级的处境严重恶化。实现全德的统一和消灭封建专制制度，成为摆在软弱的德国资产阶级和广大德国人民面前的主要任务。1848年，法国二月革命的消息传入德国后，德国各地都掀起了声势浩大的游行和集会，农民运动也席卷德国，各邦的君主被迫妥协，先后任命资产阶级自由派组阁，并采取了一些自由主义措施。

图为德国1848年革命中，已觉醒的无产阶级与反动警察在柏林街头展开了激烈的巷战。

1848年3月，普鲁士首府柏林爆发革命，柏林人民同军警发生冲突。威廉四世看到武力镇压无法奏效，便许诺召集议会、制定宪法、建立德意志联邦国家。同时，在起义人民的压力下，还被迫下令把军队撤出柏林，改组政府。但新成立的资产阶级自由派政府害怕工人阶级会采取进一步的革命行动，因而同容克贵族妥协，这一行动预示了德国革命失败的命运。6月15日，威廉四世重新调集军队进入柏林，镇压了人民的起义，又改组了政府，解散了议会，把自由派赶出政府机构，反革命政变成功。由于德国资产阶级自由派害怕无产阶级起来革命，与封建势力妥协，到1848年底，革命失败。奥地利恢复了君主专制，普鲁士成立了地主官僚政府，其他各邦反动统治也相继恢复。

1849年6月，普鲁士政府又用武力解散了主张实现全德统一的法兰克福议会，保留了封建制度，德意志的统一事业宣告失败。革命虽然失败，但仍为德国统一创造了条件，并打击了封建势力。

美国南北战争爆发

林肯

19世纪四五十年代是美国资本主义经济迅猛发展的时期。北方的资本主义工业革命蓬勃发展，工业化进程也已经开始启动，西部资本主义农业随西进运动的进行而兴旺发达，南部的种植园经济由于植棉业的兴起而方兴未艾。在此背景下，美国掀起了大陆扩张的狂潮。1846年6月，美英签订了共同瓜分俄勒冈地区的条约，美国的版图正式达到太平洋沿岸。1848年，美国打败了墨西哥，夺取了原属墨西哥的得克萨斯、新墨西哥和加利福尼亚等地。从此，美国国力大增，成为在西半球能同欧洲抗衡的泱泱大国。

美国独立后，北方建立了以雇佣劳动为基础的资本主义制度，而南方仍保留着以奴隶劳动为基础的种植园经济。在北方的资本主义工业迅速发展的同时，南方的种植园经济也因植棉业的繁荣而兴旺起来。到19世纪四五十年代，南北双方在土地问题上展开了尖锐的斗争。奴隶制度作为美国社会的一个"赘瘤"，严重地阻碍着美国资本主义在全国范围内的发展。

到了19世纪40年代末，南北双方在新侵占的墨西哥土地上建立何种制度的问题上看法不一致。1850年，双方妥协，规定加利福尼亚以自由州身份加入联邦，新墨西哥和犹他州的奴隶制存废问题由当地居民投票决定。由于这两州白人奴隶主占多数，所以等于承认在两州建立蓄奴制。1854年，双方又达成新的妥协，规定新近申请加入联邦的堪萨斯和内布拉斯加两地的奴隶制问题也交由当地居民投票决定。至此，打破了1820年达成的把奴隶制限制在北纬36°30′以南的

两个出逃的、即将恢复奴隶身份的奴隶被戴上脚镣、手铐押解着穿过波士顿的街道，路边观看的一些废奴主义者忍不住潸然泪下。

《密苏里妥协案》的规定，把整个西部向奴隶制开放。1854~1856年，堪萨斯的居民在投票时发生了武装冲突，表明南北两种社会制度的矛盾已到了兵戎相见的程度。

奴隶主的倒行逆施，引起了美国人民的愤慨。美国自18世纪末就开始了废奴运动，参加者有工人、农民、黑人、白人、妇女和部分资产阶级知识分子。到19世纪30年代，废奴主义组织了全国性的秘密团体，出版刊物、宣传废奴。他们组织了秘密通信联络点，称为"地下铁路"，帮助南方黑奴逃往北方或加拿大，并支持黑人奴隶的反抗斗争。19世纪50年代，美国各地爆发的反对奴隶制的起义时有发生，其中影响最大的是约翰·布朗领导的武装暴动。约翰·布朗是美国的一位杰出的废奴主义者，他把毕生的精力都投入到解放奴隶的事业中。在长期的反对奴隶制的斗争实践中，他认识到使用武力废除奴隶制的必要性。1859年10月16日，布朗率领22人的小分队在弗吉尼亚的哈泼斯渡口举行起义。布朗率领起义者英勇地同前来镇压的军队作战，最后因寡不敌众，起义失败，布

约翰·布朗成为美国废除奴隶制度的一面旗帜。

朗本人受伤被俘。布朗在就义前发出如下誓言："我，约翰·布朗，现在坚信只有用鲜血才能洗清这个罪恶深重的国家的滔天罪行。"布朗起义是美国内战爆发的导

·黑人奴隶制种植园·

英国在北美的13个殖民地当中，南部殖民地土地肥沃，气候炎热，适宜稻米、烟草、蓝靛叶生长，种植园经济发达。种植园主大多数是欧洲的封建贵族，开始时，他们役使着大批契约奴隶(因贫困而卖身的欧洲劳动者或由欧洲流放到美洲的罪犯)。后采，由于种植园经济的发展，契约奴隶已不能满足需要，种植园主逐渐把奴役的主要对象转向非洲黑人。自16世纪初欧洲殖民者将第一批黑人掠到美洲卖为奴隶开始，到1775年独立战争爆发时，北美13个殖民地的黑人已占全部人口的20%。种植园主不给黑奴以任何权利，让其从事繁重的体力劳动，每日工作十五六个小时以上。由于繁重的劳动和恶劣的生活条件，大多数身体健康的奴隶，六七年间便被折磨死。黑人奴隶制种植园经济是应欧洲市场对经济作物的需求而发展起来的，是世界资本主义经济的一个组成部分。

火线。

1860年11月，反对奴隶制的共和党在大选中获胜，林肯当选为美国第16任总统，南部扩展奴隶制度的梦想结束。为维护自身利益，南部奴隶主发动叛乱。12月20日，南卡罗来纳州宣布独立，佐治亚、亚拉巴马、密西西比、佛罗里达、路易斯安那和得克萨斯等州也纷纷跟随。1861年1月，南部各州组织"南方同盟"，2月在蒙奇马利成立临时政府，戴维斯当选总统。4月12日，南方同盟炮击北军要塞萨姆特堡。4月15日，林肯宣布南方各州叛乱，号召人民为恢复联邦的统一而战斗，并下令征召志愿军7.5万人。人民纷纷响应，很快就有30万人应征，开赴前线。内战不可避免地爆发了。

《解放黑人奴隶宣言》

美国内战之初，北方占据了人力、物力和政治方面的优势。但由于在解放奴隶的问题上态度不明确，对战争的艰巨性没做充分的估计，再加上军事指挥的失误，致使战争在开始阶段遭到重大挫折。林肯政府的保守政策和北军的屡次败北，引起了人民群众的不满。

总之，群众要求用革命的方法进行战争。到1862年夏秋之时，前线的失败和后方人民群众运动的高涨，迫使林肯政府改变了保守政策，采取了一系列革命措施。

1862年2月18日，由众议院以107票赞成、16票反对而通过；5月6日，参议院以33票赞成、7票反对予以通过。5月20日，林肯总统予以签署。《宅地法》

《解放黑人奴隶宣言》发表后，华盛顿上下一片欢腾。

规定：凡一家之长，或年龄已达21岁的合众国公民，或决定按照合众国入籍法的规定申请、愿意成为合众国公民，同时从未持械反对合众国政府或支持、帮助合众国政府的敌人的，从1863年1月1日起，只须交纳10美元手续费，就可以领得60英亩或160英亩以下尚未分配的国有土地；耕种5年后，便成为这块土地的所有者，发给证书或执照。还允许私人购买一定数量的公共土地。这一措施的出台，满足了广大农民长久以来的要求，它极大地鼓舞了农民参加反对奴隶制战争的斗志，同时也加快了开发西部的步伐，保证了北军的军粮供应。

1862年9月24日清晨，林肯发表了震惊世界的《解放黑人奴隶宣言》，宣布从1863年1月1日这天起，凡叛乱诸州的奴隶，永远获得自由；政府和军队将承认和保障他们的自由；获得自由的人，除非必要，应避免使用任何暴力；合乎条件的人，可以参加联邦军队。对未参加过叛乱的蓄奴州，仍按1862年的国会决议，采取自愿的、逐步的、有赔偿的解放奴隶的措施；对逃跑的奴隶，则视其主人是否参加叛乱而定是否引渡。这一伟大举动是美国内战进入以革命方法进行战争的阶段的标志。从此，解放奴隶成为北方作战的重要目标。

不过，当时林肯的《解放黑人奴隶宣言》是作为战时措施颁布的，直到1865年1月在广大群众的压力下，国会才通过了宪法修正案，禁止各州使用奴隶，正式在全国范围内废除奴隶制度。《解放黑人奴隶宣言》发布之后，林肯又推行了武装黑人的政策。这个政策使大批黑人报名参军，编成特别团队，开赴前线投入战斗，此举大大增强了北军的战斗力。同时，林肯又采取了严厉镇压反革命的措施，撤换了指挥不力的将领，调整了军事领导机构，任命有卓越军事才能的格兰特指挥军队，使前线的形势大为改观。

日本明治维新

19世纪后半期，继欧洲和美洲的资产阶级革命之后，亚洲的日本也出现了一次在政治、经济、思想文化等领域的全面革新运动。这场以推行资本主义新政为目的的资产阶级革新运动，开始于明治年间，所以史称"明治维新"。

此前，日本是落后的封建国家。在1603年，德川家康消灭了各地的割据势力，在江户设置幕府，建立了德川家族的一统天下。名义上，首脑是天皇，但实权已落在德川家族的手中。德川幕府实际上对外代表国家，对内主持政府，根本不把天皇放在眼里。

明治天皇

生于1852年，是孝明天皇第二皇子，名睦仁。1866年12月继承皇位，第二年实行王政复古。1868年举行即位典礼，并改年号为明治。在他即位初期，日本发生维新运动，建立了天皇专制政权。在他的主持下，日本先后实行一系列资产阶级改革，推出版籍奉还、废藩置县、制定征兵令等改革措施，促进了日本资本主义的发展，摆脱了被殖民的危机。

德川幕府掠夺土地，并把土地分封给270家叫"大名"的封建领主。大名又把领地分割成更小的单位，分赐给自己的家臣——武士。武士一般是职业军人，是幕府将军统治人民的主要工具。"士、农、工、商"被划在武士之下，受到等级身份制度的严格限制。还有30多万被称作"非人"和"秽多"的贱民，被排斥在士、农、工、商之外，过着悲惨的生活。

幕府推行闭关自守政策，不同其他国家建立任何关系。德川幕府以为这样就可以长治久安了。18世纪后期，随着商品经济的发展，新兴的地主阶级和商业资本家为了争得政治上的地位，对幕府制度产生了强烈的不满，而广大的人民群众反抗的情绪也日趋高涨。接连爆发的农民起义和市民暴动，严重地动摇了幕府的统治。

正当此时，西方列强大举入侵日本。幕府屈服于列强的炮火，连续与列强签订了许多不平等条约和关税协定。大批农民和手工业者因为外来廉价商品的涌入而破产。民族矛盾和阶级矛盾迅速激化，在人民积极行动起来推翻幕府

统治的形势下，以中下级武士、商人、资本家和新兴地主为主体的改革力量组成倒幕派，要求实行资产阶级性质的改革。倒幕派与幕府之间于1864年开始了武装冲突。

1866年6月，幕府发动讨伐长州的战争。7月，德川家茂突然死亡，德川庆喜继任将军，以举行家茂的葬礼为借口退兵。1867年10月，萨摩、长州、安艺三藩武士在京都召开秘密会议，决定组织联军正式讨伐幕府，并把讨幕计划秘密上奏天皇。10月14日，天皇给萨、长两藩颁发密诏，命令他们讨伐幕府。德川庆喜见势不妙，被迫提出了"奉还大政"的请求，表示要辞去将军职位，还政天皇。至此，统治日本260多年的德川幕府在名义上宣告结束。

1868年1月3日，明治天皇出面召开了有倒幕派皇族公卿、大名及下级武士参加的御前会议，颁布"王政复古"诏书，宣布废除幕府制，组织成立新的中央政府。德川庆喜不甘心失败，于1868年1月集合军队向京都进军，结果在京都附近的鸟羽、伏见被以萨、长两藩军队为主力的政府军击败。4月，德川庆喜走投无路，被迫投降，政府军进占江户，改名为东京，次年3月迁都东京。明治天皇宣布了新政府的施政纲领——《五条誓文》，纲领表达了地主资产阶级在政治、经济、文化、外交等方面进行改革的愿望和决心。接着，明治政府展开了全面的改革运动。

日本明治维新的主要内容是：第一，实行"富国强兵"政策，建立中央

明治维新大搞"文明开化"，学习西方文化。图为东京音乐学院的学生穿戴上欧洲服饰在举行一场西洋音乐会。

·安政条约·

安政条约是日本被迫先后同美、荷、俄、英、法五国签订的不平等的《友好通商条约》的总称，因签订于安政五年（1858年），故名。1858年7月29日，美国迫使日本签订了《日美友好通商条约》。主要内容为：日本开放箱馆、神奈川、长崎、新潟、兵库5个港口和江户、大阪为商埠；美国在江户驻外交代表，在各通商口岸派驻领事；美国可在江户、大阪两地及各通商口岸等设相当于租界的"居留地"；美国享有贸易自由和领事裁判权；美国的进出口货物实行协议关税。同年8~10月间，荷、俄、英、法相继迫使日本签订了内容类似的条约。这些条约进一步损害了日本的主权，彻底地打破了日本的锁国政策。从此日本陷入了沦为半殖民地的危机。条约由于未经天皇批准而签订，加剧了尊王攘夷的活动，导致了安政大狱，至1911年才完全恢复主权。

集权制的国家机构。第二，变革土地制度，进行地税改革。第三，贯彻"殖产兴业"，大力扶植资本主义。第四，大搞"文明开化"，实行教育改革。

明治维新是一次以农民为主力、以资产阶级同资产阶级化下级武士为联盟、以资产阶级化下级武士为领导的资产阶级革命，推翻了幕府的封建统治，建立了地主资产阶级联盟的中央集权国家，开拓了日本资本主义经济的发展道路，成为日本从封建社会进入资本主义社会的转折点。在人民群众的推动下，明治政府实行了一系列资产阶级性质的改革，加速了资本主义的发展，进而摆脱了沦为殖民地的危机。但是，由于资产阶级的软弱性和其尚未形成独立的政治力量，明治维新的领导权掌握在代表地主资产阶级利益的武士集团手中，因而使这次革命进行得很不彻底。

明治维新后，日本在政治、经济等方面仍然存在着大量的封建因素。农民的土地问题没有得到彻底解决，地主阶级始终在政治中占主导地位。这使地主资产阶级专政从一开始就具有对内残酷镇压人民、对外大肆侵略扩张的性质，为后来日本走上军国主义的道路埋下了伏笔。

巴黎公社

马克思主义自19世纪40年代诞生后，在各国工人阶级中广泛传播，影响也越来越大，无产阶级的革命斗争也由自发的斗争发展为自觉的斗争。19世纪后半期，国际无产阶级革命运动日益走向成熟。国际团结得到加强，工人运动越来越具有国际性的特点，出现了国际无产阶级的群众性组织——第一国际和第

二国际。

巴黎公社革命是19世纪以来国际工人运动的重大成就，是法兰西第二帝国后期阶级矛盾和民族矛盾爆发的结果。首先，巴黎公社革命是法国阶级矛盾和阶级斗争的必然结果。帝国末期，无产阶级的反抗斗争日益高涨，蒲鲁东的小资产阶级社会主义、布朗基的空想共产主义思想得到广泛传播，还有一些人受马克思主义影响，认识到夺取政权的重要性。广大农民、小资产阶级民主派和资产阶级共和派对帝国政府的不满情绪也日益增长。19世纪60年代后期的经济危机进一步激化了阶级矛盾。其次，巴黎公社革命是在法国面临严重的民族危机的情况下爆发的。拿破仑三世在1870年7月的普法战争中遭受惨败，法军主力连同拿破仑三世都做了俘虏，这就加速了帝国的崩溃。在这种情况下，9月4日，法国人民举行革命，推翻了第二帝国，成立了"国防政府"。这时，普军继续向法国内地推进，法国成了防御侵略战争的一方。"国防政府"屈辱求和，普军得以长驱直入，包围了巴黎。10月31日，法军投降。巴黎人民极为愤慨，又爆发了旨在推翻叛国政府的第二次起义。起义虽然被镇压，但两次起义使无产阶级和人民群众受到了实战锻炼。爱国热情高涨的巴黎工人冲破政府限制，仅3个星期就组成了194个工人营队。1871年2月，巴黎无产阶级革命武装正式成立了国民自卫军中央委员会。

1871年1月28日，"国防政府"同普鲁士签订了割地赔款的停战和约。2月17日，梯也尔上台。由于消除了后顾之忧，法国资产阶级便集中全力对付国内特别是巴黎的工人武装。3月8日至17日，梯也尔政府向巴黎增调了2万名政府军，准备夺取国民自卫军的大炮，逮捕其中央委员会成员。18日凌晨，政府军

· 《国际歌》·

1888年6月23日，《国际歌》首次与人民大众见面，在法国里尔，《国际歌》首唱取得成功。《国际歌》的词作者是欧仁·鲍狄埃。1871年3月18日，他参加巴黎公社的起义，担任公社委员。后来起义失败了，他满怀悲愤地写下这首歌词："起来，饥寒交迫的奴隶，起来，全世界受苦的人，满腔的热血已经沸腾，要为真理而斗争!"1888年6月，作曲家比尔·狄盖特受命为鲍狄埃的歌词谱曲。他在地窖里，用破旧的脚踏风琴为《国际歌》谱了曲。《国际歌》谱曲完成，是在6月16日。而后，在一次里尔卖报人的集会上，工人组织的合唱团第一次唱出了真正属于无产阶级的革命战歌。这支雄伟壮烈、气吞山河的《国际歌》很快传遍了全世界。

占领了蒙马特尔停炮场，枪声惊醒了附近居民，大炮被抢的消息迅速传开。该区的国民自卫军战士立即集合起来，包括许多妇女、儿童和老人在内的人民群众也随同一起拥上蒙马特尔高地。偷袭的政府军很快就被赶到的国民自卫军击溃。

1871年5月28日，巴黎公社社员在拉雪兹公墓英勇就义。

这时，巴黎的武装起义迅速展开。国民自卫军和人民群众自动拿起武器，建筑街垒，布置岗哨，派出巡逻队，集中分散的大炮。中央委员会领导武装起义，占领了部分地区。中午以后，国民自卫军开始向巴黎市中心挺进。22时许，国民自卫军进入市政厅，升起红旗。至此，中央委员会控制了巴黎全城，推翻了梯也尔政权。3月28日，巴黎公社进行了普选，一个崭新的无产阶级国家政权诞生了。

为了镇压革命力量，梯也尔一方面纠集反动军队的散兵游勇；另一方面请求俾斯麦释放战俘，重新拼凑和整顿了军队。此时，巴黎东面和北面普军15万大军压境，西面和南面凡尔赛军队伺机反扑，形势对巴黎公社极为不利。

巴黎公社方面却疏于防范。4月2日清晨，凡尔赛军炮轰巴黎，向巴黎城西的纳伊桥发起进攻。炮声震醒了巴黎，公社执行委员会当即决定进攻凡尔赛。3日清晨，巴黎公社匆忙调集4万人，分3路向凡尔赛进军。由于巴黎公社领导对军事形势盲目乐观，对大规模军事行动缺乏准备，致使出击部队各行其道，导致战斗的失利。

4月6日，凡尔赛军与东面和北面的普军对巴黎形成了包围。公社方面仅有1.6万人的作战部队和4.5万人的预备部队。但公社战士无所畏惧，与敌人浴血奋战。4月7日，西线5000名装备很差的部队，同9倍于己的敌人激战。17日，250名公社战士在贝康城堡抗击5000名敌军进攻达6个小时。在南线，巴黎公社战士为守卫炮台顽强战斗。到4月底，巴黎公社守住了巴黎西线和南线，给凡尔赛军以大量消耗。5月初，巴黎公社调整了巴黎防御部署。凡尔赛军发起全

线总攻。巴黎公社虽在此时加强了军事指挥，但大局已难挽回。

5月21日下午，凡尔赛军进入巴黎，一场震撼世界的巷战开始了。为保卫巴黎公社政权，巴黎公社战士奋起抗敌，他们在街道和广场筑起街垒，同敌人进行殊死的战斗。27日，敌军开始围攻最后两个工人区。在拉雪兹神甫墓地，200名公社战士与5000名凡尔赛士兵展开肉搏，战至傍晚，大部分巴黎公社战士壮烈牺牲，被俘战士全部被枪杀在墓地的一堵墙前。这堵墙后来被称为"公社社员墙"。28日，巴黎公社战士坚守的最后一个街垒被攻克。巴黎人民的武装起义被凡尔赛军血腥镇压下去了。

巴黎公社虽然失败，但它的伟大历史功绩是不可磨灭的。巴黎公社是无产阶级民主的第一次尝试，是历史上第一个无产阶级的国家政权，为后来的无产阶级革命提供了极其宝贵的历史经验和教训。

第一国际

19世纪60年代，随着大工业的发展，资本主义社会的基本矛盾日益暴露出来，无产阶级反对资产阶级的斗争也逐日高涨。马克思、恩格斯在对资本主义社会发展规律进行深刻探究的同时，也致力于对各国工人领袖的组织、联系和培养。

1864年9月28日，英、法、德、意、波等国近2000名工人代表在英国伦敦圣马丁教堂召开了声援波兰人民起义的国际性工人大会。大会决定成立国际工人组织，并选出临时中央委员会（总委员会将组织定名为"国际工人协会"，简称"国际"。第二国际成立后，被称为"第一国际"）。会上，英国工联领导人奥哲尔当选为主席，马克思任德国通讯书记。但实际上，马克思一直被公认为是第一国际的领袖。

第一国际成立后，积极在各国建立支部，把欧美各地的工人团体团结争取到第一国际中来。到1866年9月，就已建立了20多个支部。第一国际对英国、法国、比利时、瑞士等国工人的罢工斗争都给予了积极的声援和支持，并使许多次罢工取得胜利。

第一国际的前期（1864~1869年）工作主要是反对蒲鲁东主义。蒲鲁东主义是一种小资产阶级社会主义，表达了遭受破产威胁的手工业者和小生产者的愿望和要求。蒲鲁东主义者主张通过组建互助合作协会和"国民银行"，建立一种介于资本主义和共产主义之间的小生产者的私有制社会。对此，第一国际在马克思的指导下，在1869年9月前的四次代表大会上，与蒲鲁东主义者展开了激烈的斗争，使之最后分化瓦解。

第一国际后期（1869~1876年）主要进行了反对巴枯宁主义的斗争。巴枯宁是一个极端的无政府主义者，他反对任何权威、任何国家和政府，反对无产阶级进行政治斗争，反对无产阶级政党和无产阶级专政，主张建立一个没有任何权威、没有国家的绝对自由的"无政府状态"的社会。

·无政府主义·

无政府主义是一种社会政治思潮，其基本观点是否定一切权威和任何形式的国家政权，主张个人绝对自由，建立一个没有国家的、完全平等和绝对自由的社会。无政府主义形成于19世纪40年代，其创始人是法国的蒲鲁东。他在1840年写的《什么是所有权》一书中倡导互助主义，主张通过建立人民银行和根据契约原则在生产者之间实行产品的等价交换，以达到消灭剥削和人人自由、平等的"无政府状态"。

巴黎公社失败以后，欧洲各国资产阶级政府对第一国际进行了疯狂的迫害，巴枯宁分子也乘机加紧分裂第一国际的活动，第一国际的处境更加困难。1872年9月，第一国际在海牙召开代表大会，把巴枯宁及其追随者开除出第一国际，并决定将总委员会迁往美国。1876年7月，第一国际在美国费城举行了最后一次代表大会，宣布解散。第一国际加强了各国工人之间的团结，宣传了科学社会主义，培养了一大批干部，为国际工人运动做出了巨大贡献。

"门户开放"

19世纪末，尤其是在1895年中日甲午战争之后，远东的政治格局急剧变化，列强在中国的均势被打破，从而掀起了瓜分中国的狂潮。其中，俄国独占了中国东北；日本取得台湾和澎湖之后，又把福建置于它的势力范围之内；德国强占了胶州湾，把山东变为其势力范围；法国强行租借了广州湾，其势力范围遍及滇、粤、川等地；英国租借了九龙和威海卫，并宣布长江流域为它的势力范围。列强们瓜分中国的狂潮无法止步，中国面临亡国的危险，而列强之间的矛盾也愈演愈烈。

西方各国在各自的势力范围内大都实行排他性殖民政策，这严重损害了

执行"门户开放"政策的美国总统威廉·麦金莱，他于1901年被刺身亡。

因忙于美西战争而未能在中国占有一席之地的美国的商业利益。尤其是俄国封锁了中国东北市场，不准美国商品和资本进入，为此美国耿耿于怀。虽然当时美国的对中国贸易总额并不是很大，但其垄断财团早就看中了中国市场的潜在价值，它们向美国政府施加了强大压力，要求美国政府采取行动。当时，英国出于自身利益，也向美国建议以"门户开放"原则来规范各国的对中国贸易，协调各国在中国的商业利益。在这种背景下，美国国务卿约翰·海于1899年9月6日向英、法、德、俄、日、意等国递交了一份照会，美国承认各国在中国的"势力范围"和夺得的特权；同时要求在各国的租借地和势力范围内，美国享有均等的贸易机会；要求中国内地全部开放，使帝国主义国家都享有投资权利。美国提出该政策的目的是通过"机会均等、利益均沾"手段，缓和列强争夺中国的矛盾，防止列强瓜分中国，以使整个中国市场对美国商品自由开放，从而渗透其侵略势力。

第二年7月3日，美国又发出第二封照会，除重申"平等公平贸易"原则外，还提出要"保全"中国的领土和行政完整。两次照会组成了美国对外政策的"门户开放"原则，这个原则的内容与旧殖民主义的根本区别在于：①反对以武力征服的方式从空间上对殖民地实行独占，主张建立"无边界"的殖民体系；②反对对殖民地实行直接统治，而提倡保留殖民地原有的行政实体，实行间接统治；③反对垄断式的保护主义，主张"门户开放"，实行"公平"的自由贸易竞争。

这样，"门户开放"原则实质上全盘否定了旧殖民主义赖以存在的基础，构筑了新殖民主义的框架体系。英国首先支持美国该政策，其他国家也先后表示同意。第二次世界大战后，美国在中国的独占地位已经形成，才放弃此政策。

戊戌变法

西方资本主义的入侵，一方面破坏了中国的封建经济，使中国面临民族危机；另一方面也促进了中国商品经济的发展。资本主义就在这样的背景下，在中国古老的土地上畸形地成长起来。中国人也从此开始了探索现代化的道路。

19世纪60年代是洋务运动的第一阶段，重点是建立近代军事工业，目的是加强清政府的军事力量。当时兴办的重要企业有安庆内军械所、江南机器制造总局、金陵制造局、天津机器制造局和福州船政局等。19世纪70~90年代为洋务运动的第二阶段，重点是筹建海军和围绕军事工业而建立民用企业，主要有轮船招商局、开

康有为

平煤矿、唐胥铁路、汉阳铁厂、漠河金矿和湖北织布局等。洋务运动具有浓厚的封建色彩，目的是强化封建专制，但又带有资本主义性质。由于受到国内封建势力的束缚和外国资本的排挤，中国民族资本主义工业的发展举步维艰。

19世纪末，中国面临被西方列强瓜分的危险，民族危机异常严重。1894年，日本发动了侵略中国的甲午战争，中日双方在黄海海面、辽东半岛和威海卫进行海陆战争，中国的北洋舰队在日本海军的进攻下遭到惨败。1895年，中日签订《马关条约》，中国被迫承认日本对朝鲜的控制，并割地赔款。日本的侵略引发了列强新一轮瓜分中国的高潮。中国就在这种背景下，又开始了新的现代化探索与尝试。

甲午战争后，中国的先进知识分子开始注意吸收西方先进的思想和文化，其中较为杰出的人物是严复。他于1898年翻译出版了赫胥黎的《天演论》，用进化论启发国人争取实现现代化发展的决心和热情。他把西方的天赋人权观和议会民主政治介绍到中国来，从而为维新变法运动做了舆论准备。

由康有为和梁启超等人领导的戊戌变法运动是一场资产阶级政治运动。维新派主张在政治上实行君主立宪制，在经济上实行有利于民族资本主义发展的政策。变法虽然失败了，但是它把中国的反封建斗争提高到变革体制的高度，为以后的资产阶级民主革命打下了良好的基础。

戊戌变法失败后，帝国主义列强又加快了瓜分中国的步伐。在民族危亡的关头，中国又爆发了反帝爱国的义和团运动，给了帝国主义以沉重的打击。为此，西方列强组成八国联军公然入侵中国，于1900年7月攻陷天津，8月又占

领北京，义和团运动在中外反动势力的联合绞杀下失败了。1901年9月，列强迫使清政府签订了《辛丑条约》，中国到了亡国的边缘，中国人民又到了重新选择救亡图存的道路的关键时刻。在这种背景下，孙中山的民主革命思想应运而生，由他发动和领导的资产阶级民主革命拉开了中国革命新的一幕。

第二国际

德国修正主义者伯恩施坦

　　巴黎公社革命失败以后，第二次科技、工业革命及资本主义经济迅猛发展。随着国际工人运动的高涨、马克思主义的广泛传播和各国工人政党的建立，各国工人阶级要求加强国际联系和团结的愿望日益迫切。在这种情况下，马克思主义者于1889年7月14日，在巴黎召开了国际工人代表大会，通过了《国际劳工立法》草案和关于《庆祝"五一节"的决议》，这次会议被公认为是第二国际的成立大会。

　　第二国际是第一国际的持续和发展。第二国际的活动方式也以召开代表大会为主。第一国际与第二国际的差异在于：第一国际实行较紧密的民主集中制，第二国际则是一个无中央机构的松散的组织，它无纲领、无章程、无机关报、无纪律。1900年建立的社会党国际局只是各国党的通信和组织中心，各国党都有自己的独立性。

　　为了引导工人运动走上正确的斗争道路，第二国际从成立到1896年的伦

· 国际劳动节 ·

　　国际劳动节是全世界无产阶级和劳动人民团结战斗的节日。1866年，第一国际日内瓦支部提出了"八小时工作制"的口号。1884年，美国进步工人组织通过要求为实现八小时工作制而斗争的决议，得到各地工人的热烈支持和响应，决定在1886年5月1日举行大罢工。这天，芝加哥、底特律、纽约等城市举行罢工和示威游行。芝加哥20多万工人走在斗争的最前列，经过流血斗争，终于获得八小时工作制的权利。美国工人的斗争得到了国际无产阶级的有力声援。1889年7月14日，在巴黎第二国际成立大会上，为纪念美国工人"五一"罢工，推进各国工人的斗争，增强无产阶级国际主义团结，通过一项决议：在每年的5月1日，组织大规模的示威游行，并把这天定为"国际示威游行日"。从此，5月1日成为全世界无产阶级和劳动人民团结战斗的节日。

敦代表大会，一直进行着反对无政府主义的斗争。第二国际在前期的活动中基本上遵循了马克思主义路线，表现在：促进更多的国家建立了工人政党；推动各国工人进行议会斗争并取得很大胜利；推动各国工人运动进一步发展。

1906年3月发生在法国多佛尔的矿工大罢工。第二国际期间，多次爆发无产阶级的罢工运动。

在19世纪末，由于资本主义已经发展到帝国主义阶段，而马克思、恩格斯又先后去世，有许多新问题、新情况出现了，工人运动中的许多理论家试图从理论上进行探索。1899年，伯恩施坦发表了《社会主义的前提和社会民主党的任务》一书，系统地阐述了他的修正主义思想体系。伯恩施坦在"发展和完善"马克思主义的名义下，提出要使马克思主义"适应"新的政治和经济形势的观点。在哲学方面，他宣扬庸俗进化论和折中主义，对革命的辩证法予以否定，认为唯物史观既"自相矛盾"又"缺乏根据"。在政治经济学方面，他认为剩余价值学说只不过是"以假设为根据的公式"，垄断组织的出现可以使经济危机消除。在科学社会主义方面，他美化资本主义，反对暴力革命和无产阶级专政，认为只要反对暴力革命和无产阶级专政，只要坚持渐进的、和平改革的策略，就可以促使

· 法国工人党 ·

法国工人运动史上第一个无产阶级政党。1879年在马赛举行的法国全国工人代表大会上，通过了成立法国工人党的决议。随后，盖德和拉法格在马克思的亲自指导下制定了党纲，并于1880年在哈弗尔代表大会上通过，称为《哈弗尔纲领》，法国工人党正式成立。纲领规定：必须建立无产阶级政党，进行革命斗争，推翻资产阶级统治，实现生产资料社会化，建立社会主义社会。不久，党内出现盖德派和可能派的斗争。在1882年的圣太田代表大会上，两派正式分裂，盖德派保留了法国工人党的名称。1889年，法国工人党参与了筹建第二国际的工作，并支持和领导了法国工人的几次大罢工。1893年的议会选举中法国工人党取得了可观的票数，此后，工人党更加注重议会斗争。1901年，法国工人党与革命社会主义党、革命共产主义同盟联合组成法兰西社会党。

资本主义和平进入社会主义，并提出"最初的目的是微不足道的，运动就是一切"。修正主义出现后，得到英国费边社分子、俄国经济派、法国米勒兰派等的支持，并迅速发展成国际思潮。

修正思想的出现，引起了工人队伍在思想上和理论上的混乱，并引起第二国际内部的激烈斗争。1900年9月，第二国际在巴黎召开第五次代表大会。与会代表围绕"米勒兰入阁"问题展开了激烈争论，争论的结果导致左、中、右三派的形成。米勒兰是法国独立社会主义联盟的成员，他于1899年加入资产阶级内阁，任工商部部长。以伯恩施坦、饶勒斯为代表的修正主义者支持米勒兰入阁，宣称此举只是无产阶级夺取政权的第一步，称为"入阁派"。卢森堡、盖德等对社会主义者入阁表示反对，他们坚持传统的暴力革命和无产阶级专政的主张，称为"反入阁派"。第二国际领导人考茨基提出"橡皮决议案"，声称社会主义者加不加入资产阶级内阁"只是一个策略问题，不是一个原则问题，国际大会对此不必有所表示"。"橡皮决议案"只是暂时防止了国际分裂，同时肯定了米勒兰入阁行为，这为以后第二国际的分裂埋下了种子。

英国对印度的殖民统治

19世纪末，随着英国对世界工业垄断地位的丧失，英国殖民者对其最大的殖民地——印度的殖民掠夺更加疯狂了。这一时期，英国殖民者除了继续依靠军事政治权力对印度人无情搜刮、扩大商品倾销、加紧掠夺粮食原料之外，资本输出已逐渐成为主要的剥削手段。

·印度国民大会党·

代表印度资产阶级和地主利益的民族改良主义政党，简称印度国大党。由英国殖民官吏休谟于1885年12月28日在孟买所创，主要成员是地主、资本家、商人、高利贷者和资产阶级知识分子。成立之初，主张通过宪法的手段在印度实现立宪和代议政治，带有浓厚的改良主义色彩。19世纪末，随着大量的中小资产阶级及知识分子的加入，以提拉克为首形成激进派，主张印度独立。1905年10月，针对殖民当局分割孟加拉省的法令，掀起全国规模的抗议活动，并发展为抵制英货、提倡国货的运动。次年，在激进派坚持下第一次提出"自治、提倡国货、抵制英货、民族教育"四点纲领。1907年，温和派和激进派分裂。1916年，两派重新联合。国大党成立初期，揭露了英国官吏的专横残暴，要求自治、独立，唤醒了印度人民的民族意识。

在农业方面，英商经营着各种水利工程和茶叶、橡胶等种植园。由于殖民政府的强制和英商的操纵，印度的农业生产商品化有所发展，很多地区变成了单一种植区。与此同时，英国殖民者还利用封建土地关系加强对农民的剥削。19世纪60年代以后，殖民政府颁布一系列田赋法案，巩固了柴明达尔地主的地位，从而

1876~1878年西印度饥荒中的饥民，在英国殖民者的残酷压榨下，数百万印度人丧失生命。

进一步保障了地主、商人、高利贷者对农民的剥削权。这一时期，英国从印度掠夺的粮食和原料与日俱增。

英国资本输出的增长、近代工业的出现——特别是铁路网的修建，在客观上促进了印度民族工业的发展。但是，印度资产阶级和英国资产阶级之间仍存在着难以调和的矛盾。英国资本家依仗殖民政权，采取经济的和非经济的手段阻挠民族资本发展。殖民政府根据垄断资本家的利益，制定关税政策，进一步加强英国商品在印度市场的竞争能力。直到19世纪末，印度资本主义工业仍然是半封建殖民地经济大海中的一个小岛。

随着近代工业的产生，印度出现了第一批产业工人。最早的近代工人是在英国资本家工厂做工。19世纪末，印度已有50多万的产业工人，他们大部分来自破产农民和手工业者。他们的工资微薄，劳动繁重，工作日长达14~15小时，根本没有假日。沉重的劳动严重损害了印度工人的健康，很多人被折磨致死。这一时期，印度无产阶级人数不多，政治上也不成熟，却与先进的生产方式相联系，是一个不断发展的、组织性和革命性极强的阶级。随着殖民掠夺和封建剥削不断加强，各种社会矛盾，尤其是印度人民和英国殖民主义的矛盾日益尖锐。印度各地开展了轰轰烈烈的农民运动和工人罢工，同时兴起的还有资产阶级改良运动。19世纪六七十年代，资产阶级改良主义运动发展迅速，并且出现了各种地方性的改良主义政治组织。他们反对英国殖民束缚，要求实行自下而上的社会改革，普及欧式教育，发展民族工业，改革税制，实施司法平等

制度，建立陪审制度，实现在英帝国范围内的自治。

工人运动、农民起义和资产阶级改良主义运动三者同时进行，这种形势引起了英国殖民者极大的恐惧。英国殖民者为了防止工农运动和资产阶级运动相结

一座专供英国上流社会和印度大公们游赏玩乐的戏院，此图绘于19世纪末期。

合，极力拉拢地主资产阶级上层分子，力图把资产阶级改良主义运动纳入合法的轨道，以便加以操纵和控制。于是，他们便支持资产阶级的代表建立全国性的改良主义政党。

1885年12月28日，在英国殖民官吏休谟的操纵下，印度国民大会党（简称国大党）在孟买举行成立大会。出席大会的代表中半数是资产阶级知识分子，半数是地主商人和高利贷者。大会的中心议题是要求民权和自治。

国大党成立不久，收容了一批激进主义者，很快使国大党内部分成两派。以苏伦德拉·纳特·巴纳吉为首的温和派掌握领导权，代表地主和上层资产阶级的利益，主张和英国妥协合作。以巴尔·甘格达尔·提拉克为首的激进派，代表小资产阶级、富农、小地主和自由职业者的利益，他们极力反对温和派的妥协合作路线，认为英国殖民奴役是印度贫穷落后的根源，主张联合人民群众的力量，运用各种不同的斗争形式——包括暴力来推翻英国殖民统治，实现民族独立。英国殖民当局把提拉克视为死敌，1897年将他监禁起来，但在印度人民的抗议下，殖民当局被迫把他释放了。提拉克在印度人民中的威望日益增长，到19世纪末20世纪初，他成为印度资产阶级民族运动的代表人物。

第二次工业革命

从19世纪70年代到20世纪初，科学技术飞速发展，人类历史上又发生了一次新的工业革命，被称为"第二次工业革命"。

第一次工业革命和资本主义的迅速发展，使得自然科学在19世纪取得重大突破。在物理学方面，法拉第证明了电磁感应现象，伦琴发现了放射现象；在化学方面，分子—原子结构学说确立，门捷列夫制定了化学元素周期表；在生物学方面，细胞学说建立，达尔文创立了生物进化论学说。这些重大突破，为自然科学与生产技术相结合，把科学原理转化为技术，直接运用到生产中去，创造了有利的条件。而世界市场的出现和资本主义世界体系的基本形成，又推动了商品的生产。因此，人们追求更高的生产效率，渴望有更好的机器和更强大的动力。这些条件，使第二次工业革命的发生成为可能。

第二次工业革命最主要的表现是电力的广泛应用。1866年，德国人西门子制成发电机。4年后，比利时的格拉姆发明了电动机。于是，电力作为一种新能源开始用来带动机器。此后，以电为能源的产品迅速被发明出来，如电灯、电车、电报、电话及电焊技术等。电的广泛使用，使对电力的需求大增。于是有了法国人马·德普勒关于远距离送电技术的发明，美国发明家爱迪生建成了第一座火力发电站，将输电线路结成了网络。制造发电、输电和配电设备的电力工业纷纷建立和发展起来。

这次工业革命的另一个重要表现是内燃机的发明和应用。19世纪70~90年代，德国人奥托、戴姆、狄塞尔先后发明了以煤气为燃料的四冲程内燃机、以汽油为燃料的内燃机和柴油机。这就解决了交通工具的发动机问题，引起了这一领域的革命性变革。19世纪80年代，汽车诞生；19世纪90年代，许多国家建立起汽车工业，并牵动了内燃机车、远洋轮船、拖拉机和装甲车、飞机等的制造和使用，也促使石油开采与炼制业迅速发展起来。

化学工业也在这

早期的电话及从事电话交换工作的人

刚开始的时候，电话交换是靠手工来完成的，所以，电话局需要很多工人。

1850年，工程师们在不列颠桥举行会议。

第二次工业革命改变了英国的工业面貌，工业家与工程师的才干和学识得到极大的发挥。

一时期兴起。无机化学工业、有机化学工业都相继建立和发展起来。纯碱、硫酸的生产，煤焦油的综合利用，促成了一系列新发明和新产品的出现，如化肥、化学药品、人造染料、人造丝和人造纤维等。炸药工业更成为化学工业的重要部门，瑞典人诺贝尔因发明火药和无烟火药而成为世界名人。

第二次工业革命在规模、深度和影响上都远远超过第一次工业革命，出现了不少新的特点。

第一，它有坚实的科学基础。所有成果都是科学技术运用于生产实践而创造出来的。没有热力学、电磁学、化学等的突破性成就，绝不可能出现新的工业革命。科学技术是第一生产力的原理得到了充分体现。

第二，它侧重于基础工业、重工业、化学工业、能源工业等部门，具有更强的经济改造能力和社会改造能力，使主要资本主义国家首先实现工业化。城市人口远远超过了农村人口。

第三，它是在几个先进大国同时起步，相互促进下进行的。其中，德国人贡献尤多，其次是美国人，英国与法国也有一些重要的发明。而且，某一国的重大发明，很快就被别国所吸收。你追我赶，经济发展迅速。到1900年，美、德、英、法四国的工业产值，已占全世界工业产值的72%。

第二次工业革命极大地促进了生产力的发展，人类社会进入电气时代。它改变了资本主义的工业结构，新兴工业部门，如电力工业、石油开采业、石油化工业、汽车制造业等重工业迅速发展起来，重工业逐渐取代轻工业在资

·最早的汽车拉力赛·

现在谈到汽车拉力赛，人们便自然而然地想到各式各样精致的跑车，时速个个达到几百千米。可当年汽车刚发明时的汽车比赛可没这么风光。19世纪末，出现了各种类型的汽车，它们互相竞争。在1894年，法国巴黎举行了首届汽车比赛。启事是这样写的："各种各样的车辆不论其动力是蒸汽的、燃气的、汽油的还是电的，都可以申请参加比赛。"结果，仅在预赛中，大部分车子就抛锚，被淘汰了。决赛中的21辆车，也仅有15辆到达目的地，但值得一提的是，15辆中有9辆使用戴姆勒发动机。在第二年的巴黎—波尔多长途汽车赛中，汽油汽车再次把蒸汽汽车抛在后面。从此，汽油汽车在运输领域取得主导地位。

本主义工业体系中占据主导地位。随着生产力的发展，生产和资本高度集中，引起了生产关系的变化，产生了垄断组织，垄断经济逐渐成为整个国民经济的基石，世界主要资本主义国家开始进入帝国主义阶段。垄断还进一步造成资本主义经济发展的不平衡。老牌国家英国和法国，经济发展相对缓慢。新兴的美国和德国经济发展相当快，工业总产值超过英、法而位居世界第一和第二。俄国和日本经济也迅速发展。这就刺激了帝国主义列强对世界霸权和殖民地的掠夺，加深了列强之间的矛盾，造成国际局势的紧张，最终酿成第一次世界大战。

巴尔干战争

欧洲两大军事集团形成以后，列强们在重新瓜分世界的问题上展开了激烈的争斗，主要表现为两次摩洛哥危机的发生。随着矛盾的发展，巴尔干成了欧洲的火药桶。

巴尔干半岛位于欧、亚、非三洲会合处，是各种势力斗争的交合处。1912年3月，保加利亚和塞尔维亚签订了军事同盟条约；5月，保加利亚又和希腊签订了同盟条约；8月，门的内哥罗加入此同盟，从而形成巴尔干同盟。1911~1912年的意土战争削弱了土耳其的实力，巴尔干同盟各国趁机向土耳其宣战。1912年10月9日，门的内哥罗首先对土耳其宣战。接着，保加利亚、塞尔维亚和希腊相继对土耳其宣战，第一次巴尔干战争全面爆发。战争爆发后，土耳其军队连连失利，它在巴尔干的领土几乎丧失殆尽，后被迫求和，并请求列强调停。1913年5月，土耳其与巴尔干同盟签订和约，巴尔干同盟四国获得了大片领土，土耳其在欧洲的领土几乎丧失殆尽，仅保存了伊斯坦布尔及海峡

奥斯曼土耳其的士兵在伊斯坦布尔待命出征。

以北的狭小地区。至此，第一次巴尔干战争使原来受土耳其奴役的国家的人民获得了解放。

巴尔干同盟虽然取得了对土耳其战争的胜利，但由于分赃不均，联盟内部产生了严重分歧。1913年6月1日，塞尔维亚和希腊结成反保同盟，罗马尼亚随后加入，并准备对保作战。在奥匈帝国的纵容下，保加利亚先发制人，于6月29日向塞尔维亚和希腊宣战，罗马尼亚、门的内哥罗和土耳其也向保加利亚发动进攻，第二次巴尔干战争爆发。一个月后，保加利亚战败求和，第二次巴尔干战争宣告结束。

经过两次巴尔干战争，这一地区的人民基本上摆脱了土耳其的民族压迫，同时也推动了奥匈帝国统治下的被压迫民族的解放战争。由于波斯尼亚和黑塞哥维那人民要求摆脱奥匈帝国统治，与塞尔维亚合并，建立一个大塞尔维亚国家，致使奥、塞之间矛盾加剧。奥匈不仅极力阻止塞尔维亚的扩张，而且企图消灭年轻的塞尔维亚国家；俄国为了对抗奥匈，竭力支持塞尔维亚；德国则支持奥匈帝国。这就进一步加剧了两大帝国主义集团对巴尔干的争夺，使其成为各种矛盾的焦点和第一次世界大战前最敏感的战争火药库。

第一次世界大战

奥匈帝国认为塞尔维亚是它向外扩张的障碍，因此，瓜分乃至全部吞并塞尔维亚、粉碎大塞尔维亚主义，是奥匈帝国的既定国策。1914年6月底，奥匈帝国在波斯尼亚举行以塞尔维亚为假想敌的军事演习，向塞尔维亚进行军事挑衅，激起了塞尔维亚民族主义者的极大愤慨。一个名为黑手党的塞尔维亚民族主义军人团体，决定以刺杀皇储斐迪南的行动来打击奥匈侵略者的气焰。

1914年6月28日上午10时，斐迪南夫妇在城郊检阅军事演习之后，乘敞篷汽车进入萨拉热窝市区巡视。埋伏在路旁人群中的黑手党成员查卜林诺维奇突然冲到车前，向斐迪南投掷了一枚炸弹。司机见此情景，加足马力，汽车冲向前方。炸弹落到随后的汽车上，炸死一名军官和几名群众。查卜林诺维奇当场被捕。斐迪南故作镇静，挥手示意"继续前进"。到市政厅出席了欢迎仪式，稍作休息之后，他又乘车上街，招摇过市。当汽车途经一拐角处时，17岁的中学生 G.普林西普冲上前去用枪打死了斐迪南夫妇。

描绘斐迪南夫妇被刺场面的图画

德奥集团在暗杀事件发生后，欣喜若狂地叫嚣道："这是千载难逢的机会。"

奥匈帝国以萨拉热窝事件为借口，于7月28日悍然对塞尔维亚宣战。7月31日，德国政府向俄、法两国同时发出最后通牒，要求俄国停止军事动员，法国在未来冲突中保持中立，但遭到两国的拒绝。于是，德国分别于8月1日、3日先后对俄、法宣战。

8月1日，德军占领了卢森堡，2日下午，又向中立国比利时发出最后通牒，要求准许德军借道过境进攻法国。比利时拒绝了德军的无理要求，同时呼吁英、法、俄诸国保护它的中立地位。英国要求德国尊重比利时的态度，但遭到拒绝。8月4日，英国对德宣战。8月6日，奥匈帝国正式向俄国宣战。

欧洲大战爆发后，在极短的时间内便蔓延到远东和近东，日本为扩张在东亚的势力也趁火打劫。8月15日，日本向德国发出最后通牒，要求德国军队立即撤出中国和日本领海，在9月15日之前，把德国租借的胶州湾和青岛移交给日本。德国拒绝了最后通牒，日本便于8月23日对德宣战。

·凡尔登战役·

第一次世界大战期间德法在凡尔登地区进行的具有决战性质的大会战。德国认为凡尔登是巴黎和法军阵地的枢纽,是协约国西线的突出部分,对德军造成了威胁。1916年10月24日,转入反攻,并发动了两次进攻,收复了原防守阵地。12月28日,凡尔登战役结束。该战役是第一次世界大战中规模最大、时间最长的战役,法军伤亡40多万人,德军伤亡近35万人。此次战役是第一次世界大战的转折点,德军战略计划破产,标志着其军力的衰落。

从1914年7月28日起,在3个月的时间内,奥匈帝国和塞尔维亚的冲突就演变成世界大战。到1918年,以德、奥、土为一方,俄、法、英、日、比、塞等国为另一方,共有31个国家参加了战争,从而出现了战火蔓延至亚洲、非洲和美洲的首次世界规模的战争。

欧洲大陆是第一次世界大战的主战场。在那里有4条战线:西线的对阵形势是英、法、比军队与德军对抗;东线的对阵形势是俄国军队与奥匈、德国军队作战;巴尔干战线的对阵形势是塞尔维亚、门的内哥罗及罗马尼亚、希腊等国军队与奥匈、保加利亚的军队作战;意大利战线的对阵形势是意大利军队对抗奥匈军队。其中,西线和东线起决定性作用。

位于比利时、法国北部和德国边境的西线,从北海延伸到瑞士边境,长700千米。1914年8月初,德国按施里芬计划,首先在西线发起进攻。到12月,战争从运动战转为阵地战,形成双方相持局面。

在东线,俄军于8月中旬进攻东普鲁士。德军从西线抽调一部分军队去对付俄军。8月底到9月中旬,兴登堡指挥的德国军队在马祖尔湖地区歼灭了俄国第二集团军,既而攻下了俄国第一集团军司令部所在地斯特尔堡。俄军被迫退出东普鲁士。与此同时,俄军挫败奥匈军队。截至年底,东线交战双方军队在阵地里对峙,呈相持状态。

1916年是大战关键性的一年,交战双方最大限度地调动了本国的人力、物力投入战争。德国将重点放在西线,以法国凡尔登要塞为目标,发动了强大攻势。凡尔登位于法国的东北边境,是巴黎的前卫,也是法军战线的枢纽。1916年2月21日,德军集中近900门大炮,辅之以飞机,向凡尔登马斯河左岸的法军阵地发起猛攻。法军被迫退至马斯河右岸。自2月27日起,法国用3900辆汽车运送援兵和武器,组织了有效的防御。双方不断增加兵力,反复冲杀，形成拉锯战。德军仅推进7千米。6月初，德军20个师第二次大举进攻，但始终未能突破。8月，法军发起反突击。到9月，德军攻势停了下来。

为了减轻凡尔登的压力，牵制德军对凡尔登的进攻，英、法军队按照预定计划，于7月1日发起了索姆河战役。战役从9月持续到11月中旬。索姆河战役和凡尔登战役一样，都是消耗战。几个月中，双方伤亡惨重，各损失60余万人。英、法军队虽未达到预定的夺回失地的目标，但牵制了德军，使战局朝着有利于协约国的方向转化。两次战役以后，协约国集团人力物力资源的优越性开始体现出来，它的军事装备已赶上同盟国，而军力则继续领先。在1916年的几次重大战役中，同盟国各国都遭到严重挫败，形势越来越不利。而协约国虽然未能击溃同盟国，但军事力量却在日益增长，并逐渐掌握了战略主动权。

1917年11月7日，俄国爆发了十月革命，以列宁为首的苏维埃政府宣布退出帝国主义大战，德国又鼓起了战争勇气，可以集中兵力对西线作战。德军统帅部把英军作为攻击的首要目标，企图击败英军后占领法国海岸，而后围歼法军。1918年3月，德军集结190多个师连续发动四次战役，在英法联军的抵抗下，损失70多万人。7月中旬，德军的进攻力量枯竭。

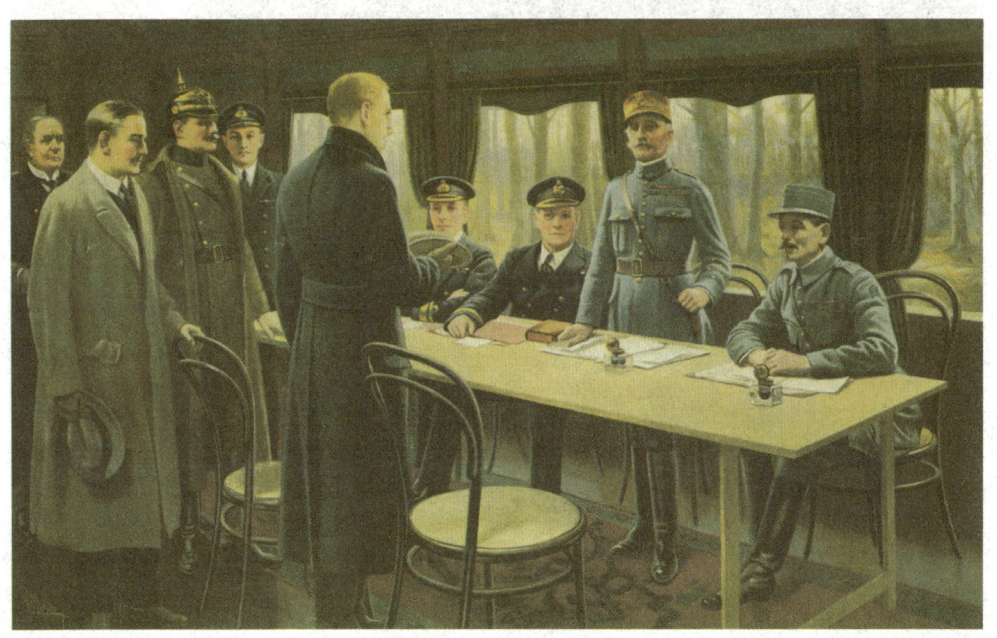

作为德国停战代表团成员，埃尔茨贝格尔只能屈服于协约国的要求，这样可以把他的部队从被歼灭的危险中拯救出来。

美国军队陆续赶到，增强了英法打败德军的决心。7月24日，协约国制订反攻计划：先打通被德军在马恩河、亚眠、圣米耶尔切断的铁路交通，然后实施全面反击，彻底打败德军。

7月18日，大规模反攻开始，经过埃纳—马恩河战役、亚眠战役和圣米耶尔三场战役，德军节节败退。9月26日，联军总攻开始，28日，德军登堡防线全面崩溃。29日，同盟国保加利亚投降。接着土耳其、奥地利相继签订停战协议。《康边停战协定》签订，第一次世界大战以同盟国的失败而告终。

第一次世界大战的性质是一场帝国主义争霸战争，前后持续了51个月，有15亿人口被卷入战争，世界各国损失惨重。第一次世界大战使德、奥、俄、土这4个帝国覆灭，英、法被削弱，美、日兴起，俄国建立了社会主义政权，对此后的世界格局影响很大。

战争让城市变成一片狼藉，图为德国的囚犯在修复被炸毁的道路。

世界现代史

世界现代史以1917年俄国十月社会主义革命为开端，至1945年第二次世界大战结束。在这一时期内，欧亚地区的人民革命运动蓬勃发展，世界无产阶级的力量得到团结和加强，开创了无产阶级革命的新时代；资本主义受其内在矛盾的驱使，由自由竞争向垄断资本过渡，建立起欧洲在全球起支配地位的资本主义世界体系。

十月革命

第一次世界大战进行到1917年时，饱受压迫奴役之苦的俄国人民不堪战争的重负，为了获得土地、和平和面包，他们再次掀起革命斗争的高潮。

1917年3月15日（俄历2月27日），工人和革命士兵在彼得格勒发动武装起义，推翻了沙皇政府，统治俄国300多年的罗曼诺夫王朝垮台了。这次革命史称"二月革命"。

二月革命以后，俄国出现了两个政权并存的局面，一个是资产阶级临时政府，它掌握着各级权力机构；另一个是工人士兵代表苏维埃，它得到工农的支持，拥有实权，但它只是辅助性政权。两个政权并存的局面不可能长久维持下去，随着形势的发展，其中一个必然要化为乌有。

在这种复杂的形势下，1917年4月，长期流亡国外的列宁回到了彼得格勒。他在党的会议上做了被称为《四月提纲》的报告。列宁指出，俄国革命必须从资产阶级民主革命向无产阶级社会主义革命过渡；无产阶级和贫苦农民必须夺取政权，建立苏维埃共和国。列宁还号召布尔什维克党积极准备新的革命。《四月提纲》指明了俄国革命的方向。

1917年7月，俄军在前线的进攻遭到惨败。消息传到彼得格勒以后，工人和士兵满腔怒火。他们走上街头，举行示威，要求全部权力归苏维埃，游行遭

·《四月提纲》·

1917年4月17日（俄历4月4日），列宁在布尔什维克代表会议上所做的《论无产阶级在这次革命中的任务》的报告。因发表在四月，故称《四月提纲》。提纲指出：当前俄国的特点是从革命的第一阶段过渡到第二阶段，即从资产阶级民主革命过渡到无产阶级社会主义革命；政权应该转到无产阶级和贫苦农民手中；不要议会制共和国；资产阶级临时政府所继续的战争仍是帝国主义性质的战争，要摆脱这场战争，就必须进行社会主义革命，推翻资产阶级的统治。还提出了"不给临时政府以任何支持"和"全部政权归苏维埃"的口号。并在经济上提出，没收地主土地，实行土地、银行国有化，由工兵代表苏维埃对社会生产和分配实行监督。《四月提纲》为布尔什维克党明确规定了从资产阶级民主革命过渡到社会主义革命的路线，指明了革命发展的前途。

到临时政府派的血腥镇压，史称"七月革命"。两个政权并存的局面不复存在，临时政府掌握了全部权力，开始大肆逮捕布尔什维克和革命群众。布尔什维克党的活动转入地下。

8月，布尔什维克党召开代表大会，确定了武装起义的方针。9月，俄军最高总司令科尔尼洛夫下令向彼得格勒推进，企图武力镇压革命力量，建立军事独裁政权。在布尔什维克党的领导下，科尔尼洛夫的叛乱被粉碎。国内阶级的力量对比发生巨大变化。临时政府的支柱——军队瓦解。布尔什维克党的威信空前提高，革命形势日趋成熟。

1917年俄历10月7日，列宁秘密回到彼得格勒，筹备武装起义。10月10日，党中央开会讨论武装起义问题。会上讨论了列宁的报告，最后，列宁的主张以10票对2票获得通过。会议宣布："武装起义是不可避免的，并且业已完全成熟。"尽管季诺维也夫、加米涅夫在会上投了反对票，但会议仍然同意他们参加由列宁、托洛斯基、斯大林等组成的七人政治局，负责武装起义的政治领导工作。

1917年俄历10月18日，孟什维克左翼的《新生活报》刊登了季诺维也夫和加米涅夫关于反对发动武装起义的文章，从而泄露了武装起义的机密。列宁称之为"叛变活动"，随即加紧了起义的具体准备工作。

布尔什维克党面对急剧变化的革命形势，决定提前起义。俄历10月24日上午，军事革命委员会向刚刚组建的卫戍部队发出战斗命令。当晚又下令波罗的海舰队的水兵开赴首都参加战斗，赤卫队受命守卫工厂和设备及斯莫尔尼宫。起义的发动工作进行得十分顺利，起义者在24日上午就按计划占领了事先规定的地点。当晚，列宁来到斯莫尔尼宫，亲自指挥起义。从24日晚到25日晨，卫戍部队、赤卫队和水兵采取联合行动，夺取了主要桥梁、火车站、

冬宫前的广场及凯旋门

十月革命前，俄国临时政府的驻地即在冬宫。

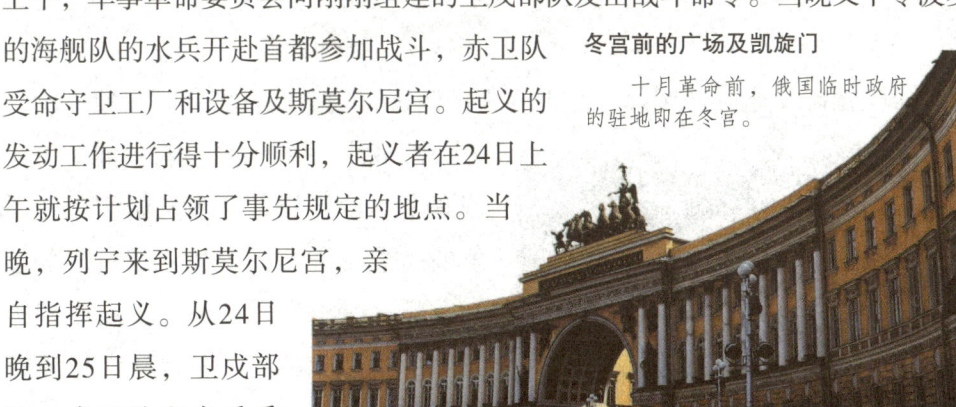

邮政总局、政府机关、中央发电厂等战略据点，只剩下临时政府所在地冬宫、军区司令部大楼和预备国会所在地玛丽娅宫尚未被攻克，彼得格勒武装起义取得了初步胜利。

俄历10月25日上午10日，彼得格勒苏维埃军事革命委员会发布了列宁起草的《告俄国公民书》，下午6时，约2万名起义者包围了冬宫。龟缩在冬宫的临时政府妄图负隅顽抗，拒绝接受战地指挥部发出的令其20分钟内投降的最后通牒。晚9时40分，彼得保罗要塞的大炮开始向冬宫轰击，停泊在涅瓦河畔的"阿芙乐尔"号巡洋舰也响起了炮声。接着，起义者向冬宫发起进攻，并很快就突破了冬宫的外围防线。俄历10月26日凌晨2时10分，攻下了冬宫。2时35分，彼得格勒苏维埃在斯莫尔尼宫召开紧急会议，列宁在会上郑重宣布：权力归以军事革命委员会为代表的苏维埃。至此，彼得格勒武装起义取得了决定性的胜利，社会主义的曙光在彼得格勒的上空闪耀。彼得格勒胜利是通过暴力革命取得的胜利，也是十月社会主义革命进程中最为重要的一笔。

1917年俄历10月25日晚10时40分，第一届中央执行委员会代理主席、孟什维克党人唐恩宣布大会开幕。当10月26日凌晨，起义队伍攻下冬宫和逮捕临时政府成员的消息传到会场时，全场顿时沸腾起来。接着，卢那察尔斯基宣读了列宁起草的《告俄国工人、士兵和农民书》，选出了由101人组成的全俄中央执行委员会。至此，世界上第一个无产阶级专政国家诞生了。

第三国际

第三国际又名共产国际，是世界无产阶级第四个联合组织。在第一次世

在共产国际成立大会上，列宁、斯大林（第二排左三和左二）与大会代表在一起。

界大战和十月革命的影响和推动下，资本主义世界掀起了无产阶级革命斗争的高潮，许多国家建立了自己的革命政党——共产党。但是，由于各国新生的共产党缺乏斗争经验，还没有彻底摆脱社会民主党的影响，而且有的国家尚无自己的革命政党，这使得无产阶级无法很好地完成历史使命。

第二国际破产后，列宁等革命左派在思想上划清了与第二国际机会主义的界限，在组织上加强了国际合作，为共产国际的建立奠定了组织基础。到1918年底，成立共产国际的思想已为许多国际的左翼代表所接受。

　　经过酝酿和准备，第三国际成立大会于1919年3月2日至6日在莫斯科举行，30个国家的共产党和左翼组织的54名代表和观察员参加了这次会议。大会通过了《共产国际行动纲领》，选出了执行委员会和执行局。这样，共产国际正式建立起来了。

　　共产国际的建立，标志着第二国际机会主义在工人运动中的统治彻底结束，同时，世界无产阶级有了团结的核心和革命的司令部。共产国际继承和发展了第一国际的革命原则，承接了第二国际的成果，提出了无产阶级的新的革命原则和任务，推动了国际共产主义运动的进一步发展。

　　共产国际的组织原则具有高度的集中性。共产国际"二大"上通过的《共产国际章程》规定：共产国际必须是一个高度集中的组织，必须是一个全世界的统一的共产党，各国共产党是它的支部，受共产国际的领导；共产国际执行委员会有权修改各国支部的决议，有权开除违反国际原则和决议的支部，有权派代表参加支部的一切会议，各支部召开会议需经国际批准，等等。这样，共产国际就确立了高度集中的组织制度。1919~1923年为其活动的初期。"二大"阐明反对机会主义的必要性和艰巨性；"三大"和"四大"先后发出"到群众中去"的号召和建立具有广泛统一战线基础的"工人政府"的口号。这一时期对各国共产党的建立和成长起到了促进作用，但也犯有对革命形势估计脱离实际的错误。中期为20世纪20年代中期到30年代初期，先后召开了"五大"和"六大"。这一时期左倾思想严重，妨碍了统一战线工作的开展，给反法西斯斗争带来了不利影响。1943年6月8日，共产国际执委会主席团召开了最后一次会议，决定自6月10日起撤销共产国际所属的一切机构。至此，共产国际在完成了历史使命后，自行解散。

巴黎和会与凡尔赛体系

　　巴黎和会于1919年1月18日~6月28日在巴黎近郊的凡尔赛宫召开。参加巴黎和会的共有27个国家，1000多名代表。按照享有权利的不同，与会国被分成

4类：第一类是享有整体利益的国家，即英、法、美、日、意五强国，它们可以参加任何会议；第二类是享有局部利益的国家，它们是第一次世界大战中对同盟国作战的国家，它们只能

各国代表在和约上签字

出席有关问题的会议；第三类是第一次世界大战中与德、奥断绝外交关系的国家，它们只有在讨论涉及本国问题时才能出席会议；第四类是中立国和即将成立的国家，它们只有在五强国邀请下，才能出席有关问题的会议。

巴黎和会主要对以下几个议题进行了讨论：

第一，建立国际联盟问题。会议刚开始，威尔逊便提出讨论建立国际联盟的问题，但英、法更关心殖民地和领土问题，反对首先讨论国联问题。经过争论，最后决定将国联问题交给威尔逊主持的专门委员会讨论。经过讨价还价，最后通过了一个在英美方案折中基础上的《国际联盟盟约》。

第二，德国的边界问题。这是对德和约的主要问题，也是会议争论的热点问题之一。法国要求德国不仅要归还阿尔萨斯和洛林，而且要求以莱茵河为德、法之间的边界，并主张分割德国的其他领土。英、美不愿德国过分被削弱，极力反对法国的要求。经过激烈争论，三国最终以英国提出的《枫丹白露文件》为基础达成了协议。

第三，关于德国的赔款问题。在这个问题上，英、法、美三国同样进行了激烈的争吵，无论是在赔款数目上还是在赔款的分配办法上，三国都存在着许多分歧。

第四，中国山东问题。中国作为战胜国，在会上提出了收回德国在山东的一切非法权益的要求，而日本则以中、日之间签订的协议为由，要求将德国在山东的一切权益全部转让给日本。美国主张将德国在山东的权益先由国际共管，等山东完全开放后再交还中国。英、法、意则始终支持日本的无理要求。

最后，美国也向日本让步，致使日本的要求得到了满足。

第五，俄罗斯问题。对于俄国建立的苏维埃政权，帝国主义各国都耿耿于怀。在和会上，英、法、美三国都主张对苏俄进行干涉，但通过什么方式却意见不同。法国极力主张武装干涉，但英、美则倾向于通过外交途径解决。最终通过了对苏俄进行经济封锁的计划，以遏止革命的发展。

巴黎和会是帝国主义的分赃会议。帝国主义战胜国都力图借此机会掠夺战败国，抢占弱小国家的丰富资源，以扩大自己的势力范围。最终，与会各帝国主义国家根据自己的实力对欧洲进行了重新划分。巴黎和会在经过几个月的激烈争吵之后，列强终于完成了对德国的分赃，于1919年6月28日在凡尔赛宫签订了《协约国和参战各国对德和约》，即《凡尔赛和约》。和约是在战胜国列强宰割战败国和牺牲弱小民族的基础上订立的，它为第二次世界大战的爆发埋下了祸根。

和约在德国领土的问题上规定：德国西部边界恢复到1870~1871年的状况，阿尔萨斯和洛林重归法国；萨尔区的行政权由国联代管，15年后进行公民投票决定其归属，萨尔煤矿由法国开采；莱茵河右岸作为非军事区，不得设防，左岸分成三个占领区，分别由协约国占领5年、10年、15年；在东部，德国承认波兰独立，并将一部分领土划归波兰；在南部，德国承认奥地利独立，德、奥永远不合并；在北部，将德国与丹麦之间的部分领土划归比利时和丹麦。

关于德国的殖民地，由战胜国以委任统治的形式加以分割。

和约在德国军备的问题上规定：德国废除普遍义务兵役制，解散总参谋

·国际联盟·

第一次世界大战后建立的国际组织，简称国联。1920年1月成立，总部设在日内瓦。成立时会员国有44个，后增到60多个。美国本是其主要倡议者，但因争夺领导权失败而未参加。设有会员国全体代表大会、行政院、秘书处，附设国际法庭、国际劳工局等常设机构。行政院由英、法、意、日4个常任理事国和经大会选出的4个非常任理事国的代表组成。大会和行政院的决议，除程序问题和盟约另有规定者外，须经全体一致通过。由于战后人民反战情绪高涨，国联盟约规定要裁减军备、制裁侵略，但这些规定根本不能实现。国联盟约还规定了"委任统治"制度，把战败国的殖民地和领地以"委任统治"的形式由战胜国瓜分。国联自成立之日起即为英、法所操纵，实质是帝国主义国家推行侵略政策、重新瓜分殖民地的工具。1946年4月宣告解散。

部；陆军人数不得超过10万，海军不得拥有主力舰和潜水艇，不得拥有空军。德国必须拆除西部边境线上的防御工事，但仍可保留沿海和东线的军事工程。

关于德国赔款问题，和约规定：由协约国专门委员会加以确定。在此之前，德国应于1921年5月1日前支付200亿金马克的现金和各种实物，德国负担占领军的全部费用。

德国和约签订后，战胜国立即与德国的战时盟国签订了一系列条约。1919年9月10日，协约国与奥地利签订了《圣日耳曼条约》。条约确认了匈牙利、捷克斯洛伐克、塞尔维亚—克罗地亚—斯洛文尼亚王国的独立及其疆界；规定奥地利废除征兵制，陆军不得超过3万人；赔款数额必须在30年内付清。协约国又同保加利亚在巴黎近郊的纳依签订《纳依条约》，规定：西色雷斯交给战胜国代管；保加利亚必须废除义务兵役制，陆军不得超过2万人；偿付4.45亿美元的战争赔款。而后，战胜国在凡尔赛的特里亚农宫与匈牙利签订了《特里亚农条约》。根据条约，匈牙利只剩下了原来国土的28.6%，陆军限额为3.5万人，赔款22亿金法郎。1920年8月10日，在巴黎近郊的色佛尔，战胜国与土耳其苏丹政府签订了《色佛尔条约》，这一条约使土耳其失去了4/5的领土，财政经济由战胜国监督。

以上这些条约同《凡尔赛和约》《国际联盟盟约》一起形成了一个互为联系的条约体系，建立了帝国主义在欧洲、西亚和非洲的国际新秩序，使这些地区的政治、经济、军事活动又重新纳入了列强所控制的轨道，这一体系被称为"凡尔赛体系"。

华盛顿会议

第一次世界大战前，在远东和太平洋地区争霸的是英、法、俄、日、德、美六国。战后，德国败北，沙俄消亡，法国则忙于医治战争创伤和处理欧洲事务。因此，在亚太地区便形成了英、美、日三国角逐争霸的局面。在远东和太平洋地区，主要矛盾是美、日矛盾。大战期间，日本趁欧美国家忙于战事之际，夺取了德国在中国和太平洋上的殖民权益，形成了远东和太平洋地区事实上的独霸局面，从而加剧了列强间的利害冲突。美、英、日三国在亚太地区展开的激烈争斗，主要表现在三国的海军军备竞赛上。美国看出要在海上获得

·十四点原则·

美国总统威尔逊为结束第一次世界大战而提出的纲领。1918年1月,威尔逊在国会的演说中提出了"十四点原则"。其主要内容是:公开订立和平约;贸易条件;各国军备裁减到同国内安全相一致的最低点;"公正调整"殖民地;德军撤出俄国,调整俄国问题;德军撤出法国,并归还阿尔萨斯、洛林;德军撤出比利时;重新调整意大利边界;奥匈各族自治;重新调整巴尔干国家领土;奥斯曼帝国境内非土耳其族自治,开放达达尼尔海峡;重建波兰;建立国际联盟。"十四点原则"的真实意图是,美国利用其经济优势来夺取世界市场和殖民地,取消在大战初期签订的未包括美国的分赃密约,并通过国际联盟来操纵国际事务。它是美国企图越出美洲、争夺世界霸权的纲领。

优势,还需要花些时间,便想通过外交途径来制约竞争对手。

1921年8月11日,美国正式向远东互有利害关系的8个国家:英、日、中、法、意、比、荷、葡发出邀请,参加华盛顿会议。1921年11月12日,华盛顿会议开幕。美国在会议中居主导地位,列入会议正式议程的问题有两项:一是限制海军军备;二是太平洋及远东问题。

经过近3个月的争吵,会议于1922年2月6日闭幕。会议缔结了7项条约和12项决议案,主要有《四国条约》《五国海军协定》《九国公约》和中、日《解决山东悬案条约》。

美国主张废除英日同盟。英日同盟问题虽然未被列入会议议程,但第一次世界大战后,英日同盟成为美国争霸远东和太平洋地区的障碍。因此,美国把废除英日同盟视为自己的头等大事。经美、英、日代表私下磋商和法国同意,1921年12月13日,四国共同签署了《关于太平洋区域岛屿属地和领地的条约》,简称《四国条约》。条约规定:缔约各国相互尊重它们在太平洋区域内岛屿属地和领地的权利;如上述权利遭到任何国家侵略或威胁时,缔约国应进行协商,以便联合或单独地采取对付措施;条约生效后,英日同盟应予终止。《四国条约》以体面的形式埋葬了

1921年,英国失业的退役军人在街上当叫卖的小贩。

英日同盟，这是美国外交史上的一大胜利。

关于中国"门户开放"原则的《九国公约》与中、日解决山东问题的条约方面，在华盛顿会议上，中国政府迫于中国人民反帝斗争的压力，提出了取消《凡尔赛条约》中关于山东的条款，要日本放弃"二十一条"等一系列正当要求。由于美、日矛盾激化，中国政府的一些反日要求得到了美国的支持。1922年2月4日，中日签订了《解决山东悬案条约》及《附约》，规定：恢复中国对山东的主权，日军撤出山东，归还胶济铁路，但中国要以铁路产值偿还日本。山东问题的解决，为贯彻美国的意图扫除了障碍。1922年2月6日，与会九国共同签署了《九国公约》，公约声称尊重中国的独立和领土完整，遵守在中国之"门户开放"和各国商务实业机会均等的原则。

华盛顿会议是巴黎和会的延续，它在承认美国在远东及太平洋地区占优势的基础上，建立了战后帝国主义列强在亚太地区新的国际关系结构后，被称为"华盛顿体系"。由凡尔赛体系和华盛顿体系构成的帝国主义国际关系新格局，标志着帝国主义战胜国完成了全球范围内对世界秩序的重新安排，史称"凡尔赛—华盛顿体系"。它调整了帝国主义的关系，暂时缓解了它们的矛盾，并巩固了它们的既得利益。20世纪30年代，随着资本主义政治经济危机的

参加华盛顿会议的各国代表在《五国海军条约》上签字

《五国海军条约》的签订是列强在海上实力对比问题上暂时妥协的结果，它使美国在海军军备上取得了与英国相等的地位，从而标志着英国海上霸权的终结。但条约只对两类舰种做了限制，因此并未从根本上缓和列强对海上霸权的争夺。

加深，德、日先后建立了法西斯专政，形成了欧、亚两个战争策源地，该体系开始局部瓦解。1939年9月，德国突袭波兰，英、法对德宣战，第二次世界大战全面爆发，该体系彻底崩溃。

苏联建立

托洛茨基（第二排左四）视察莫斯科苏联军事研究院时与研究员们合影留念。

苏维埃社会主义共和国联盟，简称苏联。它是在俄国十月革命胜利的基础上建立起来的。

十月革命胜利以后，俄国各地区的被压迫民族纷纷建立起自己的民族国家和民族政权组织。从1917年底至1921年，乌克兰、白俄罗斯、立陶宛、拉脱维亚、爱沙尼亚、阿塞拜疆、亚美尼亚、格鲁吉亚等宣布成立独立的民族国家，建立了苏维埃政权。在外国帝国主义武装干涉和国内反革命武装叛乱的严峻形势下，它们建立了密切的军事、经济和外交方面的联系，签订了相互合作条约。为了打破帝国主义的包围和封锁，尽快恢复被战争破坏的国民经济，进一步巩固和壮大无产阶级政权，联合各民族人民共同走上社会主义道路，各苏维埃共和国需要建立更加紧密的合作关系。

1922年8月，俄共（布）中央政治局成立专门委员会，由斯大林主持工作。负责讨论各苏维埃共和国联合的问题，9月，委员会通过了斯大林提出的《关于俄罗斯苏维埃联邦共和国同各独立苏维埃共和国的相互关系的决议草案》。这个"自治化"方案严重削弱了各苏维埃共和国的独立自主权。各苏维埃共和国在讨论这个决议草案时产生了严重分歧，少数赞成，多数反对。

列宁严厉批评了斯大林的"自治化"方案。他认为各苏维埃共和国必须保持平等的地位，联合成为新的民主联盟国家，建立平等的、民主的苏维埃社会主义共和国联盟国家。他坚持俄罗斯联邦、乌克兰、白俄罗斯、南高加索联邦（包括阿塞拜疆、亚美尼亚、格鲁吉亚3个苏维埃共和国）必须按照自愿和平等的原则加入新的联邦制国家，建立新的全联盟中央机构。根据列宁的建议，委员会重新制定了联合决议草案，确认乌克兰、白俄罗斯、南高加索联邦

手握镰刀斧头的苏联男女雕像，标志着苏联是一个工农社会主义国家。

共和国同俄罗斯联邦共和国必须缔结关于组成新的联邦制国家的条约，选举新的全联盟中央执行委员会，作为统一联邦制国家的最高权力机关。

1922年12月30日，苏联第一次苏维埃代表大会在莫斯科举行。大会批准了《苏维埃社会主义共和国联盟成立宣言》和《苏维埃社会主义共和国联盟成立条约》，宣告苏维埃社会主义共和国联盟正式成立。1924年1月，苏联通过了第一部宪法，把苏维埃共和国联盟的形式固定下来。

苏联成立宣言和苏联成立条约、1924年苏联宪法及其他立法对联邦制国家的运行做出了一些原则规定：苏联是由各个平等的苏维埃共和国自愿联合组成的社会主义联邦制国家；各加盟共和国享有主权国家地位，在苏联宪法规定的分权范围内独立行使自己的国家权力；各加盟共和国享有自由退出联盟的权利。联盟国家最高权力机关为联盟苏维埃代表大会，苏维埃代表大会闭会期间联盟中央执行委员会为最高权力机关。

1922年12月成立时，苏联由俄罗斯联邦、南高加索联邦、乌克兰、白俄罗斯4个苏维埃共和国组成。此后，1924~1936年，中亚地区先后成立了乌兹别克、塔吉克、土库曼、哈萨克、吉尔吉斯5个苏维埃共和国，它们作为主权共和国加入了苏联。1936年12月初，将南高加索联邦划分成阿塞拜疆、亚美尼亚、格鲁吉亚3个主权苏维埃共和国并加入了苏联。1940年6月，苏联政府派兵进驻波罗的海地区的立陶宛、拉脱维亚、爱沙尼亚三

《伟大的无产阶级领袖们》(宣传画)

国。8月，苏联以武力强行改组三国政府，将三国变为苏维埃共和国并入苏联。到1940年，先后有15个加盟共和国加入苏联。苏联成为一个统一的、多民族的社会主义联邦制国家。

美国爆发经济危机

资本主义从1924年起，进入了相对稳定时期。经过几年的恢复和发展，资本主义世界出现了繁荣景象，各主要资本主义国家的工业生产总值均大大超过战前的水平。经济的短暂繁荣，使资产阶级忘乎所以，声称资本主义已消灭了贫困，进入了"永久繁荣"阶段。然而，正当资产阶级扬扬得意之时，一场空前的大危机突然降临。

1929年10月，以纽约股票市场的崩溃为标志，美国爆发了一场资本主义生产过剩危机。它很快由美国向欧洲、加拿大、日本等主要资本主义国家蔓延，并波及了许多殖民地、半殖民地国家和地区，席卷了整个资本主义世界。这次危机前后持续了4年，使整个资本主义世界经济损失了2500亿美元，比第一次世界大战的物质损耗还多800亿。它是资本主义世界较为严重的一次经济危机。

20世纪20年代中期，对西方资本主义国家来说，是经济繁荣的大好时光。股票投机成风，人们似乎从不怀疑这个市场有朝一日会突然崩溃。1929年10月24日，这一天股市暴跌，被西方世界称作"黑色星期五"。纽约股票市场开盘后一个小时内就抛出了1300万股，超出正常标准的100万股以上。虽然花旗银行、大通银行和其他两个大银行的总裁们在摩根公司大厦策划买进2.4亿美元进行干预，但仍然无济于事。10月29日这一天更糟，总共抛出股票1650万股。到12月底，纽约市场股票价值下跌了450亿美元左右。1929~1932年间，

正当资本主义世界陶醉于数年来的繁荣之时，"黑色星期五"悄然降临。危机来临，许多美国人只能靠领救济金为生。

由于跌价而造成的证券贬值，美国为840亿美元。股市风波迅速席卷金融、工业、农业等各个领域，一场空前的世界经济大危机开始了。

在整个大危机期间，金融货币、信用和财政陷入全面危机。股票价格指数下降的幅度，美国为51%，德国为32%，日本为45%。1931年5月11日，奥地利最大的信用银行倒闭，各国随即引起向银行挤兑存款风潮，国际货币体系和传统金本位制面临严峻挑战。1931年7月13日，德国达姆塔特国民银行宣告破产。1931年9月21日，英国宣布放弃金本位，禁止黄金出口，英镑贬值近1/3。随后，日本等56个国家纷纷宣布放弃金本位，货币贬值。此后，资本主义世界货币体系四分五裂，分裂成若干个区域性的货币体系。它造成了国际支付体系的普遍受阻、资本输出几乎停止和对外贸易的大萧条。1929~1933年，美国破产的银行共10500家，占银行总数的49%。美国的进出口在1930年为10.1亿美元，而1933年只有10万美元。英、法、德、日的进出口总额都减少了61%以上。

大危机使工业生产大幅度下降，大量企业倒闭，无数工人失业。1932年的工业生产总值与1929年相比，美国下降了46.2%，德国下降了40.2%，日本下降了37.4%，意大利下降了33.2%，法国下降了31.9%，英国下降了20%。危机使资本主义世界的工业大约倒退了20年。重工业损失尤为严重。美国的机床制造业下降了80%，生铁下降了79.4%，钢铁下降了75.8%（倒退了28年），汽车下降了74.6%，采煤下降了40.9%。大危机使失业人数达到有史以来的最高纪录。美国的失业率高达24.9%，德国为26.3%，英国21.3%。

一位"黑色星期五"的受害者以100美元的价格出售他的汽车，以尽快得到现金。

大危机的蔓延造成了世界农业危机，涉及粮食种植业、畜牧业、林业等技术作业部门，造成生产的大破坏，农民收入大幅度减少，大量农民破产。在大危机的打击下，资本主义各国的国民收入大幅度下降，人民生活水平下降。

伴随着资本世界的经济大危机，整个西方世界出现了社会大动荡，法西斯主义思潮泛滥，社会主义运动兴起，大规模的反饥饿运动和工人罢工运动高涨，各国面临严重的政治危机。

这次大危机的明显特点是持续时间长、危害程度深、渗透各个领域，涉及全世界，影响深远。在大危机的谷底过后并未出现繁荣，而是持续萧条，到1937年又发生了短暂的经济危机。由于第二次世界大战的爆发，各国的经济才逐渐好转。

这次大危机是资本主义社会的周期性生产过剩危机。在某种意义上，这次大危机是第一次世界大战前后，资本主义世界潜在的经济问题和自由放任政策恶性发展相结合的产物。

20世纪30年代的经济大危机使得传统的自由放任的庸俗经济学发生危机，也使人们对现代资本主义发生信任危机。资产阶级为了摆脱危机，维护本国的统治，分别走上了不同的道路。美国实行罗斯福新政，在资本主义民主的范围内，强化国家对资本的干预；德、意、日则疯狂对外侵略扩张，最终导致了第二次世界大战的爆发。

凯恩斯主义

凯恩斯主义产生于英国，在20世纪二三十年代，英国之外的其他西方国家也不同程度地出现了类似凯恩斯主义的经济思想，使其成为当时经济学界的一种思想。所谓"凯恩斯主义"，是指凯恩斯在其《就业、利息与货币通论》一书中建立了"有效需求"的理论，并对"福利国家"型的国家干预主义思潮做了系统的论证。

英国经济学家凯恩斯

约翰·梅纳德·凯恩斯于1883年6月5日出生于剑桥，14岁获奖学金进伊顿公学，接受英国最好的教育，1902年获数学和古典文学奖学金，去剑桥大学学习数学和文学，1905年毕业并获剑桥大学文学硕士学位。毕业后师从A.马歇尔教授和A.C.庇古教授等人学习经济学，次年被分配到英国政府印度事务馆任职。1908年由马歇尔介绍成为剑桥大学讲师，讲授经济学。1909年，凯恩斯因数学概率论方面的研究成就，获得剑桥大学皇家学院研究员荣誉；同年，他创立政治经济学俱乐部，1911年主编《经济杂志》。1913

年，凯恩斯任皇家经济学会秘书，后任主席。第一次世界大战爆发后不久，凯恩斯到英国财政部任职，战后，以财政部首席代表、经济顾问的身份出席"巴黎和会"，在会议期间，他因反对对德国索取过重的赔款而愤然辞职，重返剑桥大学任教，并开设《和约的经济意义》的课程，受到广泛的欢迎，在1919年出版了《凡尔赛的经济后果》，使凯恩斯一时成为欧洲经济复兴问题的中心人物。1921年，凯恩斯发表了《自由放任主义的终结》一文，转向了主张国家干预经济、实行明智管理的建议。面对20世纪30年代的经济危机，他主张通过加强国家对经济的干预来摆脱危机，这一主张受到了美国等资本主义国家的高度重视，并逐渐为各资本主义国家所接受。同时，资本主义各国在危机期间采取的通过国家干预来缓解危机的措施，也推动了凯恩斯经济理论的成熟和完善。1936年，他出版了《就业、利息与货币通论》，系统地阐述了他的反危机理论。该书确立了凯恩斯主义经济学的基本原理，成为凯恩斯的代表作。凯恩斯认为，垄断资本主义时代出现严重的经济危机的原因，主要是由于社会上对生产资料和消费品的"有效需求"不足，而有效需求不足则是由3条基本心理规律造成的：一是"边际消费倾向规律"，即随着收入的增加，消费也增加，而在增加的收入中，用来消费的部分所占的比例越来越小，用来储蓄的部分所占的比例却越来越大。这样，在收入和消费之间出现了一个越来越大的缺口，有效需求量降低，造成生产过剩和失业。二是"资本边际效益递减规律"，即资本家心理上的资本边际效益递减，资本家害怕投资越多利润就越少，因此对投资的兴趣降低，导致国民收入水平下降和对原料、消费品的需求下降。三是"流动偏好规律"，货币是流动性最大的资产，同其他资产比较，具有使用上的灵活性，因而人们都习惯在手里保持一定数量的货币。出于投机目的，货币持有者在银行利率降低到一定程度时，就会更多地保存这些货币，造成消费不足。基于这种分析，凯恩斯认为，

经济危机造成无数儿童被迫打工维持生计，图为1930年一个小孩儿在面粉场扛着要去干燥的面条的场面。

·《国家工业复兴法》·

即《全国工业复兴法》，世界经济大危机期间，美国罗斯福政府制定和实施的以国家垄断资本主义方式调整工业生产之规模、结构和劳动条件的立法措施。该法于1933年6月16日通过并生效。内容包括三方面：一是由国家调节各企业主之间的关系，要求企业主共同制定"公平竞争法规"，用以规定各工业企业的生产规模、产品价格、销售范围、工资及工时数。二是由国家出面调整劳资关系。雇员有权派代表谈判和签订集体合同，雇主须遵守最高工时、最低工资和其他雇佣条件。三是国家兴建公共工程以增加就业机会，提高社会购买力。此外，还成立了国家复兴管理局，用以监督和调节生产。《国家工业复兴法》对摆脱危机、恢复经济、缓和阶级矛盾有一定作用，但有人斥责它具有"社会主义"倾向。1935年，美国最高法院裁决其违宪。

要消除经济危机就应该相应地采取措施，国家应对经济进行干预，实行赤字预算，增加投资，实现充分就业，刺激并鼓励消费，以充分保证"有效需求"。

凯恩斯主义经济学在资产阶级经济学说发展史上，是一个新的里程碑。它对国家垄断资本主义的发展及对资产阶级庸俗经济学说发展的影响是重大而深远的。凯恩斯的反危机理论是针对经济危机爆发的直接原因——生产与消费之间的矛盾提出的，在一定范围内、一定程度上对缓和与摆脱经济危机起到了一定的作用。因此，在20世纪30年代经济危机期间，凯恩斯主义得到了迅速的发展和传播，特别是其中的反危机理论，受到人们的高度重视。

在第二次世界大战结束后，各资本主义国家都不同程度地采用了凯恩斯主义，加强了国家对经济生活的干预和调节，极大地促进了国家垄断资本主义的发展。但是，凯恩斯的反危机理论并没有找到资本主义经济危机爆发的根本原因——资本主义的基本矛盾，因此也就不可能从根本上提出消除经济危机的有效办法。随着资本主义各国在20世纪30年代不断出现的"滞胀危机"，凯恩斯主义关于实行赤字财政和通货膨胀来避免危机的主张逐渐被各国抛弃。但是，凯恩斯主义关于加强国家对经济生活的干预的思想一直为资本主义各国所接受。作为经济危机的治标措施，它在一定范围内、一定程度上对缓和与摆脱经济危机起到了一定的作用。

罗斯福新政

1932年11月，美国举行了总统选举。民主党人富兰克林·罗斯福利用人们对胡佛自由放任政策的不满，提出了"新政"的竞选口号，并以绝对优势击败了在危机中威信扫地的胡佛，当选为美国第32任总统。

罗斯福

罗斯福是美国历史上一位伟大的总统，也是美国历史上唯一一位坐在轮椅上的、唯一一位连任四届的总统。他推行新政，帮助国家克服了经济大萧条；他领导美国参加反法西斯的战争，并为第二次世界大战的胜利做出了巨大的贡献。

罗斯福出身于富豪家庭，小时候经常随父母游历欧洲，从小就积累了不少的生活阅历。他14岁进入马萨诸塞州的格罗顿预备学校，18岁考入哈佛大学攻读政治、历史和新闻，1904年从哈佛大学毕业后，又进入哥伦比亚大学法学院学习法律。1905年，他与埃莉诺·罗斯福结婚，妻子成为他以后从政的得力助手。1907年，罗斯福从哥伦比亚大学法学院毕业，取得了律师资格，被一家律师事务所聘为律师。1910年，他以民主党候选人的身份当选为纽约州参议员，开始涉足政界。

1912年，罗斯福帮助威尔逊赢得了竞选的成功，他本人也因为出色的政治手段和组织才干在民主党中初露头角，并在次年被威尔逊总统任命为海军部助理部部长，任职7年。1920年，他被民主党提名为副总统候选人，竞选失败后，他担任了一家保险公司的副经理。1921年夏天，他因为在很凉的水中游泳，染上了当时流行的脊髓灰质炎（小儿麻痹症），但他以坚强的毅力战胜了病魔。1928年，罗斯福成功竞选成为纽约州州长，第二年，美国爆发了严重的经济危机（大萧条）。罗斯福在纽约州采取了多种措施来救济失业工人、稳定社会秩序，在民主党人中的威信大增。罗斯福上任后，立即大刀阔斧地推行了一系列反危机措施，实行"新政"。在实施"新政"过程中，采纳了当时流行的"芝加哥学派"的部分思想。该学派主张危机时期实行国家调节，扩大政府开支，实行赤字财政，举办公共工程，以消灭失业。

罗斯福分两个阶段实施"新政"：1933年3月9日至6月16日是第一阶段，罗斯福政府通过国会制定了70多个法案，加强国家对经济的干预和调节，克服大危机带来的紊乱状态，这一阶段史称"百日新政"；从1935年4月起，罗斯福政府又督促国会通过了700多个法案，掀起了"新政"的第二次高潮，这时的"新政"内容多侧重于社会改革，是"新政"的第二阶段。

"新政"的主要内容包括如下几个方面：

一是财政金融的整顿和改革。国会通过了《格拉斯-斯蒂高尔法》，将商业银行与投资银行分开，以避免使用用户存款进行投机。罗斯福在财政金融方面采取的措施，起到了疏通国民经济生活血液循环系统的作用，为经济的恢复创造了良好的条件。

反映罗斯福就任美国总统的漫画

1944年10月，罗斯福打破了美国建国近200年来的传统，第四次连任美国总统。但此时，他的健康每况愈下，心脏病、高血压经常发作。1945年4月12日，他在佐治亚温泉的小白宫画像时突发脑溢血与世长辞，享年63岁。

二是调整工业生产。通过了《全国产业复兴法》，将全国工业划分为17个部门，分别成立协商委员会，制定了《公平竞争法规》，确定各企业的生产规模、价格水平、市场分配、工资水平等，以避免盲目竞争而导致生产过剩。

三是保证农业生产。1933年5月，罗斯福公布了"新政"中的又一重要法令——《农业调整法》。根据该法，政府设立了农业经济调整署，有计划地缩减农业生产，销毁"过剩"的农产品，以提高农产品价格，克服农业生产相对

·罗斯福·

美国第32任总统，民主党人。1882年生于一个显贵的家庭里。他早年曾从事律师工作，1910年后转向政界发展。1921年，他患上了脊髓灰质炎症，但依靠自己的坚忍、乐观、智慧和才干，当选为总统。1932年就任总统后，面对经济危机，他告诉人们：我们唯一害怕的就是害怕本身。他在被称为"百日新政"的短时间内推行改革，使美国的经济逐渐恢复。1941年12月日本偷袭珍珠港后，他领导美国正式加入反法西斯战争，为反法西斯战争的胜利做出了巨大的贡献。他对世界的影响是巨大的，在《大西洋宪章》《联合国宣言》《雅尔塔协定》等影响世界的重大决定里，都可以发现他所起到的重要作用。1944年，他第四次当选为美国总统，在任内的第二年病逝。罗斯福是美国历史上唯一任职四届的总统，也是美国历史上杰出的总统之一。

过剩的危机。

四是以工代赈，建立社会保障制度。国会通过了《联邦紧急救济法》，成立了联邦紧急救济署，直接救济失业者和贫困者。又通过了《社会保障法》，开始了"福利国家"的实验。

罗斯福采取的一系列"新政"措施，对美国和世界都产生了深刻的影响。首先，"新政"缓解了经济大危机对美国经济造成的严重破坏，促进了美国社会生产力的恢复。其次，"新政"在维护资产阶级利益的同时，也注意改善工人、农民和小资产阶级的经济和社会地位，缓和了社会阶级矛盾。"新政"通过对资本主义生产关系的局部调整，挽救了资本主义制度，从实践上和理论上为资本主义世界提供了由私人垄断资本主义向国家垄断资本主义过渡的重要经验，开创了福利国家的道路。

法西斯主义思潮泛滥

在世界经济大危机期间，富有资产阶级民主传统的美、英、法等国家法西斯主义思潮开始泛滥。

美国在20世纪30年代初，出现了众多的法西斯团体，如黑衣社、白衣社、

1933年11月，德国纳粹党徒招摇过市，拉拢选票，法西斯势力山雨欲来。

民兵团、美国民族主义党、美国自由同盟、三K党等法西斯组织和右翼团体。1934年11月，在"美国军团"和部分华尔街大资本家的策划下，由巴特勒将军率领50万退伍军人向华盛顿进军，企图发动法西斯政变，但最终未能得逞。福特汽车公司同法西斯组织联系密切，亨利·福特在20世纪20年代就开始资助希特勒的纳粹活动，他是被德国政府授予日耳曼大十字勋章的第一个美国人。1936年出现的"德美联盟"是受戈培尔控制和纳粹指挥的法西斯团体，它指挥着在美国的160万德籍居民中的法西斯

分子，并在各大城市设有分会。资产阶级的一些上层人物也公开叫嚷要建立独裁统治。堪萨斯州的州长艾尔弗雷德·兰登声称，宁可实行独裁统治，也不可让国家瘫痪。

美国面临着法西斯主义的现实威胁，有人甚至提出美国需要一个墨索里尼，实行法西斯统治，但是法西斯势力始终未能掌握政权。原因是美国自建国以来就具有较深厚的民主自由传统，资产阶级民主制度在民众中有广泛的影响；另外，资产阶级两党都不愿法西斯上台，他们宁愿寻求资产阶级民主制度的新模式，也不愿接受法西斯独裁。在经济上，美国垄断资本乐于通过经济扩张争夺世界霸权，并不像德、意、日垄断资产阶级那样急于通过发动战争来重新瓜分世界。此外，美国垄断资产阶级不像德国垄断资产阶级那样面临着无产阶级的危机；美国中产阶级与农场主也不像德国的中产阶级和地主那样倾向于垄断资产阶级右翼。

在危机年代，英国的一部分垄断资本家也开始向法西斯主义靠拢。1932年9月，原工党执委会委员、工党政府大臣莫斯里，在工业巨头的资助下组织了"英国法西斯联盟"。该组织反对民主制度和犹太人，主张建立英国在世界范围的霸权。但是，由于英国在危机前的20世纪20年代没有出现经济繁荣的局面，危机对英国的影响也便没有美、德等国那样大，大起大落的现象并没有出现。另外，英国的民主传统，工人阶级和民主派别的坚决抵制，使英国的法西斯运动没有形成气候。

法国卷入经济危机的时间比较晚，但摆脱危机也最晚，直到1936年才有

· 法西斯主义 ·

第一次世界大战后出现的鼓吹种族主义、专制独裁和侵略扩张的政治理论、运动和政权形式。"法西斯"一词源于拉丁文，象征强权和暴力。法西斯主义否定资产阶级自由平等民主思想，鼓吹对领袖的绝对服从和国家主义，宣称"高贵"民族有统治"劣等"民族乃至全世界的权利，既反对资产阶级民主，也反对共产主义，主张建立少数独裁者的恐怖统治，镇压劳动人民和进步势力，实行扩张政策和战争政策，是资本主义政治经济社会及意识形态全面危机的产物。墨索里尼和希特勒先后于1922年、1933年在意大利和德国建立了法西斯专政。日本亦于20世纪30年代法西斯化。西班牙、匈牙利、保加利亚、阿根廷等国也推行过法西斯主义。法西斯主义给世界人民带来痛苦和灾难，导致第二次世界大战的爆发，最终被世界人民彻底摧毁。

第二次世界大战前，美国少数人为希特勒的疯狂魔力所惑，效仿纳粹军礼。

所好转。在危机时期，法国国内阶级矛盾加剧了。1930年2月~1934年1月，法国政府更迭达12次。由于政局混乱，财政政策摇摆不定，人民群众的不满情绪普遍高涨。在这种情况下，各种法西斯主义组织滋生起来，如"火十字团""法兰西行动""束棒""法兰西团结"等，它们在垄断组织扶植下公开活动，非常猖獗。最有影响的法西斯组织是"火十字团"，由德拉罗克上校领导，因最初参加的人是获得战争十字勋章的复员军人而得名。该组织从1934年的20万人发展到1935年底的70多万人，成员遍及各界，其骨干是退伍军人，他们头戴钢盔，身着军装，胸前佩戴各种勋章，对群众产生了一定吸引力。"火十字团"不仅拥有大量武装，甚至还拥有150架飞机，它公开主张改组议会，建立法西斯主义专制政府。

苏联确立社会主义制度

经过社会主义工业化和农业集体化的改造，20世纪30年代中期的苏联社会已经发生了翻天覆地的变化。从经济结构上来说，社会主义经济成分超过了资本主义成分，社会主义公有制在国民经济中占据了主导地位。从阶级构成上说，资产阶级和富农作为一个剥削阶级已经消失了。这表明社会主义制度已经在苏联确立起来。为了全面反映苏联政治、经济生活的变化，从法律上巩固社会主义改造和社会主义建设的胜利成果，制定新的宪法已提上议事日程。

1935年2月，全俄罗斯苏维埃第七次代表大会决定修改1924年宪法，并成立以斯大林为首的宪法委员会负责草拟宪法。经过一年多的研讨，宪法委员会拟出新宪法草案并于1936年6月交全民讨论。1936年11月26日，全俄罗斯苏维埃第八次代表大会在莫斯科举行。斯大林在会上做了《关于苏联宪法草案》的报告，他在报告中分析了苏联社会发生的深刻变化，概括了新宪法的基本特点等。大会一致通过了新宪法，这部宪法被称为《1936年宪法》。

《1936年宪法》规定：苏联是工农社会主义国家，全部政权属于城乡劳动者，由苏维埃实现之；经济基础是社会主义所有制——全民所有制和集体所有制，实行"各尽所能，按劳分配"的原则；国家最高权力机关是苏联最高苏维埃，它行使立法权，选举最高苏维埃主席团和人民委员会；实行普遍、直接、平等、无记名投票和等额选举制；公民一律平等，均享有劳动权、休息权、受教育权，有言论、出版、集会、结社等自由，人身不受侵犯；公民必须遵守公共生活准则，爱护公共财物，保卫社会主义祖国。

《1936年宪法》从法律上巩固了社会主义改造和社会主义建设的胜利成果，推动了苏联社会主义改造和法制建设。《1936年宪法》的制定，标志着苏联基本上实现了社会主义，建立了社会主义制度。但是，由于苏联的生产力发展水平较低，还没有达到马克思、恩格斯所设想的发达社会主义的程度，所以社会主义制度的确立并不等于社会主义社会的完全建成。

❧ 法西斯独裁统治 ❧

1929~1933年的经济危机沉重打击了本已外债累累、民生凋敝的战败国德国。面对空前严重的危机，软弱无力的魏玛共和国政府回天乏术。1928~1933年先后更换4届政府，各届政府都无法克服财政困难和各统治集团之间的矛盾，社会动荡不安。在危机深重的非常时刻，在德国这个民主传统较为薄弱的国家，脆弱的民主体制失去了自我调节的弹性和能力。议会民主的政治体制在危机的冲击下，摇摇欲坠。

正是在这种特殊的社会历史环境下，德国法西斯势力兴起。德国的法西斯政党全称是德意志民族社会主义工人党，简称纳粹党，其首领希特勒利用德国人民对凡尔赛—华盛顿体系对德国制裁的不满情绪

登上权力之巅

兴登堡死后，希特勒将各种权力集于一身，自称元首。图为希特勒在军队的支持下登上纳粹德国的最高统治宝座。

及这场空前的经济危机给德国造成的更为困难的处境，四处鼓吹"生存空间论"、种族优劣论，提倡"领袖原则"的独裁统治，肆意攻击社会主义，大力宣扬重塑德国的昔日辉煌，不但蒙蔽了多数德国人民，并且逐渐取得了德国垄断资产阶级的支持。

纳粹党不断发展壮大，在1930年9月的选举中成为国内第二大政党。1932年，纳粹党认为夺取政权的时机已经成熟，便参加竞选。一些处于绝望中的小资产阶级、公务员、大学生，以及一部分农民和失业工人被他蛊惑。在1932年7月的国会选举中，纳粹党竟获得了130个席位，成为国会中的第一大党。同年11月，纳粹党最终在垄断资产阶级的鼎力帮助下获得权力。1933年1月，德国法西斯政党——纳粹党的党魁希特勒被任命为总理，开始在德国建立法西斯独裁专制统治。

希特勒出任总理后，很快组建了内阁，即所谓的民族团结政府，纳粹党在其中仅占有几个职位。希特勒并没有满足于登上总理的宝座，他的目标是将其他政党排挤出政府，建立独裁统治。

1933年2月，兴登堡宣布解散国会，并决定于3月5日进行新一轮国会选举。为了使纳粹党在选举中获胜，希特勒开始利用职权打击其他政党，并首先把矛头指向了在群众中影响日益扩大的德国共产党。2月27日，纳粹党制造了"国会纵火案"，借此掀起了反共风潮。大批德共党员被逮捕，德共报纸被查封，德共被迫转入地下。次日，政府颁布了《保护人民和国家法》，取消了公民自由的基本权利。国会大选在法西斯的白色恐怖之下如期举行，但纳粹党只

· 纳粹党 ·

德国法西斯政党，全称为德意志民族社会主义工人党。其前身为慕尼黑一小政治团体"德意志工人党"，1919年，希特勒加入后，逐渐控制该党。1920年2月，希特勒发表党纲《二十五点纲领》，鼓吹种族主义、对外扩张和民族复仇主义，4月更名为纳粹党，制定"卐"字党徽和红底白圆心黑"卐"字的党旗，以《人民观察家报》为党报。1921年确定"领袖原则"，希特勒在党内取得绝对领导权。1923年被勒令解散，1924年希特勒不断扩充力量，企图通过"合法"途径取得政权。1929年经济危机爆发后，纳粹党取得军队的支持，1932年成为国会中第一大党。1933年1月，希特勒被任命为总理，夺取了政权。该党对内实行一党独裁的法西斯专制统治；对外积极扩军备战，组织轴心国集团，挑起第二次世界大战。1945年德国投降后，被盟国管制委员会宣布为非法组织。

获得了选票的43.9%，并没有取得绝大多数。

为了取得修改宪法需要的2/3以上的席位，希特勒于3月14日宣布取缔德国共产党，得到了德共的81个席位。随后，希特勒又软硬兼施，争得了天主教中央党等资产阶级政党的支持。3月23日，在纳粹党的胁迫下，国会以2/3的多数票通过了《消除人民和国家痛苦法》，即《授权法》。希特勒据此获得了在4年任期内的立法权，有权不经国会同意制定法律、与外国签订条约。至此，国会名存实亡，立法权和行政权都控制在希特勒一人手中，资产阶级议会民主制被取消。

为了实行纳粹党一党独裁，希特勒解散了除纳粹党之外的所有政党，国会成为由纳粹党员组成的清一色国会。1933年12月，希特勒颁布了《保证党和国家统一法》，将纳粹主义确立为德国国家思想的支柱，宣布党和国家统一。这样，希特勒就在德国建立了纳粹党的一党专政。

1934年8月，兴登堡总统去世。内阁立即宣布一项法律，规定总统职务与总理职务合二为一，取消总统职务。自此，希特勒攫取了总理兼国家元首的桂冠，并掌握了国防军的最高统帅权，成为不受任何法律约束的独裁者，法西斯独裁政治体制在德国正式确立起来。

为了制止侵略、维护本国安全，苏联开始争取与法国等国缔结双边互助条约。1935年5月2日，《苏法互助条约》在巴黎签字，两国相约定在遭受欧洲国家侵略时相互援助。作为欧洲大陆上的两个大国，苏、法两国的合作原本可以阻止德国的侵略，但是法国只想把条约作为与德国打交道的筹码，根本无意履行，而且拒绝为条约加入军事内容。结果，条约成为一种形式，没能发挥应有的作用。

尽管苏联为建立欧洲集体安全体系做了一系列的努力；但是，由于英、法两国的妥协政策，这些努力都遭受了挫折，欧洲集体安全体系最终没能建立起来。

20世纪30年代末，苏联在战争一触即发的情况下，为了本国的利益，放弃了安全不可分的原则，改变了原来致力于欧洲集体安全体系的做法，于1939年8月与德国签订了《苏德互不侵犯条约》，为德国发动世界大战提供了便利条件。

绥靖政策

绥靖政策也称姑息政策，是一种对侵略不加抵制、姑息纵容、退让屈服，以牺牲别国为代价，同侵略者勾结和妥协的政策。第一次世界大战后，各国人民革命的兴起和社会主义苏联的出现，引起了西方帝国主义国家的恐惧和仇视。它们在争夺世界霸权的斗争中，既想削弱和击败竞争对手，又想联合起来反对社会主义、镇压人民革命，这一矛盾心理处处都能得到体现。

1929~1933年的世界经济大危机使各帝国主义实力此消彼长，英、法雄霸欧洲的局面一去不复返。随着德国法西斯的崛起，英、法两国已经丧失了协调欧洲格局的外交主动权。1934年10月，法国强硬外交的代表人物——法国外交部部长巴尔都在马赛遇刺身亡，标志着法国绥靖政策的开始。而在英国，张伯伦则是这一政策的代表人物。

尼维尔·张伯伦，第二次世界大战初期的英国首相，对法西斯德国实行"绥靖政策"的代表人物。1869年，张伯伦出生于贵族之家。1937年，他出任英国首相，积极奉行对德国的"绥靖政策"，主张对德妥协、退让、姑息，希望以此换取英国的安全。为推行绥靖政策，他一方面打击以丘吉尔为代表的强硬派；另一方面同希特勒秘密会晤，并最终签订《慕尼黑协定》，企图以牺牲捷克、波兰等小国的利益来换取英国的安全。但德国军队的步步紧逼促使张伯伦在1939年被迫对德宣战。由于绥靖政策所造成的恶果，张伯伦在1940年被迫辞职，后抑郁而终。张伯伦的绥靖政策，不仅使英国丧失了第二次世界大战初期的战争主动权，助长了法西斯的嚣张气焰，遭到了欧洲许多国家的反对，而且最终还使英国卷入了战争的深渊。

20世纪30年代以前，英、法、美的绥靖政策主要表现为扶植战败的德国并支持日本充当防范苏联的屏障和镇压人民革命的打手。从凡尔赛—华盛顿体系和道威斯计划、杨格计划、《洛迦诺公

1938年9月，英、法、德、意在慕尼黑举行会议，签订阴谋瓜分捷克斯洛伐克的《慕尼黑协定》，图为希特勒（左二）与张伯伦（左一）在一起。

约》中都能找到绥靖政策的影子。1937年的经济危机再一次给英国造成了经济困境和社会动荡，与此同时，苏联正逐渐强大起来，时刻威胁着英、法等大国的利益。英、法一直希望能找到一种遏制苏联的势力。

面对德国希特勒的强硬，张伯伦企图以退让来稳定形势，以便重整军备来确保英国在欧洲乃至整个世界的霸权地位。以丘吉尔为代表的少数人反对张伯伦这种一面寻求妥协，一面重整军备的双重政策，但遭到了张伯伦的排斥。

1938年，希特勒没动用闪电战即吞并了奥地利，维也纳被笼罩在纳粹旗下。

在张伯伦的积极"努力"下，英国制订了"欧洲总解决的绥靖政策总计划"，并派大臣哈利法克斯伯爵于1937年11月17日访德，向希特勒详细介绍了英国的政策，以使希特勒进攻苏联有恃无恐，妄图早日把祸水引向苏联，坐收渔翁之利。张伯伦政府还承认了意大利对埃塞俄比亚的侵占，并与法、美一起对西班牙内战实行"不干涉政策"。1937年，英、法、美对日本发动全面侵略中国战争视而不见，在此后的太平洋国际会议上，更是同日本妥协。

1938年3月，德军开进奥地利，张伯伦政府给予了默许。当希特勒挑起捷克境内的苏台德危机时，英国虽象征性地对德施加了压力，但依然没有放弃既定的绥靖政策。而慕尼黑会议和《慕尼黑协定》则是绥靖政策最典型的体现。1938年9月29日，英、法、德、意四国首脑在慕尼黑举行会议，四国正式签订了《关于捷克斯洛伐克割让苏台德领土给德国的协定》，即《慕尼黑协定》。会上，英、德还签订了《英德互不侵犯宣言》。捷克政府在德国的军事威胁和英、法、意的压力下，被迫接受了这个协定。英、法及幕后支持的美国，妄图以牺牲捷克斯洛伐克为代价，来求得"一代人的和平"，并将"祸水东引"。但事与愿违，绥靖政策不但没有给欧洲带来张伯伦所谓的"和平新时代"，反而加速了战争的到来。当希特勒以"闪电战"占领捷克斯洛伐克时，张伯伦开始有些坐不住了，他一边威胁德国，一边与德国进行秘密谈判，毫无意义的谈

判更加坚定了希特勒发动战争的决心。

第二次世界大战爆发后，西线出现了"奇怪战争"，英、法的"不战不和"战略使希特勒在侵略欧洲小国时忘乎所以，野心越来越大，以至于最后直取法国，进逼英国。

历史证明，绥靖政策不但无法满足法西斯国家的侵略野心，反而加速了第二次世界大战的爆发。

第二次世界大战中的欧洲战场

1940年6月灭亡法国后，希特勒便着手制订攻打英国的"海狮作战计划"。希特勒决定首先对英国实施空中袭击，掌握制空权。1940年8月10日至1941年5月11日，德国空军每天都出动飞机数百甚至数千架次，对英国的军事基地、主要的工业城市进行狂轰滥炸。英国在德国的空袭下，遭受了重大损失，这增强了英国人民抵抗侵略的决心。英国军民以顽强的意志顶住了德国的空袭，使希特勒的"海狮"计划迟迟不能实施。

1941年6月22日，德国向苏联发动了全线进攻。意大利、西班牙、匈牙利、罗马尼亚、斯洛伐克、芬兰等国随即向苏联宣战。6月22日至7月9日，德军在各个进攻方向上都急速向苏联境内推进，苏联遭受了巨大创伤。但是，在苏联军民的顽强抵抗下，他们渐渐遏制了德军的攻势，粉碎了希特勒迅速灭亡苏联的梦想，迫使德军于1941年9月将全线进攻改为重点进攻。9月30日，德军开始向莫斯科发动进攻，在10月攻势中，德军进行了3次大包围，莫斯科军民在斯大林的指挥下采取攻势防御，浴血奋战，10月底德军攻势减弱。11月15日，德军发起第二次大规模进攻，一度占领距莫斯科24千米的伊斯特腊，但因苏军的顽强阻击，德军的企图未能实现。12月6日起，苏军解除了对莫斯科的包围。1942年1月8日至4月20日，苏军在莫斯科方面全线反攻。苏军在敌强我弱的形势下保卫了首都，收复部分失地。此役是德国法西斯在第二次世界大

"斯大林－3"重型坦克。专为对付德国"虎王"而研制，被西方称为"拥有战列舰级装甲的坦克"。

战中所遭到的第一次军事大失败，标志着德国"闪击战"和德军不可战胜神话的破产，极大地鼓舞了全世界人民，增强了他们反法西斯的信心。

进攻莫斯科失败后，德军又于1942年7月17日向斯大林格勒发动了重点进攻。

规模宏大的盟军诺曼底登陆场面

经过近两个月的激战，德军突破苏军的外围和近郊防御，于9月13日攻入市区，苏军与德军开展了激烈的市区争夺战。11月19~20日，苏联调集110万兵力和大批飞机、坦克、大炮，从南北两翼发动反攻，迅即突破敌军防御，将30万德军包围并挫败敌军解围计划。1943年1月10日，苏军开始总攻，至2月2日，被围德军全部被歼。此役历时200天，双方投入大量兵力，是第二次世界大战中规模最大的战役之一。德军力量受到严重削弱，损失150万人，被迫转入战略防御。此役是苏德战场和第二次世界大战的转折点。

斯大林格勒战役后，德军为夺回战争主动权，于1943年7月5日向库尔斯克发起进攻。经过一个多月的战斗，苏军于8月23日取得了胜利。库尔斯克战役的胜利，使德军重新夺回战争主动权的企图破灭。此后，苏军展开了大规模的战略反攻。

1944年，苏军实施了战略反攻计划，接连向德军发动进攻，解放了除拉脱维亚一小块土地之外的所有国土，而且进入芬兰、波兰、罗马尼亚、南斯拉夫、保加利亚、匈牙利等国境内作战，迫使德国的东欧盟国退出了战争。

美、英遂决定于1944年5月实施从法国打进欧洲大陆的"霸王"作战计划，开辟长期拖延未开辟的欧洲第二战场。由艾森豪威尔担任盟军最高统帅，计划由英国本土出发，横渡英吉利海峡，主攻方向为法国西北部诺曼底。为此，盟军集结了86个师288万人，6000余艘各类舰艇，1.37万架飞机，并制造

·敦刻尔克大撤退·

　　1940年5月20日，德军进抵英吉利海峡，切断法国北部和比利时境内的英、法、比、荷盟军与索姆河以南法军主力的联系。英、法军虽实施多次反突击，但因兵力不足和行动时间先后不一等原因，未能奏效。大约40万英、法联军陆续退缩到敦刻尔克地区。24日，希特勒突然命令先头部队停止追击，使联军得到一个喘息机会。26日晚，英国政府下令执行代号为"发电机"的撤退计划。英、法、比、荷4国共派出各种舰船861艘，其中包括渔船、客轮、游艇和救生艇等小型船只。撤退开始后，德军加强了进攻，在对敦刻尔克和英吉利海峡进行轰炸的同时，还派出潜艇和鱼雷艇攻击英法联军的运输船队。英、法联军顽强抗击，在英空军掩护下，经9昼夜奋战，将33.8万人（其中法军12.3万人）撤至英国本土。6月4日，德军占领敦刻尔克，4万余名法军被俘。这次撤退虽然丢掉了几乎全部的武器装备，但是成功地保存了英、法军的实力，为日后对德军进行反攻创造了条件。

在加来登陆的假象。德军防守力量不足，判断失误，把防御重点放在加来附近。盟军3个空降师在登陆地域着陆，大批飞机和军舰轰击德军海岸防御工事，随后进攻部队登陆，突破希特勒吹嘘的"大西洋壁垒"。至7月24日，盟军阵地已扩展到正面宽100千米、纵深30~50千米的范围，登陆部队超过100万人，歼灭德军10万多人，胜利完成登陆任务。从此，盟军对德军形成两面夹击之势。到1945年2月，苏军和英美联军从东西两面进入了德国境内，向柏林逼近。4月25日，苏军开始了对柏林的攻坚战。29日，苏军攻到柏林市中心，希特勒在第二天绝望自杀。5月2日，德军停止抵抗，柏林战役结束。5月8日，德国在柏林签署了无条件投降书，欧洲战场的战争至此结束。

第二次世界大战中的太平洋战场

　　法国战败投降后，日本决定趁机向东南亚扩张。1940年8月，日本出台了"大东亚共荣圈"侵略计划。9月，日军进占印度支那北部，开始向东南亚扩张。

　　日本的侵略行径，加剧了它与英、美之间的矛盾。英、美两国对日本采取了冻结财产和贸易禁运等措施，这更促使日本决心用武力夺取东南亚。珍珠港是美国在太平洋上最大和最重要的海军基地，太平洋舰队停泊于此。1940年，美日矛盾加剧，日本一面与美国进行谈判；一面准备对美战争，制订了偷袭珍珠港的作战计划，企图一举歼灭美国太平洋舰队，解除南进的海空威胁。

1941年12月当地时间7日晨，南云忠一中将率领日本特遣舰队秘密开抵珍珠港以北约370千米处，于7时55分发动突袭。第一批183架飞机攻击历时30分钟，随后第二批171架飞机扩大战果，攻击共约50分钟。美国被击毁击沉大型舰只19艘，飞机300架左右，死伤3600余人，太平洋舰队几乎全军覆没。

日本偷袭后的第二天，美、英分别向日本宣战，随后又有20多个国家也相继对德、意宣战。至此，第二次世界大战真正成为全球性的战争。

日本偷袭珍珠港成功后，暂时掌握了太平洋上的制海权和制空权。到1942年5月，日本相继占领了东南亚和西太平洋上的许多国家和战略要地，英、荷、法、美等国在这一地区的岛屿和殖民地几乎全部落入日本手中。

中途岛位于珍珠港西北约1852千米处，为珍珠港的重要屏障和前哨。1942年5月，日本决定占领该岛作为前进基地。为此，日军调集200余艘舰只，700架舰载飞机，由山本亲自指挥作战。然而，处于劣势的美国太平洋舰队破译了日本的无线电密码，对敌行动了如指掌。6月4日凌晨，日本主力舰队飞机向中途岛发起攻击，因美军早有准备，未取得预期效果，又发现美国舰队，陷入了既需再次轰炸中途岛又要攻击美舰的处境，仓促为飞机改装鱼雷，将大批炸弹堆放在甲板上。10时左右，美舰载飞机100余架，分批连续攻击日舰，日军3艘航空母舰中弹，引爆甲板上的炸弹，当即相继沉没。傍晚又一艘航空母舰被击沉。中途岛海战是太平洋战争的转折点，日军从此丧失了太平洋上的制空权和战争主动权，由战略进攻转为战略防御。

中途岛海战后，美军乘胜出击，于1942年8月7日向瓜达尔卡纳尔岛的日本舰队发动进攻。经过半年的激烈争夺，美军于1943年2月7日占领了瓜岛。此次战役使日军损失惨重，完全丧失了战争的主动

珍珠港的偷袭成功，使日本在此后的半年里将整个太平洋抓在手里。

·中途岛海战·

太平洋战争期间，美、日海军在中途岛附近海域进行的海战。1942年，日本企图夺取中途岛，美军"无畏"号俯冲轰炸机准备攻击日舰，日海军航空母舰则全力躲避美机轰炸以作为前进基地，将海上防线推进到中太平洋，迫使美军退守夏威夷及美国西海岸。6月4日，日军出动200余艘舰艇向中途岛发起进攻。由于美国破译了日本海军的无线电报密码，事先令航空母舰编队群至中途岛东北海域展开隐蔽待机，从而掌握了主动权。当日凌晨4时30分，日军的第一波飞机108架从航空母舰起飞，攻击中途岛。此时，美航空母舰编队群立即向日军航空母舰编队群接近。美舰队在距日舰队150海里处，于7时02分开始接连派出第一、第二波飞机200多架，乘日军第一波攻击中途岛飞机返舰、第二波飞机卸下炸弹改挂鱼雷的混乱时机，对日航空母舰实施连续攻击。日军虽有部分战斗机临空迎战，但为时已晚。

中途岛海战改变了太平洋地区日、美航空母舰的实力对比。日军损失大量飞行员，仅剩重型航空母舰1艘和轻型航空母舰4艘，从此在太平洋战场丧失战略主动权。

权。此后，美军在太平洋战场上展开了全面进攻，与日军进行了激烈的逐岛争夺战，一步步向日本国土逼近。

1944年，美军凭借空中优势，从"逐岛争夺"转为"越岛进攻"，直插日军重防区域。1944年上半年，美军先后攻占了马绍尔群岛、加罗林群岛和马里亚纳群岛。马里亚纳群岛被日本视为本土的屏障，必须确保的地区。美军冲破这道屏障后，日本本土便落入美军的轰炸范围。1944年9月和10月上旬，美军对日军在各地的机场接连实施轰炸。

1945年春，美军攻占了硫磺岛和冲绳岛，并不断轰炸日本本土，沉重打击了日本军民的士气。8月6日和9日，美国分别向日本广岛、长崎两地投放了原子弹，给这两地以毁灭性打击。8月8日，苏联对日宣战，并于第二天出兵中国东北，日本70万关东军遭受重创。与此同时，中国和亚洲其他各国人民纷纷发起大反攻。日本法西斯四面楚歌，彻底绝望了。8月15日，日本天皇宣布无条件投降。9月2日，日本在盟国代表面前正式签署了投降书。至此，第二次世界大战以法西斯国家的失败而告终。

雅尔塔体系

1943年9月，意大利法西斯投降后，盟国开始就如何处置战败国和安排战后世界的问题进行了具体的讨论。1943年10月，苏、英、美三国外长在莫斯科举行会议。会议期间，三国代表就如何处置德国和意大利的问题展开讨论，一致同意废除德国对奥地利的占领，重建奥地利为自由、独立的国家；并决定成立欧洲咨询委员会和意大利问题委员会，分别对这些问题进行研究。会后，苏、美、英、中四国还根据会议精神发表了关于普遍安全的宣言，重申罗斯福在1943年1月提出的"无条件投降"原则，决定建立一个维护战后和平的国际组织，用和平方式解决国际争端。

1943年11月28日至12月1日，苏、美、英三国首脑在德黑兰举行会晤，商讨加速战争进程和战后世界的安排问题。会议主要包括以下内容：决定于1944年5月在法国南部开辟第二战场；就成立一个战后维护世界和平与安全的国际组织问题交换了意见；初步讨论了战后如何处置德国的问题；就波兰问题达成初步一致；苏联对日作战问题。会议签署了《苏、美、英三国德黑兰协定》和《苏、美、英三国德黑兰宣言》。该会议是反法西斯三大盟国首脑在第二次世界大战中的首次直接会晤，对加强盟国间的团结与合作，协调军事战略行动，加速反法西斯战争的胜利进程起了重大作用。但这次会议也反映出了大国强权政治的倾向，预示着几个大国对战后国际事务的主宰。

1944年8~10月，美、英、苏三国和美、英、中三国先后在美国敦巴顿橡树园举行会议，就建立战后国际组织的问题专门进行讨论，最后通过了"关于建立普遍性的国际组织的建议案"。该案把未来的国际组织定名为"联合国"，并规定了联合国的宗旨、原则、会员国的资格、联合国主要机构的组成和职权等问题。敦巴顿橡树园会议形成了联合国宪章的雏形，在雅尔塔体系的形成过程中起了不可忽视的作用。

1945年2月4日至11日，在法西斯灭亡的前夕，苏、美、英三国首脑在雅尔塔举行了首脑会议。这次会议在安排战后世界的问题上达成了许多协议。在处置德国的问题上，三国一致同意对德国实行分区占领。关于波兰问题，三国

雅尔塔会议上的丘吉尔（右一）和斯大林（中）

·同盟国·

第二次世界大战中结成国际反法西斯统一战线共同对轴心国作战的国家。20世纪30年代，中国、埃塞俄比亚等国人民奋起开展反法西斯斗争，但英、法等国却推行绥靖政策。德国进攻西欧后，英、美受到严重威胁，英国与欧洲沦陷国家及英、美之间遂建立起同盟合作关系，反法西斯统一战线初步形成。苏德战争爆发后，英、美宣布支持苏联。1941年8月，英、美发表《大西洋宪章》，苏联和其他十余个国家表示支持。太平洋战争爆发后，美国等国正式参战，反法西斯阵营进一步扩大。1942年1月1日，美、苏、英、中、加等26个反法西斯国家在华盛顿签署了《联合国家宣言》，国际反法西斯联盟正式形成。此后，一些国家陆续加入，其总数达47个。同盟国在反法西斯战争中互相配合与支援，最终打败轴心国，为联合国的建立奠定了基础。

进行了激烈争论，最后决定在广泛的基础上对苏联支持的波兰临时政府进行改组，波兰的东部边界以寇松线为界，扩增其西部和北部的领土。会上，苏联许诺在欧战结束后2~9个月参加对日作战。关于联合国问题，三国就橡树园会议上存有分歧的问题继续讨论，最后达成了妥协：大国在非程序问题上拥有否决权，吸收苏联的两个加盟共和国为创始会员国。同时，三国决定于1945年4月25日在旧金山举行联合国制宪会议。雅尔塔会议对苏、英、美三大国此前商谈过的问题做了调整与总结，为战后世界格局确定了基本框架及赖以建立的精神原则。因此，人们把战后的国际秩序以"雅尔塔"来命名。

根据雅尔塔会议的决定，1945年4月25日，48个国家的代表在旧金山召开了联合国制宪会议。6月25日，与会代表通过了《联合国宪章》。《联合国宪章》确定了联合国这一国际组织的宗旨和原则，这些宗旨和原则成为维护战后世界和平的最高纲领。同时，《联合国宪章》也成为雅尔塔体系的支柱。

1945年7月17日至8月2日，苏、英、美三国首脑在

战后主宰世界格局的三巨头：（左起）丘吉尔、罗斯福、斯大林，在雅尔塔会议上留下了这张难得的照片。

波茨坦举行了最后一次会议，就安排战后世界的问题进行讨论。关于德国问题，三国确认了雅尔塔达成的协议；承认波兰临时统一政府，初步确定波兰西部边界为奥得—尼斯河，但泽和东普鲁士南部划归波兰；东普鲁士北部和哥尼斯堡划入苏联；苏联重申对日作战的承诺。通过了《苏、美、英三国柏林会议议定书》和《柏林会议公报》。会议还就成立外长会议，准备对意、匈、保、罗、芬的和约达成一致协议。此次会议解决了欧洲战争结束后的一系列迫切问题，巩固了欧洲反法西斯战争的胜利成果，加速了对日战争的结束，奠定了战后世界新秩序。

纽伦堡审判和东京审判

德、意、日法西斯把战争强加给许多国家，同时还犯下了骇人听闻的罪行。他们灭绝人性，烧杀抢掠，无恶不作。

在中国，日本侵略者推行"三光"政策，屠杀大批无辜居民。仅南京一地，就有30多万无辜居民惨死在日寇的屠刀之下。

在欧洲，德国法西斯实行种族灭绝政策，570多万犹太人遭到杀害；此外还杀害了数以百万计的受侵略国家的人民。

德国法西斯还建立了许多集中营，用以关押和集中屠杀反法西斯战士、战俘和犹太人。有些集中营里还设有释放毒气的"浴室"，囚犯们被脱光衣服推进"浴室"，喷头里喷出的不是水而是毒气，"沐浴者"立刻被毒死。"浴室"旁边就是大型的焚尸炉。1940年建立在波兰的奥斯威辛集中营里，德国法西斯于此杀害了三四百万人，每天都有大约1万人在"浴室"中被害。而死于此集中营的人数至少占犹太人死亡总数的2/3左右。

第二次世界大战后，如何处理战败的德国和日本的问题，成为国际关系中一个重要的问题。为了彻底肃清法西斯势力，实现民主化和非军国主义化，防止军国主义和法西斯主义死灰复燃，维护世界和平，盟国对德、日法西斯战犯进行了审判，这就是纽伦堡审判和东京审判。1943年10月，苏、美、英三国莫斯科宣言规定，战争结束后，将对战争罪犯进行审判。1945年8月，上述三国和法国在伦敦签订协定，拟定欧洲国际军事法庭宪章，规定由四国指派检察官组成委员会进行起诉，由四国指派的法官组成国际军事法庭进行审判。

1945年10月18日，国际军事法庭第一次审判在柏林举行。从11月20日开始，审判移至德国南部城市纽伦堡举行，至1946年10月1日结束，历时近一年。包括纳粹第二、第三号人物戈林、赫斯和外长里宾特洛甫在内的20多名战犯被提起公诉。法庭进行了403次公审，以大量确凿的证据揭露了德国

战后的纽伦堡审判

法西斯的种种滔天罪行。法庭根据四条罪行对战犯进行起诉和定罪：策划、准备、发动、进行战争罪；参与实施战争的共同计划罪；战争罪（指违反战争法规或战争惯例）；违反人道罪（指对平民的屠杀、灭绝和奴役等）。前两条合起来称为破坏和平罪。1946年10月1日，法庭做出了最后判决，判处戈林等12人绞刑，3人无期徒刑，4人有期徒刑。

死刑判决于1946年10月16日执行，戈林在处决前一天服毒自杀。与此同时，法庭还宣布了4个犯罪组织，它们是纳粹党领导机构、秘密警察（盖世太保）、保安处和党卫队。对这几个犯罪组织的成员，各国可以判以参与犯罪组织罪，直到判处死刑。此后，在美、英、法、苏各个占领区及后来的联邦德国和民主德国各法庭，又对众多的战争期间的犯罪分子进行了后续审判，他们大多是法西斯医生、法官、工业家、外交人员、国防军最高司令部人员、军事骨干及党卫军高级干部等。

纽伦堡审判基本上是一次公正的审判，是人类有史以来对侵略战争发动者的第一次法律制裁，有利于防止历史悲剧的重演。它为以后对破坏和平罪的审判奠定了基础，标志着国际法的重大发展。

在第二次世界大战进行之时，盟国就认为，日本战犯也应受到与德国战犯同样的处理。1945年12月16日至26日，苏、美、英外长决定实施《波茨坦公告》中的日本投降条文，包括惩办日本战犯。根据《波茨坦公告》、日本投降书、盟国的《特别通告》及《远东国际军事法庭宪章》，盟国决定在东京设立

法庭审判日本战犯。

根据宪章规定，法庭将审判及惩罚被控以个人身份或团体成员身份犯有以下3种罪行的战犯：破坏和平罪、战争罪、违反人道罪。盟军最高统帅麦克阿瑟于1946年2月18日任命澳大利亚的韦伯为首席法官，中国、苏联、美国、英国、法国、荷兰、菲律宾、加拿大、新西兰和印度十国各派一名代表为法官，美国的约瑟夫·B.凯南为首席检察官。

1946年4月29日，东条英机等28名战犯正式被起诉。1946年5月3日，远东国际军事法庭正式开庭。首席检察官历数了28名战犯在战争中的罪行，列举了55项罪状，指控他们犯有破坏和平罪、战争罪、违反人道罪。1948年11月4日，法庭宣读判决书，对25名出庭战犯判决如下：判处东条英机等7人绞刑；16人被判处无期徒刑；其余判处有期徒刑。1948年11月12日，远东国际军事法庭闭庭。1948年12月23日，东条英机等7名战犯在东京巢鸭监狱被绞死，尸体被火化。其余战犯入狱服刑。

对日本战犯做出的严正判决，受到了世界舆论的欢迎。这次审判使全世界人民进一步了解了日本帝国主义从"九一八"事变到太平洋战争期间的侵略真相和罪恶的事实，是对日本法西斯分子的一次全面清算和重大打击。但是，仍有一些应该受到审判的战犯并未成为被告，一些罪大恶极的战犯并未受到严惩，给深受其害的各国人民留下了不良的印象。

联合国建立

1945年4月25日，美国旧金山市中心的大歌剧院里一片沸腾，来自世界各国的人们兴奋地谈论着即将开幕的大会。是什么重要的大会让世界各国的人们聚集到了一起呢？原来，今天在这里举行的大会将要讨论联合国的成立，并制定《联合国宪章》。

下午4点左右，美、中、英、苏4个发起国和其他国家的代表先后走入歌剧院。紧接着，1800多名各国记者也进入会场，他们将成为这一历史性时刻的见证人。

联合国是在第二次世界大战期间开始筹备创立的，它是世界人民渴望和平的产物。第二次世界大战的战火燃烧到世界60多个国家和地区，有近20亿人被卷入战争，其中有5000万人死亡，全部交战国直接战费总额计11540亿美元。蒙受战争苦难的世界各国人民渴望实现持久的和平。早在1941年英美两国发表的《大西洋宪章》里，两国首脑就提出了要在战争结束后建立一个"广泛而永久的普遍安全制度"，道出了饱受战争之苦的人们的心声。

1943年10月，中、美、英、苏代表在莫斯科举行会议，并签订了《四国关于普遍安全的宣言》，这是呼吁建立国际安全机构的开端。1943年11月的开罗会议中，中、美、英三国代表商讨了战胜日本及战后的共同策略。不久，美、英、苏又在德黑兰举行会议，在这次会议期间，罗斯福与斯大林提出了战后成立联合国的建议。1944年8月至10月，苏、美、英三国代表和中、美、英三国代表分别举行会议，讨论并拟定了《关于建立普遍性国际组织建议》，在这个建议中，规定了联合国的宗旨、原则和各机构的组成。

尽管世界各国在维护世界和平方面的宗旨一致，却也存在着很大的分歧，尤其是美国和苏联。作为两种社会制度的代表，美国和苏联永远都是针锋相对。美国的目标是想建立一个战后世界各国的协调机构，而苏联却以防止德、日法西斯侵略力量的再起为目标。此外，苏联代表提出的苏、美、中、英、法五大国享有否决权的问题也遭到了美、英的反对。

在1945年2月召开的雅尔塔会议上，罗斯福和丘吉尔终于与斯大林达成了协议，接受了苏联关于联合国的组织方案，同意五大国拥有否决权，并把乌克兰和白俄罗斯列为联合国会员国。于是，几个大国才在举行制定联合国宪章的会议问题上取得了一致意见，并决定"制宪会议"在旧金山召开。

大会的开幕式上，美国代表发表了简短的讲话，接着是新继任的美国总统杜鲁门的讲话，杜鲁门在讲话中强调了联合国对世界和平与人类发展的意义，并一再强调"和平"与"合作"是此次大会的两大主题。开幕式洋溢在一种和谐友好的气氛中。

"制宪会议"持续了整整两个月，这时的会员国已增至51个。各国代表都先后在大会上发了言，研讨了会议的组织工作，并确定了英、俄、法、汉和西班牙语为大会正式工作语言。6月26日，大会一致通过了《联合国宪章》，51个国家的代表在《宪章》上签了字。

1945年10月24日，联合国正式宣布成立，并把总部设在美国东海岸纽约市的曼哈顿区。

世界当代史

世界当代史是指从1945年第二次世界大战结束以来的世界历史，分为三个阶段：第一阶段从第二次世界大战结束到20世纪50年代中期，美苏冷战进入对峙阶段；第二阶段从20世纪50年代中期到20世纪80年代末，美苏由冷战对峙走向对话、世界走向多极化；第三阶段从20世纪80年代末90年代初开始，世界新格局逐渐形成，世界和平与经济发展成为时代的主流。

杜鲁门主义

1947年3月12日，美国总统杜鲁门在致国会的关于援助希腊和土耳其的咨文中，提出了以"遏制共产主义"为核心的对外政策的指导思想，这一咨文被称为"杜鲁门主义"。

第二次世界大战后，德、意、日3个国家遭到重创，英、法的力量也严重削弱，美国却依仗在战争中发展起来的雄厚的经济、军事实力，在资本主义世界取得了统治地位。1947年2月21日，英国照会美国国务院，声称由于国内经济困难，无法再给希腊和土耳其以经济和军事的援助，希望美国继续给予援助。

希腊和土耳其扼东地中海，地处国际交通要道的汇合点，具有重要的战略地位，尤其黑海海峡，是黑海通往地中海、大西洋的门户，历来为大国必争之地。第二次世界大战前，希腊和土耳其一直是英国的势力范围。战后，由于英国实力的全面衰退，美苏在这一地区的争夺异常激烈。1945年6月，苏联向土耳其提出缔结新条约的要求，包括把1921年割让给土耳其的土卡尔斯和阿尔汉达两地归还苏联，苏联在达达尼尔海峡建立陆海空军基地等。

土耳其拒绝了苏联的要求，两国关系顿时紧张起来。美国乘机向土耳其提出开放和联合管制达达尼尔海峡的要求，并提供贷款，全面支持土耳其，美国在海峡地区的影响不断扩大。战后，希腊的人民武装力量蓬勃发展。1946年秋，希腊共产党领导人民掀起了武装斗争，不断取得胜利，希腊政府处于风雨飘摇之中。在这种情况下，希腊向英

杜鲁门

杜鲁门主义是美国旨在遏制共产主义在欧洲发展的重要政策之一，是冷战的宣言书，是美国全球扩张的标志。

国提出加紧援助的要求。但英国已经难以收拾希腊的局面。1947年2月21日，英国照会美国，表示"由于军事和战略上的原因，不应该允许希腊和土耳其落入苏联控制之下"，要求美国挑起全面援助希、土的担子。"希土危机"不仅为美国提供了取代英国、夺取东地中海控制权的可能，而且为美

1946年3月，丘吉尔在杜鲁门陪同下，在富尔敦的威斯敏斯特学院发表了著名的"铁幕"演说。

国提出全球性扩张的纲领、抛出冷战政策提供了契机。

在咨文中，杜鲁门指出希腊遭到由共产党人领导的"恐怖主义活动的威胁"，一旦它作为独立国家"陨落"，不但将危及土耳其和整个中东地区，而且将给欧洲一些"力争维持其自由和独立地位"的国家带来"灾难性"的影响。

他把"希土危机"比喻为希特勒和第二次世界大战的再现，宣称世界已分为两个敌对营垒：一边是"自由制度"，一边是"极权政体"。每个国家都面临着两种不同生活方式的抉择，美国负有领导"自由世界"的使命，以抗拒共产主义。声称美国的政策必须是支持各国"自由人民"抵抗少数武装分子或外来压力所实行的征服活动；必须帮助各国人民以他们自己的方式去解决有关他们各自命运的问题。他要求"立即采取果断的行动……在1948年6月30日截

·冷 战·

　　冷战是指第二次世界大战后，以美、苏为首的帝国主义国家与社会主义国家之间除武力外的各方面的敌对活动和实力对峙局面。1947年3月杜鲁门主义的出笼为冷战开始的标志，20世纪50年代中期以前为冷战高潮阶段。美国为了遏制苏联，抛出马歇尔计划，组织北约集团。对此，苏联成立欧洲共产党九国情报局、经互会和华约集团与之对抗。除在欧洲形成美、苏为首的两大军事集团对峙外，冷战亦在亚洲、非洲、拉丁美洲展开。美国利用冷战，加强对广大中间地带的控制。20世纪50年代中期至60年代是由全面冷战走向部分缓和的阶段。1959年9月，美、苏举行戴维营会谈，1961年6月又举行维也纳会议，全面对峙逐步转向对话，但冷战仍然存在。20世纪70年代以来进入全面缓和时期。冷战形成了第二次世界大战后初期两极对峙的世界格局。

止的期间向希腊和土耳其提供4亿美元的援助"，并要求选派文职和军事人员前往增援。杜鲁门在解释这篇咨文时说："这就是美国对共产主义暴君扩张浪潮的回答"，是"向全世界说明，美国在这个新的极权主义的挑战面前所持的立场"。"我相信，这是美国外交政策的转折点，它现在宣布，不论什么地方，不论直接或间接侵略威胁了和平，都与美国的安全有关"。由此可见，杜鲁门主义远不只是援助希、土，而是美国在全世界范围内扩张的宣言，是对苏联发动全面"冷战"的宣战书。它是美国对外政策转变的完成，标志着美国对外政策已彻底摆脱了孤立主义的影响，开始由局部扩张转变为全球扩张。1947年5月22日，杜鲁门正式签署《援助希土法案》。l947~1950年，美国援助希、土两国6.59亿美元。1949年，希腊革命被扑灭。

杜鲁门主义是美国对外政策的重大转折点。它与马歇尔计划共同构成美国对外政策的基础，标志着美苏两国由战时的盟国变为战后的敌国，美苏之间的"冷战"正式开始。

🌸 欧洲复兴计划 🌸

每年的哈佛大学毕业典礼上，都会有一位政界要人或是工商巨子来到学校，对即将离开学校的学子们发表演讲。1947年6月5日，又是哈佛每年一度的毕业典礼的日子，今年请来的知名人士会是谁呢？

随着学生们的一片喧哗声，美国国务卿乔治·马歇尔走上了讲台。他频频挥手，向台下的同学们致意，然后开始了演讲。在这次演讲中，马歇尔描绘了欧洲面临的困难局面，提出了美国对欧洲进行援助的计划，即"欧洲复兴计划"。马歇尔说："在以后的几年中，欧洲的需要大大超过了它的支持能力，而美国应尽最大努力帮助恢复世界正常的经济繁荣……我们的目的就是恢复世界上行之有效的经济制度，从而使自由制度赖以生存的政治和社会条件能够出现……"

马歇尔用15分钟就把这一计划叙述得淋漓尽致。他非常投入，台下的学生们也听得入了神。马歇尔计划是当时美国对外政策的一个重要组成部分，也是自杜鲁门主义出笼以来的第一次大规模运用。

第二次世界大战期间，由于美国在战争中本土没有受到攻击，工业基础未遭到破坏，生产力继续提高，使其在战后成为西方最强大的国家。

"欧洲复兴计划"虽然是马歇尔正式提出来的，但在马歇尔提出之前，美国政府早已经把这一计划的雏形进行了多次宣传。

1947年2月22日，马歇尔刚刚上任，便在普林斯顿大学发表了对外政策演说，强调鉴于西欧各国经济处于困难，美国应给予各国强有力的援助。3月6日，美国总统杜鲁门在得克萨斯州贝纳大学发表演说时，声称美国将决定世界经济关系的格局。5月8日，受杜鲁门的委托，美国副国务卿艾奇逊在克利夫兰一个集会上发表了对外政策演说，

在这幅广告画中，"马歇尔计划"成为新欧洲发展的有力夹板。

强调欧洲重建要作为一个整体来考虑，要通过贷款或赠予方式解决，以此来保持欧洲的繁荣。艾奇逊的演说其实是马歇尔"欧洲复兴计划"的序幕。

马歇尔在哈佛大学的演讲刚一发表，立即在世界范围内引起关注。英、法两国率先响应，6月17日至18日，英、法就"欧洲复兴计划"问题在巴黎举行会谈；19日，两国发表公报，对这一计划表示欢迎，并按照美国政府的意思，邀请苏联外长莫洛托夫前来参加讨论。6月27日，苏联派遣了庞大的代表团参加了在巴黎召开的讨论"欧洲复兴计划"的会议。英、法建议欧洲各国就各自的经济资源提出报告，然后拟出欧洲国家统一的经济复兴大纲，这一要求遭到了苏联代表的拒绝。7月2日，莫洛托夫发表声明表示欢迎基于民主的国际合作，但谴责西方各国的做法将导致某些国家对另一些国家内部事务的干涉，并宣布退出会谈。7月12日，英、法等西欧16国在巴黎继续举行会议，决定成立"欧洲经济合作委员会"。实际上，"欧洲复兴计划"应该叫作"西欧复兴计划"。

"欧洲复兴计划"在西欧得到热烈欢迎后，美国加紧将该计划的各项准备工作予以落实。成立直属总统的对外援助委员会，并制定了具体的方针、政策。作为复兴欧洲的有机组成部分，美国于6月20日给予希腊3亿美元援助，8月14日停止对意大利在美财产的冻结，等等。

1948年4月3日，杜鲁门正式签署了国会通过的《对外援助法》。该法案规定各个参加"欧洲复兴计划"的受援国必须与美国就援助条件签订双边条约，并相对削减同社会主义国家的贸易额。为此，美国还特别成立了经济合作署，开始正式实施"欧洲复兴计划"。

> ### ·欧洲国家经济的恢复发展·
>
> 第二次世界大战给欧洲带来了重大灾难，战后初期，无论是英法等战胜国，还是德意等战败国，到处一片瓦砾，经济恢复困难重重。
>
> 战后初期，欧洲各国的工业水平只相当于战前的1/3~1/2。
>
> 第二次世界大战后，美国为了对付苏联，对欧洲资本主义各国给予大量援助。欧洲资本主义国家利用美国的援助，发挥本国良好的经济技术基础优势，采用最新的科学技术成果，发奋图强。到20世纪50年代，各国的工业生产已经大体达到甚至超过了战前水平。此后，各国经济更是步入高速发展时期。其中，联邦德国的发展尤其迅速，成为欧洲经济实力最强的资本主义国家。

1951年12月31日，"欧洲复兴计划"执行完毕。在这一计划中，美国共向西欧各国援助了131.5亿美元，欧洲16个受援国都不同程度地获得了援助。

当该计划临近结束时，西欧绝大多数参与国的国民经济已经恢复到了战前水平。在接下来的20余年时间里，整个西欧经历了前所未有的高速发展时期，社会经济呈现出一派繁荣景象，可以说这与马歇尔计划不无关系。美国和西欧的领导人普遍认为欧洲一体化可以长久地确保欧洲的和平与繁荣，而马歇尔计划正是是促成欧洲一体化的重要因素之一，因为该计划消除了历史上长期存在于西欧各国之间的关税及贸易壁垒，同时使西欧各国的经济联系日趋紧密并最终走向一体化。该计划同时也使西欧各国在经济管理上系统地学习和适应了美国的经验。由马歇尔计划催生的美国和西欧之间的贸易关系也巩固并推进了北大西洋同盟，并使之持续到冷战终结。

"欧洲复兴计划"稳定了资本主义社会的秩序，推动了欧洲经济的一体化。然而，让美国始料不及的是，这一计划不但没有遏制住苏联，反而进一步加剧了冷战。

❦ 北约成立 ❦

1948年3月17日，英、法、荷、比、卢等西欧五国签订《布鲁塞尔条约》，组建了欧洲第一个集体防卫体系。随后，又于3月22日至4月1日，在华盛顿举行了由美、英、加三国参加的会议，通过了《五角大楼文件》，提出扩大布鲁塞尔条约组织；另外缔结了北大西洋区域集体防务协定。1948年6月11日，美国参议院以绝对优势通过了范登堡提出的议案，为美国建立北大西洋公约组织铺平了道路。议案允许美国政府在和平时期同美洲以外的国家缔结军事同盟条约。7月6日，美国与加拿大、布鲁塞尔条约国举行会谈。于9月9日，通过《华盛顿文件》，对即将建立的北约组织的性质、范围、缔约国承担的义务及与欧洲其他组织的关系都做了具体规定。1949年1月14日，美国国务院发表了题为《我们建设和平：北大西洋区域的集体安全》的声明。3月18日，正式公布北大西洋公约组织的条文。4月4日，美、加、英、法、比、荷、卢、丹、挪、冰、葡、意12国外长云集华盛顿举行北约签字仪式。公约规定：缔约国任何一方遭到武装攻击时，应视为对全体缔约国的攻击；其他缔约国应立即协商，以便行使单独或集体自卫的权利。1949年8月24日，公约正式生效，北大西洋公约组织（简称"北约"）宣告成立。

北约先后建立了名目繁多的组织机构，其中，最高权力机构是由各成员国的外交部、国防部、财政部部长组成的北约理事会。常设的行政机构是国际秘书处。北约最重要的军事指挥机构是欧洲盟军最高司令部，建立于1951年4月，负责欧洲防务。北约的军事战略经历了3个发展时期，初期是地区性遏制战略，1954年采纳大规模报复战略，1967年转而奉行灵活反应战略，其战略的变化完全跟随美国战略而变。

20世纪90年代，随着华

1954年10月，西方大国签订《巴黎协定》，允许联邦德国加入北约，图为法德英美（从左至右）四国首脑举行联合记者招待会。

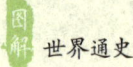

沙条约组织的解散和苏联的解体，欧洲的政治与安全形势发生了巨大变化，北约开始向政治军事组织转变。

1990年7月，北约宣布冷战结束。为适应新形势的需要，北约开始全面调整战略。1997年7月，北约东扩计划正式启动。1999年3月，波兰、捷克和匈牙利正式成为北约新成员。这是实现北约东扩计划的实质性一步。

德国分裂

1945年6月5日，盟国签署了《关于德国占领区的声明》等文件，四国分区占领制度正式开始。德国被分为四个区：东区、西区、西北区和西南区，分别由苏、法、英、美占领，位于东区内的柏林由四国共同占领。这种分区占领制度原本是制裁德国的一种手段，但四国政府在各自占领区内推行对自己有利的政策，从而引发了柏林危机，导致德国分裂。1947年1月1日，英、美合并两国占领区，成立"双占区"，这是分裂德国的开端。1948年2~6月，美、英、法、比、荷、卢六国召开伦敦会议。6月7日，提出"伦敦建议"，要求合并西方三占区，召开西占区"制宪会议"，成立西德临时政府，在西占区实行货币改革。对此，苏联进行了反击，于1948年3月20日宣布退出盟国对德管制委员会；3月30日通知美方：从4月1日起，苏方对柏林与西方占领区之间的交通进行为期10天的管制，届时将检查所有通过苏占区的美国人的证件及货运和私人行李以外的一切物品。

同年6月21日，美、英、法在西占区实行货币改革；23日又下令在柏林西占区实施同样的改革，由此而引发了"柏林危机"。6月22日，苏联决定在苏占区和整个大柏林发行新币。6月24日起，苏联全面切断西方占领区和柏林之间的水陆交通，停止向西柏林供电、供煤。而美、英、法实行反封锁，中断了东西占领区之间的贸易和交通，同时对西柏林实施空运。危机期间，双方损失惨重。美、英、法、苏几经周折，于1949年5月4日达成协议，决定于5月12

德国分裂，柏林被一分为二，驻守在柏林墙两侧的士兵只能隔墙相对。

日取消一切交通封锁。危机期间，美、苏剑拔弩张，美国把60架载有原子弹的B-29型轰炸机调到英国，在英国建立战略空军基地，但双方并没有发生武装冲突。

危机虽然平息，但德国分裂已成定局。1949年9月20日，在西方占领区建立了德意志联邦共和国。10月7日，在苏占区内，德意志民主共和国正式成立。两个德国最终形成。

赫鲁晓夫上台后，苏联利用柏林问题一再向西方施压。1958年11月，苏联要求西方从西柏林撤军，使西柏林非军事化。这个要求被西方三国断然拒绝，柏林危机再起。

1959年，苏、美举行戴维营会谈，使危机暂时缓和。1960年，发生了U-2飞机事件，美苏关系恶化，关于柏林问题的商谈中止。1961年6月，苏、美首脑在戴维营会谈，但不欢而散。此后，双方争相威胁对方，使柏林危机达到了高潮。8月，苏联和东德为了制止人逃往西柏林，开始沿着东、西柏林的分界线修筑了"柏林墙"。

《华沙条约》

北约组织使苏联感到自身面临着严重的威胁。苏联外交部针对美国国务院的声明进行严厉谴责，把北约称作"美国和英国统治集团推行侵略政策的主要工具"。此后，苏联在各种场合都猛烈地抨击北约组织，并向联合国大会上诉。1954年10月23日，西方国家签订了《巴黎协定》，允许联邦德国建立正规军，并加入北大西洋公约组织，公开重新武装德国。11月13日，苏联政府立即向以美国为首的西方国家发布照会，要求它们不要批准《巴黎协定》，但遭到西方国家拒绝。11月29日至12月2日，苏联召集阿尔巴尼亚、保加利亚、匈牙利、波兰、民主德国、捷克斯洛伐克和罗马尼亚等东欧七国政府代表在莫斯科会聚，警告西方国家，一旦《巴黎协定》被批准，苏联与东欧国家将采取共同措施，组建联合武装。但西方国家对苏联的警告置若罔闻。1955年5月5日，《巴黎协定》正式生效。5月14日，苏联与东欧七国在波兰华沙签订了友好互助合作条约，称为《华沙条约》，简称"华约"。

华沙条约组织具有军事同盟的性质。条约规定：当缔约国之一遇到武装

威胁时，其他缔约国应采取一切必要的方式给予援助；设立统一的武装部队司令部和政治协商委员会；缔约国不参加与华约相反的任何联盟或同盟，不缔结与华约相反的任何协定。华约还欢迎一切赞同该条约的国家参加。华约组织的主要机构有政治协商委员会和联合武装部队司令部。前者由缔约国各派一名政府成员或一名特派代表参加，负责审议一切重要的政治、军事问题。1960年以后，政治协商委员会一般由各缔约国执政党的第一书记或总书记及政府首脑、外交部部长、国防部部长和华约联合武装部队总司令参加。联合武装部队司令部负责统率根据缔约国各方协议拨归其指挥的各国武装部队。上述两机构总部均设在莫斯科。

> ## ·经济互助委员会·
>
> 简称经互会，1949年苏、罗、捷、保、匈、波六国在莫斯科成立的国际经济组织。此后，阿尔巴尼亚、民主德国、蒙古、古巴、越南陆续加入。经互会基本任务是：促成会员国之间经济合作；交流经济经验；相互给予技术援助；在原料、粮食、机器装备等方面相互协助。经互会的成立标志着欧洲经济上的分裂。其经济合作经历了进行商品交换和科技资料交换、推行生产的"国际分工"、实行"经济一体化"三个发展阶段。经互会对打破西方经济封锁、促进各成员国经济发展起到一定的积极作用，但受到苏联的控制，苏联与其他成员国之间关系不够平等。1991年，经互会正式解散。

华约的建立使东、西方最终形成了两个对立的军事集团，使两大阵营带有强烈的军事对抗色彩，从而使冷战的气氛更加凝重。

1991年4月1日，华约组织宣布解散其军事机构。7月1日，华约6个成员国领导人在布拉格签署议定书，宣布华约结束。至此，华沙条约组织正式解散，两大阵营的对峙宣告结束。

朝鲜战争

第二次世界大战后，美国对朝鲜问题的一意孤行，导致朝鲜半岛一分为二。在美国支持下，南部朝鲜于1948年8月15日成立了"大韩民国政府"，北部朝鲜在苏联支持下于同年9月9日建立了朝鲜民主主义人民共和国。1949年1~9月，南北部之间不断产生摩擦。1950年6月25日拂晓，朝鲜战争爆发。朝鲜人民军越过"三八线"，很快便击溃了李承晚的军队，于6月28日攻克汉城（今首尔），李承晚军队被赶到釜山一隅。为挽救南部朝鲜的败局和遏制苏联，美国于战争爆发当天，即操纵联合国安理会（苏联缺席），通过了谴责朝鲜的决议。6月27日，杜鲁门命令美国海、空军进入朝鲜作战，并派第七舰队进入台湾海峡。6月30日，下令地面部队开赴朝鲜前线。7月7日，美国操纵联合国安理会授权其组建"联合国军"援助韩国。次日，麦克阿瑟被任命为"联合国军"总司令。由美、英、法、澳、加等16国组成的"联合国军"大举入侵朝鲜。至此，朝鲜战争由内战而演变为国际战争。

1950年9月15日，"联合国军"在朝鲜西海岸仁川登陆。

1950年9月，麦克阿瑟指挥"联合国军"在其舰队重炮和飞机的轰炸掩护下，实施大规模进攻。一方面组织釜山残军进行反攻；另一方面率其主力从仁川登陆发起总攻，企图切断人民军的退路。补给困难、连续作战而疲惫的人民军防线不断被突破，人民军于10月1日被迫退回"三八线"以北。"联合国军"趁势从东、南向平壤实施钳形进攻，在空降兵的配合下，19日攻占平壤。"联合国军"继续把战火向中朝边境鸭绿江畔扩大，并轰炸了中国村庄，中国安全受到严重威胁。

美国政府无视中国政府发出的警告。在朝鲜的请求下，10月初，中国人民志愿军跨过鸭绿江，投入抗美援朝、保家卫国的战争。

在敌人机群狂轰滥炸中，志愿军克服交通线被毁、供应不足、气候寒冷等困难，英勇与"联合国军"周旋，连续四场战役告捷，围歼重创大批敌人，迫使"联合国军"从总攻击变成总退却。至1951年6月10日，共歼敌23万人，其中

1953年7月27日，朝鲜战争停战协定在板门店正式签字。

中国人民志愿军雄赳赳、气昂昂，跨过鸭绿江。

美军11万余人，扭转了战局，双方战线稳定在"三八线"附近。

杜鲁门解除了麦克阿瑟的职务，并被迫同中朝方面进行停战谈判。1951年7月10日，谈判在开城举行（10月8日起移至板门店）。美国为使朝中在谈判中屈服，策划了夏季和秋季攻势。"联合国军"利用海、空优势实施以轰炸封锁交通运输线，切断中朝联军供给为目的的绞杀战和旨在制造疫区、企图削弱其战斗力的细菌战。

1953年7月27日，美国被迫签订停战协议。当时，任美军司令的克拉克哀叹："我是第一个在没有获胜的停战书上签字的美国司令官。"

朝鲜战争是第二次世界大战后最大的一次局部战争，维护了远东地区的安全。

·朝鲜的分裂·

第二次世界大战日本投降后，美、苏两国分别占领朝鲜南北部。1945年12月，美、英、苏三国外长会议达成协议，决定创造条件重新使朝鲜统一。但美国于1946年2月却在南部成立"民主议院"。1947年冷战爆发后，美国加快分裂朝鲜的步伐。1948年5月10日，在美国的操纵下，南部朝鲜举行非法的"国民议会"选举，7月12日公布《大韩民国宪法》，8月15日成立"大韩民国政府"。为了回击美帝国主义等的阴谋，在以金日成为首的朝鲜劳动党的领导下，于1948年8月25日举行选举，9月8日公布宪法，组成以金日成为首的政府。9月9日，朝鲜民主主义人民共和国成立。1948年底，苏军全部撤离朝鲜。美国军队仍然驻扎在南部朝鲜。

◈ 亚非会议 ◈

20世纪50年代中期，亚非地区已经发生了巨大的变化。亚非地区已有近30个国家获得独立。许多亚非国家由于奉行独立自主的政策，已经开始在国际事务中发挥作用，宣告亚非国家任人摆布的命运和在国际事务中毫无发言权的时代结束。越来越多的亚非国家渴望把命运掌握在自己手中，反对侵略战争、维护和平，反对殖民压迫、争取和保障民族独立，反对帝国主义掠夺和奴役、发展民族经济，已成为亚非拉各国人民的共同愿望和要求。

许多亚非国家认识到，需要制定一个促进亚非国家友好合作、反帝反殖的共同纲领。亚非会议就是在这样的背景下召开的。

1954年，印度尼西亚政府首先提议，并获得缅甸、锡兰（今斯里兰卡）、印度和巴基斯坦等南亚东南亚国家的大力支持，决定在印度尼西亚召开一次亚非国家的国际会议来讨论世界局势，并就大家共同关心的问题交换意见，协调立场，以制定一个团结反帝反殖的共同纲领。这一倡议受到亚非各国的热烈欢迎。中华人民共和国应邀出席这次会议。这一切表明了亚非人民的觉醒和奋起已成为不可阻挡的历史潮流。1954年12月底，南亚五国总理在印尼茂物举行会议，研究召开亚非会议问题。会议决定与会五国联合发起召开亚非会议，邀请包括中国在内的25个亚非国家和地区参加，并定于1955年4月在印度尼西亚万隆举行。

1955年4月18日，有29个亚非国家参加的亚非会议在印度尼西亚万隆的独立大厦开幕。会议遭到帝国主义的阻挠和破坏。

中国代表的原则立场和发言博得了与会国代表的热烈欢迎和普遍赞扬。

4月24日，亚非会议胜利闭幕，并发表《亚非会议最后

万隆会议会址

会议由缅甸、锡兰（今斯里兰卡）、印度、印度尼西亚、巴基斯坦联合发起。参加会议的有中国等亚非29个国家。会议讨论了国际形势和有关亚非国家人民共同利害关系问题。

公报》，会议一致通过了《亚非会议最后公报》，宣布一切国家的人民享有自决的权利，支持殖民地和附属国的民族独立斗争，倡导以和平相处、友好合作十项原则为国与国之间关系的准则，强调促进经济发展的迫切性，号召亚非国家发展全面的经济与文化合作。会议体现了亚非人民团结一致、保卫世界和平和增进各国人民之间的友好合作的精神，促进了亚非各国人民反帝反殖斗争的发展。

不结盟运动

不结盟运动形成于20世纪60年代。它坚持独立自主、非集团的原则；坚持和平、中立、不结盟的宗旨；坚持反帝、反殖的方向，在国际事务中发挥着重要的作用。

不结盟运动的兴起是国际形势发展的必然结果。第二次世界大战结束后，亚洲、非洲和拉丁美洲地区的民族解放运动蓬勃发展，出现了一系列新兴的民族独立国家。这些新兴国家大都选择了独立、自主、不结盟的发展道路。

在"万隆精神"的鼓舞下，非殖民化进程有了很大发展。但是，帝国主义、新老殖民主义都不甘心退出历史舞台。美、苏两国也开始进行全球性角逐，北

铁托

在1960年第15届联合国大会期间，铁托、纳赛尔、尼赫鲁、恩克鲁玛和苏加诺协商召开不结盟会议事宜，这5个领导人被称为不结盟运动的创始人。

约和华约两大军事集团重兵对峙，在亚非拉广大的中间地带展开激烈争夺。企图以新殖民主义取代旧殖民统治，对新独立国家的独立、主权和安全构成严重威胁。在这种情况下，处在两大集团之外的许多国家不愿听任大国的摆布和控制，决心自己掌握国家和民族的命运，维护国家的独立和主权，捍卫世界和平。在这种历史环境下，不结盟运动应运而生。

早在亚非会议后不久，1956年7月，南斯拉夫总统铁托、埃及总统纳赛尔、印度总理尼赫鲁在南斯拉夫举行会谈，并发表联合公报，强调坚持民族独立，反对参加两大军事集团，主张各国之间和平共处与友好合作。柬埔寨国家元首西哈努克亲王和印度尼西亚总统苏加诺也签署了上述公报。1961年初，铁

托在非洲国家的独立高潮中，遍访非洲九国，提出各不结盟国家举行首脑会议的建议，得到纳赛尔等人的响应。1961年6月，不结盟国家首脑会议在开罗召开筹备会议，规定参加不结盟会议的五项准则：它的政策应当是在和平共处和不结盟基础上的独立政策；它应当支持民族解放运动；它不应当是任何会使其卷入大国冲突的集体军事同盟的成员国；它不应当是同某个大国缔结的双边联盟的参加国；其国家领土不应当有它同意下建立的外国军事基地。

在不结盟运动刚刚兴起之时，美国以对付"共产主义威胁"为借口，在世界各地组建了各种军事和政治联盟。苏联出于同美国争霸的目的，也竭力分化瓦解不结盟运动。它们都企图把别国拉入自己的集团。但是，不结盟运动还是不可阻挡地发展起来，成为国际舞台上不可忽视的一支政治力量。

1961年9月1日至6日，第一次不结盟国家首脑会议在贝尔格莱德召开，有25个国家出席了会议。会议通过了《不结盟国家政治首脑宣言》和《关于战争的危险和呼吁和平的声明》。宣言指出："只有殖民主义、帝国主义和新殖民主义的各种表现形式都被消除……之后，持久和平才能实现。"不结盟国家"决意协同做出努力来制止各种新殖民主义和帝国主义统治的一切形式和表现"。宣言宣布与会各国全力支持阿尔及利亚、安哥拉、突尼斯、古巴及其他为争取和维护民族独立而斗争的各国人民。宣言要求各大国签订全面彻底的裁军条约，以缓和国际紧张形势；认为"现在的军事集团……不时引起国际关系恶化""不结盟国家应该参与有关世界和平与安全"的国际问题的解决。宣言要求消除殖民主义遗留下来的经济不平衡状态，废除国际贸易的不等价交换，

·埃及七月革命·

1952年埃及"自由军官组织"发动的推翻法鲁克封建王朝，建立资产阶级共和国的革命。第二次世界大战后，埃及人民反对英国殖民者和封建王朝反动统治、争取民族独立的斗争不断高涨。由青年军官秘密组织的"自由军官组织"在纳赛尔的领导下，积极准备推翻王室。1952年7月23日，"自由军官组织"发动起义，并控制了首都。26日，法鲁克国王被迫宣布退位，逃往意大利。起义者成立"革命指导委员会"，没收王室的土地，取消社会等级和贵族封号，清洗腐败的国家机构，颁布土地改革法，废除了1923年宪法。1953年正式宣布废除君主政体，成立埃及共和国。纳吉布任总统兼总理，纳赛尔任副总理。1954年10月19日，签订了《关于苏伊士运河基地协定》（又称《开罗协定》），规定英军于1956年6月12日最后撤离埃及领土。1956年6月23日制定新宪法，纳赛尔当选总统。

1956年，纳赛尔当选埃及总统。

稳定原料和初级产品价格。宣言还要求恢复中华人民共和国在联合国的合法权利。不结盟国家和政府首脑会议的举行，标志着不结盟运动正式开始，它推动了国际政治力量由美苏两极向多极化方向转化。不结盟运动所确立的不结盟、独立自主的原则和反帝、反殖的立场，受到越来越多的第三世界国家的承认和支持，从而促进了第三世界的壮大。

不结盟运动在反对帝国主义、殖民主义，促进亚、非、拉各国民族解放运动的深入发展；在反对霸权主义、强权政治，维护第三世界国家的独立、主权和平等地位；在反对超级大国的侵略和战争政策，保卫世界和平；在改革旧的国际经济关系，建立国际经济新秩序等方面，做出了不懈的努力。

不结盟运动开始后，其队伍不断扩大。到1983年，已有119个国家加入，占世界国家总数的2/3；人口20多亿，占世界总人口的1/3。不结盟运动作为第三世界最大的政治性国际组织，已成为当代国际社会中强大而充满生气的政治力量，在国际事务中的作用越来越显著。会议主张用和平共处的原则来代替"冷战"和可能发生的全面核战争。会议决定把上述宣言递交联合国。这次会议标志着不结盟运动的正式形成。

日本经济高速发展

1945年8月，日本推行了一系列的民主化改革，主要有三个方面的内容：

（1）修改宪法。1946年10月，新宪法经日本国会通过，并于1947年5月3日生效。新宪法规定"主权属于国民"，废除天皇的绝对统治权，而只将其作为日本国的象征；日本为议会制国家，内阁对国会负责，行政权由内阁执掌；保障人民享有基本公民自由；永远不以战争为国策，不得保持陆军、海军、空军和其他武装力量。日本实现了政治体制的民主化，从而保证了战后日本政局的稳定和经济的迅速发展。

（2）解散财阀，禁止垄断。日本的财阀把持总公司，分派家族成员掌管各公司，派至亲和心腹控制各公司重要部门。他们控制了国家经济命脉，使它成为日本法西斯的经济基础。为此，首先解散财阀，指定三井总公司和三菱总公司等83家公司为持股公司，指定三井、三菱等十大财阀的56人为财阀家族及与这些财阀有关的625家公司为

20世纪70年代初日本商业一派繁荣景象

"限制公司"， 规定上述被指定者的所有股票必须交给"持股公司管理委员会"公开出售，并勒令财阀家族及财阀公司负责人一律辞去职务，并解散持股公司。1947年4月，公布了《禁止私人垄断法》和《经济力量过度集中排除法》，成立"公正交易会"，以此防止被解散的财阀复活。这次对日本垄断资本的改组，促进了战后日本企业管理体制的改革和企业经营的现代化，为战后日本经济的高速发展创造了条件。

（3）进行农业改革。废除了寄生地主制，促进了日本农业的恢复与发展。

1945~1955年是日本经济恢复时期，到20世纪50年代中期，日本主要经济指标已达到战前水平。1955~1973年是日本经济高速发展时期。到1968年，日本的国民生产总值跃居资本主义世界第二位，仅次于美国。20世纪50年代中期至70年代初，日本经济的高速发展是与国内外一系列的有利条件分不开的。

国际上的有利条件主要有以下几点：首先，战后科技革命浪潮的兴起为日本战后经济高速发展提供了可能性。日本抓住这一有利时机，引进先进技术，迅速缩小了与国外技术的差距。其

1970年日本大阪世界博览会上的太阳神塔，象征了日本的重新崛起。

·松下与索尼·

　　松下电器公司的创建者是松下幸之助，1894年出生于日本和歌。父母双亡的他九岁就不得不离开学校去当学徒。1918年，他创立了松下电器公司的前身——松下电器器具制作所。由于采取了高效科学的管理模式，公司得到迅猛的发展，市场得到迅速的拓展。在60年的经营生涯中，松下幸之助把毕生的精力投注于事业中，企业发展蒸蒸日上。松下公司1935年转变成股份公司，很快发展为日本最大的家用电器产业和世界最大的家用电器产业。

　　索尼公司成立于1946年，从生产收音机等小型电器起家，1950年开始生产录音机及磁带等。微型袖珍收音机是它首创的产品，继而，生产录像机、摄像机及各种声像设备。松下与索尼在相互竞争的过程中不断完善经营理念和管理方式，找到了一条最适合自己的创业道路，它们生产的家用电器、声像设备都是日本乃至世界首屈一指的。

次，战后世界市场的原料、燃料价格长期稳定、低廉，而工业品价格偏高。这种情况对本身缺乏资源而工业产品竞争力较强的出口贸易型的日本非常有利。最后，有美国的大力扶植。从国内有利条件来看，战后的民主改革为日本经济的发展开辟了道路。

　　除上述有利的国内外客观条件外，推动日本经济高速发展的具体原因还有：第一，把发展国民经济作为压倒一切的中心任务来执行。第二，以资本高积累为基础，进行大规模的固定资本投资，增强各工业部门的生产能力，推动了整个国民经济的发展。第三，大力引进国外先进技术，实行以引进、模仿加改良为起点的技术革命战略。第四，日本吸收和参考欧美先进国家的企业经营管理制度，结合日本传统的"集团意识"和中国的儒家思想，创造日本式管理体制。第五，充分发挥政府干预经济的作用，对经济生活实行方向性的指导。第六，把发展教育作为经济发展战略的重要组成部分，大力培养人才，充分发挥开发智力的先锋作用。第七，扩大进出口贸易，以产品出口带动资源进口，把"出口第一"作为经济纲领，将"贸

日本的消费电子产业异军突起，成为日本经济快速发展的领头羊，诸如松下、索尼等品牌的产品已进入世界千千万万的家庭。上图为日本松下电器集团的洗衣机生产流水线。

易立国"当作基本国策。

∾◦◦ 尼克松主义 ◦◦∾

1970年与1948年相比，美国在资本主义世界工业总产值中的比重下降了16.8%，在世界出口贸易中的比重下降了14.8%。1970年的黄金和外汇储备比1950年下降了34.1%。另外，西欧的独立自主倾向不断加强，日、美经济摩擦不断加重，帝国主义阵营趋于瓦解。最后，苏、美军事力量对比，苏方明显占有优势。20世纪60年代初，美国在战略核武器和常规军备方面均占绝对优势。但到了1969年，苏联先于美国部署了反弹道导弹系统。苏联还发展了远洋海军。

尼克松竞选海报

随着美、苏实力的变化，两者都在调整战略。美国推出了"尼克松主义"。1969年7月25日，尼克松总统在关岛就美国和亚洲关系发表讲话。他说："现在是着重强调下列两点的时候了。"他所说的两点，一是指美国恪守条约义务；二是在军事防卫问题上应逐渐由亚洲国家自身来处理、负责。这一政策，被称为"关岛主义"或"尼克松主义"。11月3日，尼克松更明确地表述了美国对亚洲政策纲领的三个原则：①美国将恪守所有条约义务；②如果某个核大国威胁某个盟国的自由，或威胁某个其生存关系到美国安全的国家的自由，美国将提供保护；③在涉及其他形式的侵略的场合，美国将根据条约义务，在被要求时提供军事和经济援助。1970年2月，尼克松把亚洲的"三原则"推广为美国的全球政策，提出"伙伴关系、实力和谈判"的"新的和平战略"。次年7月，他又提出世界上存在美国、苏联、西欧、日本和中国五大权力中心，承认美国的霸权地位已丧失，美、苏存在着"全球战略竞争"。

"尼克松主义"是美国战后全球战略的一次重大调整，对世界格局的变化产生了重大影响。针对"尼克松主义"，苏联推出"缓和"政策相呼应。1969年3月，勃列日涅夫在华沙条约组织布达佩斯会议上，第一次提出实现"欧洲缓和"的整套主张，建议建立包括华约组织和北约组织在内的"欧洲集

体安全体系"。后来，勃列日涅夫又提出"缓和物质化"，即以"军事缓和"与经济合作来补充"政治缓和"。实际上，苏联缓和战略与"尼克松主义"相似，它在"和平""缓和"的口号掩盖下，大力发展军事力量，扩展势力范围，尽量在各方面都取得优势，是苏联与美国争霸的另一种体现，它同样也把战略重点放在欧洲。两者的区别是，美国收缩战线，苏联四面出击。

《林尔辛基宣言》

在美、苏的"缓和"过程中，美国略显主动些。它调整了亚洲政策，结束了越南战争，改善了中美关系。关于印度支那问题，尼克松政府于1969年做出"体面结束战争"的决定。一方面通过谈判，促使北越与美国共同从越南南方撤兵；另一方面加紧武装撤离南越，以实现越南战争"越南化"。经过反复谈判，1973年1月，美与越共同签署协定，美国得以从越南抽身。1978年12月中美建交公报的签署，标志着中美实现了关系正常化。

西欧和日本是美国的战略伙伴。尼克松上台后两次访问欧洲，对美国过去对于盟国"命令多于商量"表示歉意，提出与西欧建立"平等的伙伴关系"的建议，重新调整了伙伴关系。1973年2月，尼克松宣布当年将是"欧洲年"，表示美国要在这一年集中处理同西欧盟国的关系。同年4月，基辛格提出同西欧各国制定《新大西洋宪章》的建议。其基本思路是，把大西洋联盟从军事联盟扩大为包括政治、经济、军事各领域的全面"共同体"，并以一定形

· 核威慑 ·

核威慑指的是以核力量为基础，以使用核武器相威胁，使敌人害怕遭到核报复，从而不敢发动核战争或常规战争，以此保障国家安全的方略。核威慑实质上是一种"攻心术"和心理战，它能给敌人造成巨大的心理压力，以达到"不战则屈人之兵"的目的。冷战时期，西方最具有代表性的军事战略思想是"核威慑"战略理论。核武器诞生后，显示了巨大的破坏力，核武器成为国家防务的重要支柱。此后各国竞相发展核武器和核威慑战略理论。冷战期间，美国的核战略（或北约的核战略）经历了5个阶段，即"遏制"战略、"大规模报复"战略、"灵活反应"战略、"现实威慑"战略和"新灵活反应"战略。西方国家通过实施核威慑战略，与苏联进行了长期的核军备竞赛。核威慑虽然不能保证永远不发生核战争，但它却是遏制核战争的最好方法。在今天"相互确保摧毁"的核均势下，核威慑战略还是非常有效的。

式吸收日本参加，确定对苏联和第三世界的共同战略。

西欧各国为应付苏联，同意协调同美国的关系，但要求美国承认欧洲共同体在世界上的地位，建立平等的伙伴关系。

1974年6月，北约政府首脑会议签署了《大西洋宣言》，强调北约成员国"有共同的命运"，"它们的共同防务是不可分割的"，美国军队"继续留驻欧洲，对保卫北美和欧洲起着无法代替的作用"，盟国为实现共同目标，需要保持密切的磋商、合作和信任。宣言的签署，表明美国与西欧关系得以改善。在对日本方面，美国适度地放松对其控制，让其在亚洲承担更多的义务，与美国共同完成"防御任务"，以"发挥独特的重要作用"。1971年6月，日、美签订《归还冲绳协定》。次年1月，美国决定在1972年将冲绳的"行政权"归还日本，以缓和日本人民的反美运动。同时与日本进行贸易谈判，以缓解美日经济冲突。

尼克松在就职演说中谈到美苏关系时说："经过一个时期的对抗之后，我们正在进入谈判时代。"1972年5月，尼克松访苏期间，双方签署了《苏美联合公报》等9个文件，双方保证要尽力避免发生军事冲突，防止核战争，用和平方式解决争端。从此，苏美关系进入"缓和时期"。在尼克松任内，美、苏双方进行了3次最高首脑会晤，并签订了22个条约或协定。就欧洲安全、裁军、限制发展战略核武器、美苏经济和技术合作等问题达成某种程度的共识。而《赫尔辛基宣言》的签署标志着美苏关系的缓和达到顶峰。

1972年11月至1973年6月，美国、加拿大及苏联等33个欧洲国家，在芬兰的赫尔辛基召开了"欧洲安全与合作会议"筹备会，确定了会议讨论的范围、议事日程与会议组织等问题。欧洲安全与合作组织简称"欧安组织"，其前身是1975年成立的欧洲安全与合作会议（欧安会），它包括所有欧洲国家和美国、加拿大，是唯一一个包括所有欧洲国家在内并将它们与北美洲联系到一起的安全机构，主要使命是为成员国就欧洲事务特别是安全事务提供一个论坛。欧安组织只有在所有成员国达成一致的情况下才能起作用，其决定对成员国也只具有政治效力而没有法律效力。

欧安会是冷战时期东西方为建立对话渠道而召开的。美苏经过长期的协商，于1972年5月就召开欧安会达成协议。1975年7月30日至8月1日，欧安会首届首脑会议在芬兰首都赫尔辛基举行，与会国家有33个欧洲国家及美国和加拿

世界通史

1972年5月，尼克松访苏并与苏联签订《苏美联合公报》。

大。当时阿尔巴尼亚宣布不参加会议（1991年6月19日，阿尔巴尼亚被接纳为第35个成员国）。会议签署的《最后文件》（又称《赫尔辛基宣言》）共分四个部分：欧洲安全问题；经济、科学、技术、和环境方面的合作；人员、思想和文化交流；续会问题。根据文件规定，与会国家的代表应定期举行续会检查各国执行会议规定的情况，并就"增进欧洲安全与合作"的问题交换意见。《最后文件》还包括《指导与会国之间关系的原则宣言》《经济、科学技术和环境方面的合作》《地中海的安全与合作》及《人道主义和其他方面的合作》。

随着20世纪90年代初该组织秘书处和其他机构的设立及成员国代表处的建立，欧洲安全与合作会议的工作不断增多和加强。1994年12月，欧安会在匈牙利首都布达佩斯举行的欧安会首脑会议上，认为欧洲安全合作会议的工作已经远远超过"一个会议"，决定从1995年1月1日起，将该组织更名为"欧洲安全与合作组织"。

欧安组织到2003年11日为止，有成员国55个，总部设在奥地利的维也纳，每两年举行一次首脑会议，每年举行一次外长会议。

中东战争

自公元前12世纪犹太人的祖先希伯来人来到巴勒斯坦建立希伯来王国时起，巴勒斯坦一直处在周围大国的侵占与争夺之中，它先后被波斯、希腊、罗马和土耳其等外族占领。在此期间，绝大部分犹太人被驱逐出巴勒斯坦。因此，犹太人流散到世界各地，1917年，英国占领了巴勒斯坦。当时犹太资产阶级鼓吹的犹太复国主义已经兴起，他们谋求在巴勒斯坦建立犹太民族的国家，欧洲各地犹太人也在巴勒斯坦移民置产。巴勒斯坦的犹太人，从1880年的不足

2万人增加到1917年的5.6万人。英国为了便于统治，采取了"分而治之"的政策。1917年11月，英国外交大臣贝尔福发表宣言，赞成巴勒斯坦建立一个犹太人之家。1920年，巴勒斯坦正式变成英国的委任统治地。在英国统治期间，巴勒斯坦的犹太移民急剧增加。

第二次世界大战后，美国取代了英国在中东的地位，犹太复国主义得到了美国的支持。1947年11月，联合国通过巴勒斯坦"分治"、建立一个犹太国和一个阿拉伯国的决议。根据决议，占人口总数2/3强的巴勒斯坦人只占面积不到43%的丘陵和贫瘠地区，而占人口总数不到1/3的犹太人却占面积57%的肥沃土地。对此，阿拉伯人表示强烈反对。1948年5月14日，犹太人单方面宣布成立以色列国。以色列建国的第二天，埃及、约旦、伊拉克、叙利亚和黎巴嫩五国分东、北、南3路攻入巴勒斯坦，第一次中东战争爆发，刚刚建国的以色列伤亡惨重。在美、苏、英等国的活动下，双方同意停火4周。这给了以色列喘息之机，以趁机迅速扩充军队，从法、英、捷等国购进大批武器装备，迅速组建了陆海空三军，调整作战部署。经过充分准备，以军于7月9日向阿军队发起"十天进攻"行动。阿军虽然局部击退了以军进攻，但以色列夺取了阿拉伯约1000平方千米的土地，这使阿内部矛盾进一步激化。10月15日，以乘势向加利利地区和内格夫发起攻击，进展顺利。1949年1月7日，双方停战，参战国签订停战协议。战争激化了参战国之间的矛盾，中东局势混乱不堪。

1956年7月26日，埃及宣布将苏伊士运河总公司收归国有。10月29日深夜，以色列10万大军突然侵入埃及西奈半岛，第二次中东战争爆发。为配合以军的进攻，英法两国出动飞机轰炸埃及军事基地，吸引埃军主力。接着，以色列军队大举进攻，英法军队也从塞得港登陆，向运河区进攻，切断埃军退路，

在1973年对埃、叙的军事突袭中，以色列士兵将国旗竖起在叙利亚国土上。

1978年，以色列总理贝京（左）与埃及总统萨达特（右）握手，美国总统卡特站在中间，三方达成和平协议。

围歼埃军。埃及总统纳塞尔识破英法企图，命东部军区切断以军空降兵退路，利用地形优势将以军围困于米特拉山口。为实现"中间突破"，以军迂回攻击埃军防守薄弱的达卡山口，威胁西奈北部埃及主力。10月31日，以军攻占阿布奥格拉。11月6日，英法炮轰塞得港，企图利用陆战队一举占领运河区，但遭到埃及军民的奋勇反击。英、法、以的武装入侵激起全世界人民的愤怒，英法军队被迫撤出埃及，以色列军队撤出西奈，第二次中东战争以侵略者的失败而宣告结束。

1967年6月5日，以色列再次向埃及、叙利亚和约旦发动进攻，挑起第三次中东战争。在美国的支持下，以色列在6天内侵占了约旦河西岸加沙地带、西奈半岛、戈兰高地，共6.5万平方千米。

1973年10月6日，埃及、叙利亚军队和巴勒斯坦游击队发动第四次中东战争。战争进行了18天，双方出动军队达110万人。战争发生后，埃及军队越过苏伊士运河，摧毁以色列的"巴列夫防线"，夺回西奈半岛8000平方千米的地带，叙利亚军队一度攻占了戈兰高地的一些据点。但是，10月15日，以色列军队偷渡运河成功，战争的形势发生逆转，以军取得了战争的主动权，渡过运河在东岸作战的埃及第三军有被包围歼灭的危险。面对这种形势，联合国安理

·石油危机·

第二次世界大战后，石油在世界能源消费结构中的地位日趋重要，西方工业国对亚非拉石油的依赖日益严重。为了满足迅速增长的市场需求，国际石油卡特尔加紧控制和掠夺亚非拉的石油资源，引起了亚非拉产油国的强烈不满和反抗。

20世纪50年代初期，沙特阿拉伯、科威特、伊拉克等国为实现利润对半分成的税收法与石油公司展开斗争，并获得胜利。伊朗由于提出实现利润对半分成的要求遭到英国石油公司的拒绝，便效法墨西哥，开展了石油国有化运动。亚非拉产油国通过与石油垄断资本的长期较量，逐步认识到要摆脱国际石油公司的控制，必须摆脱自发的、分散的、孤军作战的不利状况，只有组织起来进行联合，才能保障产油国的利益。

会通过"338号决议"，要求立即停止战斗。在联合国的干预下，以色列被迫同意停火。1978年9月，在美国倡议下，美、埃、以三国举行关于中东问题最高会议，签署《关于实现中东和平的纲要》，1979年3月，签订《埃以和平条约》，从而结束了两国间历时30年之久的战争状态。

第三世界国家的民主运动

20世纪70年代以后，一股民主运动的浪潮席卷了世界。先是希腊、葡萄牙和西班牙三个专制政体的欧洲国家建立了资产阶级代议制政权。此后，第三世界国家也广泛兴起了以西方政体取代传统的集权政体和军人政权、以多党制取代一党制或无党制的民主运动。

战后第三世界国家大都建立起民族主义政权，采取保护民族资本和国有化的政策，并确立了西方式政体。政体现代化是改造殖民经济、建设新型民族经济的一个前提条件。实施西方政体的第三世界国家，在20世纪50年代后期纷纷陷入政治动荡。在经历长期集权统治的第三世界国家中，有的国家在集权统治下经济有了长足发展。而促进经济的进一步发展，就必须相应地实行政治现代化——建立民主政治。

民主运动自20世纪70年代中期以来，20余年间遍及拉美、亚、非三洲的近百个国家，其中拉美以反对军人独裁政权为特征的运动成为民主运动的先声。自1978年巴拿马率先以和平方式"还政于民"结束军人统治开始，到1989年的10年间，拉美军人政权纷纷倒台，都以较为和平的方式将权力移交给民选的文官政府。民主运动在亚洲兴起于20世纪80年代中期，在非洲大陆兴起于20世纪80年代后期。在此之前，非洲53个国家中有37个实行一党专制，"民主化"运动迅速改变了非洲各国的政治格局，到1991年，非洲实行或宣布实行多党制的国家达到30个。如此巨大的变化，足以说明民主运动在非洲的兴起不是偶然的。

以民主政体取代集权政体，还只是民主化运动的初步成果。作为一场进步与反动两种政治倾向、革新与保守两股政治势力之间复杂的政治较量，在经过广泛的兴起阶段之后，转入动荡前进的深化阶段：首先，集权政体在运动的广泛兴起阶段，由于形势所迫，以表面上的妥协退让做出推进民主的承诺，随后故意制造事端，阻挠民主进程。其次，集权势力兴风作浪，进行反击，使民

主进程出现反复或停滞。

在菲律宾，阿基诺夫人领导的文官政府曾遭遇多次军人未遂政变。前总统马科斯势力依然强大，民主派联盟又不团结，最终有军人背景的拉莫斯取代阿基诺夫人执政。巴拿马、阿根廷等国家的民主运动也在文官政府与军事政变的反复较量中动荡推进。再次，在民主进程中，各种政治势力纷纷走上前台，继而各自为政，使民主运动陷入一片混乱之中。最后，集权统治时期积累起来的诸多经济、政治和社会问题，在短时期内不能得到解决，导致民主政府威信下降，社会出现动荡。

德国统一

第二次世界大战后，东西方特别是美苏之间长期而全面的对抗，致使德国统一的问题迟迟得不到解决。1949年，联邦德国和民主德国先后建国，1955年两德分别加入北约和华约，1973年又同时加入联合国，1975年一起参加"欧安会"首脑会议最后文件的签字，民主德国与联邦德国并存进一步得到确认。直到1989年秋东欧形势出现急剧变化之前，两德和美、苏、英、法四大国都没有认真考虑过德国统一的现实性和可能性。

民主德国的经济是东欧国家中最好的，但它的人均国民产值仅及联邦德国的一半。民主德国百姓被联邦德国的高生活水平所吸引，不少人逃往联邦德国。民主德国政府筑柏林墙阻止居民外流，但收效不大。1989年10月7日，民主德国庆祝建国40周年。柏林、莱比锡等城市爆发示威游行，要求扩大民主，实行改革，放宽出国旅行。警察用高压水龙冲散游行队伍，拘捕数百人。全国形势动荡不安。执政18年之久的昂纳克被迫于10月18日辞职，各级党政领导也大量易人。12月8~9日和16~17日，统一社会党举行非常代表大会，决定将党的名称改为"德国统一社会党—民主社会主义

柏林墙的拆除开创了德国统一的新时代

党"，宣称民主德国应建立一个实现民主、建立法制、社会平等的民主社会主义社会。

1989年11月9日，民主德国开放柏林墙，允许居民自由过境。两天中，有75万民主德国人涌进联邦德国。这股洪流把象征分裂的柏林墙"推倒"，使统一问题成为全德人民共同关心的焦点。联邦德国总理科尔抓住时机，于11月28日提出德国统一的十点计划。民主德国政府反对科尔的计划，但是不久就改变了态度，于1990年2月1日建议两德通过缔结睦邻条约、建立邦联、主权移交邦联、民主选举等四个阶段实现统一。

在迅猛的统一浪潮推动下，美、苏、英、法四大国不断调整对德政策。1990年2月13日，两德同四大国在渥太华共同制订了先由两德解决与统一有关的"内部"问题，再由两德同四大国一起解决与统一有关的"外部"问题，即所谓"2+4"方案。

1990年3月18日，民主德国举行人民议院选举，结果基督教民主联盟、德国社会联盟和民主觉醒三党组成的德国联盟选胜。4月12日，新政府组成，有24名成员，民主社会主义党被排除在外。5月18日，两德财政部长签署了关于建立货币、经济和社会联盟的国家条约。7月12日起，东西柏林的边界卡全部撤销，柏林墙被拆除。

两德于7月6日开始关于政治统一问题的谈判。1990年8月31日，两德签署了实现政治统一的第二个国家条约，规定东西柏林合并，民主德国加入联邦德国。

·戴维营会谈·

1959年9月25~27日，美苏两国首脑艾森豪威尔与赫鲁晓夫在美国总统别墅戴维营举行的会谈。20世纪50年代中期，东西方的10年冷战开始出现缓和。1959年9月，赫鲁晓夫应艾森豪威尔邀请访问美国。9月25~27日在戴维营举行会谈，双方就德国的统一、柏林的地位、裁军、禁止核武器、美苏关系等问题交换了意见。会谈中，赫鲁晓夫做出让步，最后双方发表了联合公报。苏联同意取消1958年提出的关于在一定期限内解决柏林问题并与民主德国签订和约的最后通牒；美国同意就柏林地位和德国统一问题召开四大国最高级会议；苏联还正式邀请美国总统于1960年春访苏。这是第二次世界大战后美、苏首脑的第一次会晤，没有取得实质性成果，但使紧张的柏林局势得以缓和，美、苏关系有所改善。会后，赫鲁晓夫大肆宣扬美、苏合作主宰世界的"戴维营精神"。

世界通史

德国统一涉及欧洲各国的利益和安全，而德国作为第二次世界大战中的战败国，一直受美、苏、英、法四大战胜国的某种监控。因此，科尔政府利用"2+4"外长会议，积极开展外交活动。科尔政府"保证忠于北约和欧共体"，明确表示承认波兰西部边界，并在第三次

统一之夜

柏林议会大厦前悬挂的是联邦德国的国旗。

"2+4"巴黎外长会议上就德波边界问题达成全面协议。苏联坚决反对统一后的德国归属北约。科尔为争取苏联交出德国统一的"最后一把钥匙"，决心从德苏之间的双边交易突破。7月15日，他表示永远承认战后边界；答应把德国统一后的武装力量裁减到37万；允诺向苏联提供120亿马克的无偿援助和近100亿马克的低息贷款等，从而换取了戈尔巴乔夫的点头。1990年9月12日，在莫斯科举行了第四次"2+4"会议，各国外长签署了《最后解决德国问题的条约》。

莫斯科条约照顾到各方的利益。它宣布，统一的德国对内对外拥有完全的主权并可自由结盟。条约确定德国现有领土和边界的最终性，规定苏军在1994年底前撤离原民主德国的地区。德国声明奉行和平政策，放弃制造、拥有和控制核武器、生物武器以及化学武器，并保证在四年内裁军45%。10月1日，四大国外长在纽约发表联合宣言，宣布从10月3日起终止四大国对德国和柏林的权利和责任。至此，德国统一的一切问题都已完满解决。

1990年10月3日，民主德国正式并入联邦德国。柏林国会大厦升起了联邦德国国旗。分裂了40多年的德国重新实现了统一。

东欧剧变

自20世纪80年代年起，东欧局势发生剧烈的动荡，各国的共产党和工人党在短短的时间内纷纷丧失政权，社会制度随之发生了根本性变化。

东欧各国的剧变大体经历了三个阶段：一是执政的共产党和工人党由于内部和外部的原因，在经济上和政治上面临着严重的困难，党内出现了反对派。二是执政党在国内外的压力下，不断对反对派妥协退让，放弃社会主义原则，实行政治多元化、多党制，反对派势力扩大。三是反对派通过不断制造动乱，施加压力，使执政党陷入困境，然后取得政权。个别国家甚至通过武装冲突，实现政权更迭。

1989年1月，波兰统一工人党提出实行政治多元化。1989年2月6日至4月5日，包括团结工会在内的第一次圆桌会议在华沙举行。政府当局和团结工会达成了政治、经济改革方案，并且修改宪法，实行总统制。4月17日，华沙法院宣布团结工会为合法组织。在6月4日的大选中，团结工会获胜，统一工人党惨败。12月29日，波兰议会通过宪法修正案，取消了关于波兰统一工人党在国家中起领导作用和实行社会主义制度的条款，改波兰人民共和国为波兰共和国。

1990年1月，波兰统一工人党通过《关于波兰统一工人党停止活动的决议》，决定结束党的存在。1990年5月，国会通过了政党法，禁止各党派在工厂、军队和国家机关中从事党派活动。12月9日，瓦文萨当选总统。由此，波兰进入了不稳定的多党角逐时期。

1988年5月，匈牙利社会主义工人党提出实行社会主义多元化，加速改革。1989年2月，社会主义工人党重新评价了1956年的匈牙利事件，认为这是一次"真正的起义——人民起义"，并通过了实行多党制的决议，认为政治体制多元化可以在多党制范围内实现。1989年10月，社会主义工人党将党的名称改为社会党，并把党的奋斗目标定为民主社会主义。原党中央总书记格罗斯不同意这一决定，改组社会主义工人党。社会主义工人党宣称长远目标是建设社会主义社会，当前目标是阻止资本主义复辟。1990年10月18日，国会通过了宪法修正案，改匈牙利人民共和国为匈牙利共和国。

1986年，保加利亚共产党提出了对社会主义的经济、政治、文化和生活方式等一切领域进行根本性的变革。1989年5月29日，保加利亚开放边界，引起31万保加利亚人大出逃，造成国民经济的停顿。1989年11月10日，姆拉德诺夫任保共中央总书记，他极力倡导政治多元化。12月，党的领导机构大改组，30多名中央委员被开除或解职。

　　1990年1月30日至2月2日，保共中央召开第14次特别代表大会，通过了《保加利亚民主社会主义宣言》和新的党章，正式放弃原来的奋斗目标，政治上，主张建设民主与人道的社会主义社会，实行多党制、三权分立；经济上，实行所有制多元化和市场经济。4月3日，保共改称保加利亚社会党。1990年4月，国民议会通过宪法修改法、政党法和选举法，姆拉德诺夫当选为总统。1990年6月10日，保加利亚举行政治多元化后的首次选举，社会党获得多数席位，成为执政党，组成新政府。

　　1968年布拉格之春事件后，捷克斯洛伐克一直陷入僵化和停滞状态之中。1989年春，捷克斯洛伐克围绕如何评价布拉格之春事件，爆发了一场政治风暴。各地发生大规模游行。11月19日，以哈维尔为首的公民论坛成立。11月29日，捷议会批准宪法修正案，取消了捷共的领导地位。12月28日，联邦议会选举刚被恢复名誉的杜布切克为捷共主席；29日，选举哈维尔为总统。至此，捷克斯洛伐克的国家领导职务已不在捷共手中，捷共成为在野党，失去了执政党的地位。

　　1991年4月，捷克斯洛伐克国名改为捷克和斯洛伐克联邦共和国。1992年6月5~6日，在新的议会选举中，捷克主张维持联邦制，斯洛伐克主张独立，双方意见相左。1993年1月1日，捷克和斯洛伐克联邦共和国分裂为捷克共和国和斯洛伐克共和国两个独立的主权国家。

　　1989年12月，罗马尼亚西部城市蒂米什瓦拉，因抗议解除一名持不同政见的神甫职务举行的群众示威，演变成骚乱。不久，布加勒斯特也开始了骚乱，

·罗马尼亚政变·

　　罗马尼亚总统齐奥塞斯库生活堕落腐化，加上罗马尼亚经济一直衰退，社会危机一触即发。1989年12月，匈牙利族神父特凯什·拉斯特因为持不同政见而被当局逮捕，引发了大规模抗议活动，并很快发展为暴动。12月16日晚上，齐奥塞斯库命令国防部长将装甲部队开进城里镇压示威者，第二天，军队和警察对群众展开了血腥镇压，很快就平息了暴动。齐奥塞斯库得意忘形，在12月21日安排了一次群众集会，以粉饰太平。但是在他演讲的时候，事先经过精心挑选的群众却发出了反对的声音，又一次暴动开始了。22日中午，军方表示不愿意对群众开枪，并成立了救国阵线委员会，接管了全部权力，将齐奥塞斯库夫妇逮捕。12月25日，齐奥塞斯库夫妇经特别法庭审判后被执行枪决，罗马尼亚建立了资产阶级政权。

军队倒戈。党和国家领导人齐奥塞斯库被捕，并被秘密处决。12月27日，罗马尼亚社会主义共和国改名为罗马尼亚。1990年5月20日，罗马尼亚举行全国大选，伊埃利斯库当选总统，救国阵线获得议会多数席位，组成新政府。

铁托逝世后，南斯拉夫民族矛盾加剧。1990年5月26日，南共联盟宣布解散，各共和国的共盟分别改称社会党、社会民主党或民主改革党。

1990年4~5月，各共和国先后进行了选举，克罗地亚和斯洛文尼亚的原共盟失去了执政党的地位。1991年6月25日，克罗地亚共和国和斯洛文尼亚共和国分别宣布独立。南人民军进行干预，发生了流血冲突，国际社会介入调解。1991年10月8日，克罗地亚和斯洛文尼亚正式脱离南斯拉夫独立，并得到国际社会的承认。1992年3月，波斯尼亚-黑塞哥维那宣布独立，但境内塞族反对，自行成立塞尔维亚波黑共和国。1992年4月，发生了迄今为止欧洲规模最大、时间最长的波黑战争。由于欧共体、美国、俄罗斯的介入，波黑战争不仅旷日持久，而且越来越复杂。1992年4月27日，成立了由塞尔维亚共和国和黑山共和国联合组成的新南斯拉夫联盟共和国。1945年以来成立的南斯拉夫联邦共和国不复存在。

东欧发生的这场剧变，其性质绝非是社会主义完善自身的改革，而是社会主义向资本主义的演变。

苏联解体

1991年，随着华约的解散，世界上又发生了一件重大的事件：由列宁开创的具有70年历史的苏联迅速走向解体，存在了半个世纪之久的美、苏对峙的两极格局彻底瓦解。

1985年3月，戈尔巴乔夫执政于苏联与发达国家差距拉大的停滞时期，面对处于危机边缘的国内形势，他上台后便在苏共召开的全会上提出了经济改革的任务，并在干部问题上做了一系列调整，以期从组织上保证改革的顺利进行。由于改革顺应了民意，因而在改革之初，苏联的社会生活一扫以往的沉闷气氛。然而，戈尔巴乔夫急于求成，在没有明晰的改革蓝图的情况下，就轰轰烈烈地展开改革，从而把改革引入歧途。

苏联在经济体制改革过程中首先出了问题。1989年，苏联提出"关于经济健康化的七年计划"，要用两至三年的时间实现向市场经济的过渡，但由于在如何过渡到市场经济的问题上缺乏共识，经济体制改革的方案一变再变，不仅未能克服经济发展的停滞状态，反而使经济形势更加恶化。面对这种情况，戈尔巴乔夫错误地认为，经济改革之所以出师不利，就是因为旧的政治体制在起阻碍作用，因此必须进行政治体制改革。由于改革重点的匆忙转移及政治体制改革措施和路线的错误，结果导致了苏联政局的动荡。经济改革方案的争论转化为政治斗争，权力之争取代了经济合理性的考虑，经济改革变成了政治和权力斗争的附属品和牺牲品，以致经济改革和建设难以维系。当各族人民的现实经济利益在改革中得不到满足之时，他们的怨恨和不满便会通过民族主义的形式表现出来，从而使民族矛盾空前激化，并与政治、经济、社会等一系列问题混在一起，最终导致联盟国家的解体。

1986年12月，"阿拉木图事件"敲响了地方民族主义的警钟，暴露出相当多的加盟共和国与联盟中央之间的紧张关系。1988年2月，阿塞拜疆和亚美尼亚之间的纳卡冲突又打破了各民族和加盟共和国之间的和谐。随后，波罗的海等三国的独立运动又揭开了民族分离主义对苏联发起挑战的序幕……各种民族主义在各非俄罗斯民族中的急剧膨胀，反过来又刺激了一向具有历史优越感和现实至上感的俄罗斯民族，俄罗斯的"民主派"喊出了"救救俄罗斯""全面振兴俄罗斯"等口号，并坚决主张组成联盟的各加盟共和国与苏联彻底分离，然后再在完全平等的基础上结成新的联盟。

面对日益严峻的民族分离主义运动，戈尔巴乔夫于1990年6月提出建立"主权的社会主义国家联盟"的构想。1991年3月17日，苏联就是否保留联盟进行了全民投票，76.4%的人投了赞成票，但中央与共和国之间对此存在尖锐的分歧。5月，戈尔巴乔夫和15个加盟共和国领袖达成协议，同意组成"新苏联"。8月14日，苏联公布了新联盟条约文本。条约规定，结成联盟的各共和国保留独立决定涉及本国发展的一切问题的权利；在国际关系中苏联为一个主权国家，但结成联盟的各共和国有权同外国建立直接的外交、领事和贸易关系。

苏联时间1991年8月19日，苏联副总统亚纳耶夫突然发布命令宣布，鉴于总统戈尔巴乔夫的健康状况已不能履行总统职务，他本人即日起履行总统职务。亚纳耶夫同时宣布，成立苏联"国家紧急状态委员会"，在苏联部分地区实施为期6个月的紧急状态。在此期间，国家全部权力移交给苏联国家紧急状态委员会行使。

苏联国家紧急状态委员会发表《告苏联人民书》说，戈尔巴乔夫倡导的改革政策已"走入死胡同"，"苏联国家和人民的命运处在极其危险的严重时刻"。该委员会同日发布了"第一号命令"：各级政权机关和管理机关必须无条件实施紧急状态；立即改组不按苏联宪法和苏联法律行事的政权机关；停止阻碍局势正常化的政党、社会团体的

叶利钦在1991年"八一九"事件期间向市民发表演说。

活动等。此时正在黑海海滨克里木半岛休养的戈尔巴乔夫被软禁在别墅里，他同莫斯科的联系完全中断。

"八一九"事件发生后，代理总统亚纳耶夫发布了在莫斯科市实施紧急状态的命令，坦克和军队出现在莫斯科街头。时任俄罗斯联邦总统的叶利钦没有听命于紧急委员会的命令，他跳到议会大厦前的坦克上发表演讲，指责国家紧急状态委员会要恢复苏联的政治铁幕统治，并号召群众进行总罢工。国家紧急状态委员会未能果断肃清议会大厦的反对派。在叶利钦的鼓动下，情况发生逆转。20日晚，议会大厦前已聚集了数万示威群众。有些人构筑了堡垒，要誓死保卫议会。21日下午，苏联国防部命令军队撤回驻地，国家紧急状态委员会领导人放弃了行动。

21日晚8点，戈尔巴乔夫发表声明，强调他已完全控制了局势。22日凌晨，他乘飞机返回莫斯科。22日上午，俄罗斯联邦总统叶利钦宣布，苏联前副总统亚纳耶夫等已于22日凌晨被拘留。

以维护苏联原有的联盟体制为目标的"八一九"事件失败后，苏联解体的形势已无法逆转。24日，叶利钦宣布俄罗斯联邦承认爱沙尼亚和拉脱维亚独立。同一天，《真理报》"暂停"出版。12月1日，第二大加盟共和国乌克兰宣布独立。

12月8日，俄罗斯、白俄罗斯、乌克兰宣布成立独立国家联合体。同时宣

称，苏维埃社会主义共和国联盟"已不存在"。1991年12月21日，俄罗斯等11个独立国家领导人在哈萨克首都阿拉木图举行首脑会议，通过了《阿拉木图宣言》等文件，正式宣告建立独立国家联合体，1922年成立的苏维埃社会主义共和国联盟不复存在。

25日19时25分，戈尔巴乔夫在电视讲话中宣布辞职。19时32分，克里姆林宫屋顶旗杆上，那面为几代苏联人熟睹的镰刀锤子旗开始徐徐落下。19时45分，一面三色的俄罗斯联邦国旗升上了克里姆林宫上空。此时此刻，广场上的人们意识到，克里姆林宫已成为俄罗斯的总统府，一个昔日的超级大国——苏联已经成为历史。

欧洲联盟

第二次世界大战严重削弱了西欧主要资本主义国家，它们丧失了在国际事务中的主导地位。虽然在20世纪50年代初，西欧各国经济已经逐渐恢复和发展，但已无法恢复昔日的地位。西欧各国要重新在战后的国际事务中发挥有力的影响，进一步发展，就必须联合起来，实现欧洲的统一。而法德的和解是欧洲联合的关键。法国担心西德经济和军事实力的恢复会对其他欧洲国家安全构成威胁。为此，法国首先考虑的是建立一个国际机构，将西德和法国及其他一些欧洲国家的重工业统一管理起来，以便从物质基础上防止德国再次成为军事强国。

1951年4月18日，根据法国外长舒曼的建议（舒曼计划），法国、联邦德国、意大利、荷兰、比利时和卢森堡在巴黎签订《欧洲煤钢联营条约》，把各自的煤钢工业联合起来，建立煤钢联营，共同管理六国煤钢的生产、投资、价格和原料分配等。条约把西德重整军备的关键工业部门置于共同管理和监督之下，可以保证这些资源不再被用于军国主义目的，从而为欧洲统一铺平了政治道路。随着经济实力的增强，西欧六国决定进一步加强联合。1957年3月25日，六国在罗马签订《罗马条约》，决定建立欧洲经济共同体，即共同市场和欧洲原子能共同体。1967年，法国、联邦德国、意大利、荷兰、卢森堡、比利时将1952年成立的欧洲煤钢联营和1957年成立的欧洲原子能与欧洲经济共同体合并组成欧洲共同体。1969年12月，共同体国家首脑会议正式提出把建立经济和货币联盟作为一项重要目标。

欧洲共同体成立以来，其组织规模不断扩大。1973年，英国、爱尔兰和丹麦加入后，共同体成员国增加到9国。20世纪80年代初，随着希腊、西班牙和葡萄牙的先后加入，成员国发展到12国。自1990年底欧共体开始在政府间会议范围内讨论建立政治联盟和经济货币联盟以来，经过一年的时间，建立两个联盟的条约（统称《欧洲联盟条约》），于1991年底在荷兰的马斯特里赫特举行的欧共体首脑会议上获得通过。《马斯特里赫特条约》在得到其成员国的批准后于1993年11月1日正式生效。欧洲联盟的诞生，标志着欧洲朝国家联邦的方向迈出了历史性的一步。1995年初，欧洲联盟又接纳了瑞典、芬兰和奥地利，使其成员国达到15个，欧洲联盟又进一步扩大。

欧洲经济一体化的水平提高得也很快。在其超国家的管理机构及其财政体系逐步完善的基础上，成员间的经济一体化也不断向深度和广度发展。最初的一体化目标是建立初级形式的关税同盟，实现成员国间的商品、资金和劳动力的自由流动。而后又向着建立经济联盟的目标迈进，不断加强对成员国的货币、财政等经济政策的协调，乃至建立了欧洲货币体系。20世纪80年代以后，科技的飞跃发展所导致的激烈竞争，进一步推动欧共体加快其经济一体化的步伐。

1986年，欧共体签署了《欧洲一体化文件》，提出了建成欧洲统一大市场的目标，并采取了各种相应的行动。

1991年12月10日，在荷兰通过的《马斯特里赫特条约》，决定将欧共体改称为欧洲联盟。1993年，欧洲统一大市场诞生，从此，欧盟成员国之间正式实施商品、资本、人员、劳务四大生产要素的自由流通，欧盟成了一个统一的经济实体。

1995年，奥地利、瑞典、芬兰又加入欧盟。目前，欧盟拥有15个成员国和3.8亿人口，是世界上第二大经济实体，其1999年的国内生产总值达到7.809万亿欧元，仅次于美国（8.729万亿欧元）。

欧盟的主要机构有：①理事会：决策机构，分为欧洲理事会和欧盟理事会。前者负责确定大政方针，每半年举行一次例会，必要时召开特别首脑会议；后者负责日常决策，拥有欧盟立法权。理事会实行主席国轮值制，任期半年，对外实行"三驾马车"代表制。②欧盟委员会：常设执行机构，负责实施欧共体条约和理事会做出的决定；向理事会和欧洲议会提出报告和立法动议；

处理欧盟日常事务；代表欧盟对外联系及负责经贸方面的谈判。③欧洲议会：监督、咨询机构，拥有部分立法权。此外，欧盟还设有欧洲法院、欧洲审计院和经社委员会等机构。

1991年12月11日，欧共体马斯特里赫特首脑会议通过了《欧洲联盟条约》。

欧共体经济一体化的加强，又对政治上的联合提出了要求。从20世纪70年代开始，欧共体与各国政治体制相适应，建立了三权分立的机构，由部长理事会行使立法权，执委会行使行政权，欧洲法院行使司法权。1979年，欧洲议会实行直接选举，从而使它的政治地位得到了加强。

1994年6月，12个成员国选举产生了新一届欧洲议会。根据《马斯特里赫特条约》的规定，议会扩大了权限，在欧委会成员的任命及欧盟内政、外交等重大事务上拥有"一半的立法权"，从而进一步加快了欧洲联盟的政治一体化进程。

·欧元在欧元区12国正式流通·

欧元在1999年1月1日已经问世，但是在到2002年1月1日以前的过渡期内，欧元仅是金融和外汇市场上的账面货币，是一种史无前例的看不见的"无形货币"。在现金流通方面，欧元区国家在此3年中仍然在使用各自的货币。

2002年1月1日，欧元现金开始正式流通，从这天（欧洲人称作"E-day"，即欧元日）起，3亿多的欧洲公民开始使用同一种货币——欧元（英文是EURO）。经过两个月的欧元与原成员国货币的双币流通期后，从3月1日起，欧元纸币和硬币已经成为欧盟15个成员国中12国的法定货币，这12个国家是比利时、德国、希腊、西班牙、法国、爱尔兰、意大利、卢森堡、荷兰、奥地利、葡萄牙、芬兰，即欧元区国家；另外3个欧盟成员国（丹麦、英国、瑞典）出于本国各自不同的情况而暂不采用欧元。从此，12国的货币（比利时法郎、德国马克、西班牙比塞塔、法国法郎、爱尔兰镑、意大利里拉、卢森堡法郎、荷兰盾、奥地利先令、葡萄牙埃斯库多、芬兰马克、希腊德拉克马）全部结束其历史使命，彻底退出流通，欧元终于"一统天下"。

欧元的启动对发展中国家有利有弊，其建立可减少国际贸易中数以百亿计的外汇交易费用。